ザシキワラシと婆《ばば》さま夜語り

遠野のむかし話

佐々木喜善

河出書房新社

ザシキワラシと婆《ばば》さま夜語り

遠野のむかし話

◉

目次

奥州のザシキワラシの話　9

婆《ばば》さま夜語り（老媼夜譚）　67

装幀——水上英子
カバー画像提供——遠野ふるさと村

ザシキワラシと婆《ばば》さま夜語り

遠野のむかし話

奥州のザシキワラシの話

一　子供の時の記憶

私たちは幼少の時分、よく祖父母から炉傍話《ろばたばなし》に、ザシキワラシの事を聞かせられたものである。そのザシキワラシとはどんなものかと言えば、赤顔垂髪《さげがみ》の、およそ五六歳位の子供で、土地の豪家や由緒ある旧家の、奥座敷などに居るものだと云うことであった。その物が居るうちは家の富貴繁昌が続き、もし居なくなると家運の傾く前兆だとも言われていたという。

私たちは初めはその話を、ただの恐怖を以て聞いていたものである。けれども齢《よわい》がやや長《た》けて来ると、一般にこの種の物に対して抱くような、いわゆる妖怪変化という心持ちでは無く、何かしらその物の本来が、私たちの一生の運不運と関係があるようで、畏敬の念さえ払うようになったのである。世間でもまたその通りで、どこの何某の家にその物がおるといえば、他では羨望に類した多少の畏服を感じ、また本元でも吉瑞として、ひそかに保護待遇に意を用い、決して他の妖異におけるが如く、駆除の祈禱や退散の禁呪などは求めぬのである。

幼年時代の記憶として、私はただこのザシキワラシの有ることを知っている。その何者であるかについては、二三の臆測や推察は無いでもないが、自分にさえやや曖昧なことである。人に言ってみる気は無い。むしろ他の学者の研究を早く聴かしてもらいたいと思う。私の心掛けたのは単なる蒐集者の労苦と忠実とを以て、同好諸士の心に見《まみ》えんとすることであった。

まず順序として、この頃になって自ら聞いた話だけを集めておく。今までこの様な物のあることを知らなかった人に、ザシキワラシとはいかなる物かを考えてもらうために、自分に近い処から始める必要があるのである。

二　近頃耳で聞いた話　実話として伝うるもの

（一）　私の村に近い綾織村字日影《あやおりむらあざひかげ》に、佐吉殿《さきちどん》という家がある。ある時この家で持ち地の山林の木を売って伐《き》らせたことがある。その為に家の座敷には、福木挽《ふくこび》きという浜者と、某という漆掻《うるし》きの男とが、来て泊まっておった。するとどうも毎晩、一人の童子《わらし》が出て来て、布団の上を渡り、または頭の上に跨《また》がって唸《うな》されたりするので、気味悪くかつうるさくて堪《たま》らなかった。漆かきの男は、今夜こそあの童子を取押さえて打ち懲らそうと、待ち伏せしていて角力《すもう》を挑むと、かえって見事に童子に打ち負かされてしまった。その翌夜は同様にして、木挽きの福もその者に組み伏せられたのである。二人の男はいよいよ驚いて、その次の夜からは宿替えをしたということである。もちろんこの家には昔からザシキワラシがおって、それが後を流れている猿ヶ石川の河童だという噂が有ったのである。今でもこの家の背戸には、佐吉殿の淵という淀みがある。てっきりその物の仕業だろうと、福木挽きの直話だそうである。今から三十年ばかりも前の事という。その後この家は火災に遭うて失せたということである。〔この村の鈴木某という老女から、遠野町の松田という友人の家で聞く。大正八年三月某日。私の村は陸中上閉伊《かみへい》郡土淵《つちぶち》村。町村の名だけ書いておくのは、みな同郡の内である。〕

（二）　綾織村字大久保に水口《みのくち》という農家がある。今から七十年ばかり前のこと、正月十四日の晩、非常な吹雪であったところが、その夜宮守村《みやもりむら》の日向《ひなた》という家から、何かしら笛太鼓で囃《はや》しながら、賑《にぎや》かに出て来たものがあった。それが水口の家の前まで来ると、ぴったりと物音が止んでしまった。世間ではそれが福神で、その家に入ったのだと言ったそうである。それから水口の家の土蔵にはクラワラシが居るようになって、家計が非常に豊かになったということである。〔遠野町の佐々木媛子氏から、本人の宅で聴く。大正八年七月某日。本人は母上から聞いたという。〕

（三）　その後、水口の家の土蔵にいたクラワラシが、居なくなったと噂されるようになった。それからはあまり家計が思わしくなくなったけれども、現今でもなお相当な暮らしをしている。見えなくなったクラワラシは、隣家の沢という家へ移ったとも謂《い》われたそうである。沢という家は、この部落でも屈指の有徳な家である。〔同上〕

（四）　綾織村字砂子沢《いさござわ》に、多左衛門という家がある。この家で二三十年前に、屋根の葺き替えをした時、葺大工どもが座敷に寝ていたら、何か判らないが、布団の上を渡り歩く者があって、とても寝付かれなかった。起き上がっていると来ないが、横になるとまた出て来るので、その夜は一目も眠らなかったという。これはザシキワラシの悪戯《いたずら》であろうと、人々は語り合ったが、この家もかなりの暮しの家である。〔同上〕

（五）　綾織村字二日町に、二日町という家があった。今から五十年ばかり前に瓦解してしまった。その頃ある雨のそぼ降る日、この家の門から、羽織袴で蛇の目の傘《からかさ》をさし高足駄を履いた立派な侍が出て、東の方をさして行った。村の人はそれをこの家のザシキワラシだと、言いはやしたとのことである。その家の後代は今遠野町に居って、高橋姓を名乗っておる筈である。〔（一）に同じ。〕

（六）　鱒沢村《ますざわむら》字上鱒沢に、コスズという農家がある。この家には昔から、ザシキワラシがいるという言い伝えがあって、座敷には毎日、膳部を供えておくのが仕来りとなっていた。その膳部の物が受けられたうちは、家運隆盛で大した生計を立てておったが、受けられないようになってからは、次第に家計が傾いて来たという、この家のザシキワラシは、一人ばかりでは無かったらしく、家の者が留守のような時には、奥の座敷に大層面白い拍子で、何か御神楽みたいな事をやっていたそうである。
　この家の屋敷の傍《わき》に、好い清水が湧いている。その小流にいる目高魚《めだか》はみな片目である。他から入って来た魚でも、この水に入ると片目になるという。〔（二）に同じ。〕

（七）　鱒沢村字山岸の某家に、座敷の床の間の前から畳一畳去って寝ないと、夜中にワラシが来て揺り起こし、また体を上から押し付けたり、枕返しをしたり、とても寝させぬところがある。もちろんそれはザシキワラシだということである。〔遠野町の友人俵田浩君の話。これは七八年前に聞く。〕

（八）　土淵村《つちぶちむら》字飯豊《いいで》に、今淵某という旧家がある。この家にも昔からザシキワラシがおるとの言い伝えがあった。これも座敷の床の間から二枚目の畳の上に、夜寝得る者が無いともいわれていた。その分家の某という人の母親などは、時々夜中に座敷をとたとたと歩く足音を聴いたものだと言うておる。或いはその足音が、宵から夜明けまで、ちょうど二三人の子供らが、何か遊戯でもしておるように、入り乱れてすることなどもあったという。そんな音が聞こえるうちは、この家も繁昌しておったが、二十年この方その足音が、ついぞしなくなったのである。それからは若い主人が死に、数々の不幸が起こって家がすこぶる衰えた。その分家の老女は、まだ丈夫で生存しておる。〔飯豊の人今淵小三郎君から土淵村の役場で聞く。大正八年四月二十九日。本人は母堂から聞くという。〕

（九）　同じ家に、私の村の瀬川勘助という人の父親、或る時何か用があって行って泊まったことがある。奥と表との間の十畳ばかりの座敷に寝かせられたが、夜半に奥座敷から、何かとたとたと歩いて来ると思うと、矢庭に懐《ふところ》に冷い手を入れられた。かねてこの家にはザシキワラシがいるということを聞いていたので、それだろうと思うと気味の悪いこと夥《おびただ》しい。そこで体を縮めて堅くなっておると、脇の下をくすぐったり、しまいには腹の方までも撫でたりして、全く始末におえなかった。けれども人に笑われるのを恥じて、朝までじっと我慢をしていたが、体はびっしょりと汗まみれになっていた。やっと朝になって起き出ると、家の人たちはくすりくすりと笑って、昨夜《よんべ》は逆夜這《さかさよば》いに来られて、面白いことをしたろうと、からかわれたということである。この物のおる家では、故意にそんな座敷に客人など寝かせるものらしい。土淵村字田尻瀬川勘助氏話。本人は父から聞くという。〔大正八年九月十二日、同村の厚楽という家できく。〕

（一〇）土淵村字山口に、瀬川久平殿という家がある。この家が今から五十年ほど前、まだ分家をしたばかりで、本家と小川を一筋隔てて居た頃の事である。家の人だちは皆畑へ出て行って誰もいないのに、座敷の所の障子の隙間から、赤い頭巾を被った赤顔のワラシが、外へ手を出してはまた内に引っ込め、また出しては引っ込め、余念も無く遊んでおるのを、本家の爺様などがよく見たものだという。また家の人だちが田畑へ行っていて、何か用事でもあって、時でもない刻限に帰って来たりすると、茶の間などにとたとたと、三四歳の子供の戯れ遊ぶような足音がしていたものであったという。〔同じ日同じ処で聞く。土淵村字栃内厚楽某の話。〕

（一一）土淵村字柏崎《かしわざき》、片岸の長九郎という家にも、例の寝られぬ座敷がある。十年ばかりも前のことであるが、隣家が失火で風下に当たっておったゆえ、長九郎の家の屋根に火粉が落ち、彼所《かしこ》此所《ここ》に燃えあがる。この近辺は人家やや立て込んでおれば、それぞれ助っ人は身寄りに駆け附けて、騒ぎの大きなわりに人手が少く、同家もほとんど危機に迫った。ところがどこから来たとも分からぬ十四五歳の小僧、やにわに屋根に駆け上って、火を揉み消して廻る。その内に火事も鎮まり、近所から焚き出しなどの出た時、彼童子《あのわらし》にもと思って探したが姿は見えぬ。やっとそれではと気が付いて、座敷に入ってみれば、オクナイサマは汗みどろになって、倒れておったということである。この家のオクナイサマの居られる座敷に寝れば、種々な悪戯して少しも眠らせぬという。よくザシキワラシに似ている。このオクナイサマは、何かにつけて今も折々、家人に現れ助力すると言われている。〔土淵村字栃内、大楢政吉という人の話。大正八年六月十九日。このオクナイサマの事は、別に十年前の「遠野物語」にも書いておいた。〕

（一二）土淵村字本宿《もとしゅく》に、三之助という家があった。この家がまだ盛んな頃、村の巳代吉という者と、他に一人の若者とが奉公しておった。ある夏の夜のこと、軒の下の何かの上に寝台を造って、二人臥せっておると、夜半ごろ、田圃を隔てた向こうの山岸の方から、何やら鈴鳴輪の音にぎやかに、多勢の馬方でも来るようす。巳代吉らは怪しんで、今頃途方もない方から、何物だろうと話し合っておると、その音がだんだんと田圃を横ぎり、本街道に出て、件《くだん》の三之助殿の家の前へ来た時、しばらく小休して静かになり、そうして二三の人声で、この家からは何を持って行こうか、という声がしたように、男らは思ったとのことである。その夜は大変蒸し暑い夜であったそうである。何でも旧盆過ぎであったかなと、今五十ばかりになる巳代吉の直話である。その後私たちが覚えてから、この家は火事に遭うて亡び、今は跡方も無くなったのである。馬子の話なども、家運衰微の前兆であったろうか。今から二十二三年前のことらしい。〔本人実験談。土淵村栃内野崎の者である。同じ日に聞く。〕

（一三）土淵村字火石《ひいし》の、北川という家の奥座敷に、この家から他へ行っておる叔父が、泊まりに来て寝ておると、神仏を祭ってある次の室《へや》の襖のすき間から、細い長い手が出て、自分を招ぐようであった。これは本人から聞いた直話である。その後この人は海嘯《つなみ》に遭うて、家屋財産は申すに及ばず、妻子までも失うたのである。それらの前兆であったろうかと言っていた。

この手を俗に細手長手といって、やっぱり吉凶禍福に連れて、人の家に現れるものとしている。これもザシキワラシの一種だろうと思うから、同じ所に記録しておく。〔やや古い自分の記憶。〕

(一四) 土淵村字火石、長田某という家の座敷に、或る時家の子供らが、用事があって入ってゆくと、長押《なげし》の処から細い赤い手が一本垂れ下がっていた。それがちょうど三四歳の小児の手くらいで、腕が二尺ほども長く、極めて細く蔓物のようであったという。子供らは驚いて叫びつつ、家の人と再び連れ立って来てみると、もう何物もなかった。十年余前のことで、その後間も無く大洪水で、同家では土蔵長屋などを流したのである。これは細手と謂うものであったらしい。〔同上。〕

(一五) 土淵村字栃内の火石に、庄之助殿という有福な家があった。近郷切っての巨屋《おおや》で、家の中には色々な神仏の像が、祭ってあったものである。ある日家の人たちが家を空にして、皆野良へ出ている留守場中に、神壇の前に掛けてある鐘ががんがんと鳴り出した。この家の隣には、分家の正福院という、手習い師匠をしている山伏法印が住んでいたが、折柄そこに来ていた手習いの子供らが、その鐘の音を聞き付けて、今頃本家には誰もおらぬ筈だのに、これはおかしいぞと言って、どやどやとその家へ駆けて行ってみると、十四五歳とも思われる一人のワラシが、狼狽して神壇の下の、腰棚の中へ入って匿《かく》れた。子供らも怖くなって、わいわい騒いで引き返し、野良へ家の人だちに告げに行って、家の人だちと多勢で再び来て見ると、もうそこには何物もおらなかったという。

これはこの家のザシキワラシであったということである。またこの家には、ザシキバッコというて、婆の怪物もおったという話がある。鐘の話は四十年も前の事であろうか。今は瓦解して別の家族が入っている。〔同地北川清翁の話、翁の実験談。大正八年九月某日。拙宅にて聞く。〕

（二六）同じ庄之助殿の家に、近所の源蔵という男が、奉公しておったことがある。ある時表座敷の入口の敷居寄りに寝ていると、夜半頃奥座敷の方から、何物かつたつたと足音をさせて出て来るので、ひょっと顔を上げて見ると、五六歳位の一人の子供である。やにわに源蔵に飛び掛かって来て、角力《すもう》を挑むので、源蔵は何これしきのワラシをと、心の中で軽蔑して相手になると、このワラシ、骨節がいやに堅くて中々手ごたえが強く、どうかするとかえって自分が負けそうである。やや小半時も相撲《すま》っておるうちに、ふと宵に誤まって履いて来て、枕元に脱ぎ棄てておいた草履に手がさわったので、思わずそれを取って、ワラシの頭といわず顔といわず、めった打ちに打ち叩いた。すると子供は俄《にわ》かに力が弱くなって、そこにへたばったと思うと、すうと源蔵の手を掻き抜けて、また奥座敷の方へ逃げて行ったとのことである。三十年ばかり前の九月頃の夜のことである。源蔵にそのワラシの様子を問うに、顔の色は普前《あたりまえ》の子供のようで、何か衣物を着ておったと答えた。今年四十七八の男。これはその直話である。〔土淵村山口、山崎源蔵氏実験談。大正八年九月十五日、拙宅にて。〕

(一七)土淵村字田尻《たじり》の厚楽《あつらく》という家は、昔はかなり有福な家であった。海岸へ行く馬継場になっているので、毎夜あまたの泊まり客があった。しかし誰一人その奥座敷に寝得る者がなかったそうである。ある夜浜辺の客人でがま伊勢という者、何そんなことがあるものかと言うて、その座敷へ寝ると、夜半頃懐《ふところ》に手を入れられて、大いにくすぐられた。そんなことはさせまいと起き上がって、襟を掻き合わせると、今度は袖口から手を入れてくすぐる。いやはやとてもたまらず、鶏うたい頃には他の座敷へ逃げ出したという。悪い畳でもあるものかと、この家の主が言うけれども、これもザシキワラシに違いない。〔(一〇)に同じ。〕

(一八)土淵村字栃内に、田尻の長者万十郎という家があった。所の檀那寺を三つ位も合わせたほど大きな家であった。六七十年も前の事であろうか、ある時座敷で何物かが大変騒ぐ音がするのを、奉公人どもは聞いてこの家のザシキワラシもどこへか出て行くな、と言い合っていた。ところが間もなく火災に遭って、焼け失せたとのことである。

この家は今もある。火事の前までは、七手綱の馬を常に使って、浜あるきをさせていたものだという。一手綱は七疋《ひき》組である。ある時横田の町へ若主人が行くと、他郷の者どもが他郷の長者の若主人に、和子和子と言うのを聞いて、これはおかしい、己の他に和子という人が有ると見えると言って、ひどく不審がったという話もある。

炉の埋火《うずみび》は一人でするものとは、昔からいうことである。この家の奉公人どもは、既に家運の傾きかけた時には、何事にも主人にさかろうて、五六人して鍬《くわ》で炉の埋火をし、その上にわざと火の消えるように、水を注《つ》けたりした。ある朝起きてみると、炉の中に多くの茸《きのこ》が生えていたということである。これも家の衰える兆《きざし》であったろうと老人が話しておる。〔(一三)に同じ。〕

(一九)土淵村字栃内、爪喰《つめくい》の佐々木某の家にも寝られぬ座敷がある。もしそこに臥せると、夜中に子供が来て押し付けてならぬという。この家は二三代続いた角力取《すもうと》りで、諸処の荒くれ者が折折来ては泊まるのに、その座敷に寝得た者は無いということである。ある年の秋屋根替えをするので、村の柏崎の水内《みずない》の若者ども、仕事に雇われて来て泊まったことがある。かねてその座敷の事は聞いていたから、誰一人先に入って寝ようとする者がない。しかし血気の若者揃いのことだから、こんなことでは柏崎衆の名折れだと、二三人床の間の前に踏ん反《ぞ》り返って寝たが、昼の労《つか》れでたちまち眠《ね》入ったのである。やがて夜半頃となった時、不意にそのうちの一人が唸《うな》り出したと思うと、誰の体の上にも、何物かがみしみしと足の方から踏み上ってきて、ぎゅうと体を押し付けた。その苦しさと言ったら、呼吸も止まりそうであった。しかしそのうちでの剛の者、ザシキワラシでも何ほどの事があろうと、やにわに起き上がって上の物に組み付いて捻《ひね》り合いをする。それに力を得て他の者も、やっと別室の朋輩を呼ぶことが出来にわかに灯火《あかり》を持って人々がそこへ入って来て見ると、ザシキワラシと思ったのが、当所の若者どもに変わっているので、後は大

笑いになったということである。〔柏崎の阿部某実験談。大正八年六月十九日聞く。〕

（二〇）土淵村字栃内、西内の佐々木某の家に、古い一枚の猩々《しょうじょう》らしい物を画いた小屏風を、今でも保存している。或る年この絵屏風を、同部落のカクラの家というに遣わしたところ、カクラの家の人だちは、毎夜のように同じ夢を見る。その夢は、赤顔垂れ髪の一人の童子が、座敷から常居にかけて、すたすたと歩くのである。始めは誰も気にかけなかったが、そのうちに家の者が同じような夢話を、毎朝語り合うようになって、ようやく不審を起こし、町の巫女に占うてもらうと、これは何だか木像だかそれとも絵姿か、とにかく夢の中に現れる物が、元の家が恋しくて戻りたいので、そなただちの夢枕に立つのだと言われて、早速その屏風を元の佐々木家へ返すことにすると、その夜からは夢は誰も見なかったということである。

これはその絵を見た沖館という六十歳位の人の話である。この人は真面目な人望家で、先日ザシキワラシの事を、私の方の部落で聞いてみたところ、この家の人にこんな話を聞いた。ザシキワラシによく似ておる。いつかその屏風を見に行ってごらんじろと言われた。〔栃内の爪喰の人沖館鶴蔵氏話。大正八年二月三日。村の役場で聞く。〕

（二一）土淵村字栃内の、在家某という家には、オクナイサマとオシラサマとが有った。また座敷にはザシキワラシがいた。この家の縁者に当たる柳立の伊勢吉という人、ある夜その座敷にとまると、夜中に何物かに両脇から手を入れて搔き抱かれ、或いは畳の上を転がされなどして、とても寝られず、別室へ逃げ出したということである。この家もそのザシキワラシのいるうちは繁昌したが、二三十年前から座敷に枕返しも無くなると、だんだんと家運も傾き、今では跡方も無くなったそうである。本人の直話である。〔土淵村山口の人。大正八年九月某日。〕

（二二）土淵村字似田貝《にたかい》の似田貝某という人の家に、二十年ほど前、ザシキワラシが出るという噂が立ったことがある。みんな見に行ったものである。同村の友人で荒川という人の話に、私もある日行くと、家の人だちが口々に、あれあれ今座敷から玄関の方へ出て行ったとか、今それこっちへ来たとか、どこに入ったとかしきりに言うけれども、私の目にはとうとう見えなかったという話である。この人は今三十八九の極めて真面目な、土地には珍らしい露西亜《ロシア》正教会の信者で、決して偽言《うそ》などは言わぬ人である。〔（一三）に同じ。〕

（二三）土淵村字本宿に在る村の尋常高等小学校に、一時ザシキワラシが出るという評判があった。諸方からわざわざ見に来たものである。児童が運動場で遊んでおると、見知らぬ一人の子供が交って遊んでいたり、また体操の時など、どうしても一つよけいな番号の声がしたという。それを見た者は、常に尋常一年の小さい子供らの組で、それらがそこにおるここにおるなどといっても、他には見えなかったのである。遠野町の小学校からも見に来たが、見た者はやっぱり一年生の子供らばかりだったそうである。毎日のように出たということである。明治四十五年頃の話である。同校教員高室《たかむろ》という人にこの頃ただすと、知らぬと言ったがどうした事であろうか。この人はその当時から本校におった人であるのに。

（二四）遠野町の小学校は、鍋倉山という昔の城跡の麓に在って、これは城の御倉の建物をそのまま使用しておった時分の話である。二十四五年も前のことであろうか。毎晩九時頃となると、一人の白い衣物を着た六七歳の童子が、玄関から入って来て教室の方へゆき、机椅子などの間を潜って楽しそうに遊んでおる。かぶきれ頭であったといえば、多分ザシキワラシであったろうと思う。いつか友人の伊藤という人から聞いたことがあった。〔（一二）に同じ。〕

（二五）栗橋村字砂子畑《くりはしむらすなこばたき》に、清水《すず》の六兵衛というかなりに有福な家がある。明治三十年頃の、旧暦三月十六日の夜、私の村の大洞犬松《おおぼらいぬまつ》という男が、所用あってこの村へ行き、この家に泊まったことがある。その夜は他にも二三の泊まり客があって、いずれも常居の方に寝ね、家人に強《し》いられるままに、独《ひと》り犬松ばかりが、表座敷と奥の座敷との間の処に寝させられた。表座敷には薄暗いランプがついていたということである。やがて夜半とも思われる刻限に、奥座敷の床の間の方で、何物かの足音がすると思って、犬松がひょっと顔を上げてみると、一人の坊主頭の丸顔の、小さな老婆が這い出して、自分の寝ている方へやって来る。はっと思うと、その老婆は低い声でけたけたと笑って、隅の小暗い方へ引き返して行く。そうして這い出して来ては、笑い声を立ててまた引っ込み、そんなことを二三度繰り返してやるので、堪《たま》りかねて夜明け頃に、常居の方へ逃げ出して来た。朝になってその事を皆に話すと、家の人だちは笑って、この家の座敷には昔から、ザシキワラシという物がいるのだと、言うたとのことである。

同じく私の村の、新屋《しんにや》の長助爺という人もこの家に泊まって、この老婆に一夜けたけた笑いをされたことがあるそうである。これは犬松の直話である。当年五十七八歳の人である。〔土淵村栃内の大洞、大洞犬松殿実験談。大正八年九月十二日、同村厚楽の家で聴く。〕

（二六）栗橋村字栗林《くりべえし》の、小笠原嘉兵衛という家にも、ザシキワラシがいるということである。このザシキワラシは、元本家の横市という処の、西郡《にしごおり》の勘左衛門という家にいたものである。この西郡の家は中々有福な家で、立馬七十疋《ひき》ほども持っていた。ある日前の川原に馬を放しておくと、馬がやにわに暴れ出して、馬舎の中に駆け込んで来た。その夕方下男の一人が、飼葉《かいば》を遣ろうと思って馬舎へ行くと、不思議にも馬槽《うまふね》が引っ繰り返って伏さっているので、起こしてみると一疋の河童が潜んでいた。それから大騒ぎになり、たちまち多勢のために河童は捕らわれて、何故にこんな悪戯をするのかと、人々に問いただされると、河童のいうことには、私は元来馬が大好きなために、馬を曳いてみたくて堪《たま》らず、手綱を取って引っ張ると、この馬が暴れ出したので、私の力が負けてここに来た。どうぞ生命は助けてくだされと、涙を流して詫び入った。そこで生かす殺すの議論が分かれて、決しかねておる所に、この家の主人、これからかような悪戯《いたずら》をせぬという証文を書いたなら宥《ゆる》してやろうと言うと、河童は左の腕を嚙み切って、指で詫び証文を書いたそうで、今にこの家に保存してあり、珍しい客人などには見せるのを例としているという。この河童はこうして主人の情でやっと宥された後に、川から上がってこの家の座敷に入り、そのままザシキワラシになったということである。中々の主家思いであって、馬に飲ませる米の磨ぎ水が不足になると、家の後ろの沢の水を濁して白水に変え、半切《はぎり》に幾つも雇人どもに汲み取らせて、馬舎用にさせたということである。その後この西郡の家少し運勢が傾きかけた時に、今の嘉兵衛という別家に住み換えたのであるが、この本家と別家との間は、小道十里ばかり、即一里余の道程がある。〔同じ日同じ場所で、土淵村栃内の田尻、古屋敷米蔵爺の話。〕

（二七）釜石町の字沢村という処は、昔からの遊女町である。新倉屋という家があった。この家にもだれも入ることの出来ぬ一つの室《ま》があったが、ある夜突然に、この入らずの室から、太鼓三味線のにぎやかな囃子《はやし》の音が起こった。それからは毎夜のように、かなり久しいこと続いたのである。その頃秋田から買われて来ていた一人の女は、ある夜そっと室の内を覗いて見たために、中から物で目を突かれて片目《めっこ》になった。これはザシキワラシの仕業で、この家には夫婦居ったということである。五六十年ばかり前の話である。今はこの家は無い。〔遠野町松田亀太郎君話。他の多くの話とともに、大正八年二月から四月の間に聞く。〕

（二八）上郷村《かみごうむら》字中沢の、菊池鳥蔵とかいう家で、四五年ばかりも前から、土蔵の中で時々何物か機《はた》織る音をさするということである。その刻限は夕方から初夜にかけてである。近頃この家に奉公している同村善能寺の菊池某という若者は、ああかの機《はた》織る音なら、先だっても夕方からしきりにやっていた、何でもない、ザシキワラシだよと、言っていたそうである。これは私の知人菊池という人の話である。近いうちに音がするから、二人で行って聞こうと、約束などしたことである。〔青笹村糠前鳥小屋菊池良君の話。大正八年九月十八日、村の往来で聞く。つい近頃実見者から聞いたという。〕

（二九）青笹村《あおざさむら》字関口《せきぐち》、菊池某という人の家の土蔵に、ザシキワラシが出て、窓際に据《す》えておいた糸車を、くるくると廻すこと、日に幾回となく、それがかなり永いこと続いた。その当時この家は村の役場をしていたので、しばしば多くの人がそれを見た。ことに春の馬検《うましら》べなどの日には、多勢で見たそうである。窓の内側には細い金網を張ってあった。そこから見ると、極めて美しく細々とした手がちらちらと動き、それに連れて糸車がくるくると廻る。その当時区長を務めておった菊池登という人、同役の木村徳太郎という人と共に、ある日土蔵の戸前に張り番をしていると、やがて二階で糸車の廻る音がからからとする。それと二人で梯子を上って二階に顔を出すと、窓際ではまだ空車が余勢で廻り、何物か黒っぽい物が、床板にぺたりと踞《うずくま》って、そのまま姿をどこへか隠したという。だれが行ってみても、その通りであったそうである。その後この家は焼け、ついに瓦解して、今では近所に別に小さな家を建てて、家人が住んでおると、菊池登翁の直話である。今から三十七年ばかり前のことという。

この話を聞いていた立花某という人語る。その家はわたしの妻の来た家で、わたしらは常に往来をしたものである。その話も実際事である。当時あまり見物人が来るので、家の者は常に土蔵の土戸を細目に開けて、二階の糸車の廻るのが、見えるようにしておいたものである。それはそれはめごい手《てっこ》が出て、糸車を廻したものである。人が梯子段を上って行くと、いかに静かにして行っても、よくそれを覚《さと》って、敷板の上に不意に打つ伏せになってたちまち見えなくなるのであるが、家の人だちの話では、いかにも登さんの話のように、黒っぽい二三歳位の、児供《こども》と謂《い》えば児供とも見えるものであったといっておる。その当時の人だちは、まだおおよそ生きておる。何ならその家へ行って、しかとしたことを聞いて御座れ云々。〔菊池登翁の実験談。前の話者の父。大正八年四月二十六日。土淵村字山口の南沢、新田家で聞く。〕

（三〇）土淵村字山口の、新田寅之助爺は語る。糸車が廻るといえば、実はわたしもそんな事なら知っておる。わたしがよく行っていた羽戸《はねと》の家の土蔵の中でも、何者かが毎夜からからからと、糸車を廻したものである。もちろん何物のしわざか誰も知らなかったが、それも今の話のように、ザシキワラシであったかもしれぬ。この家も山口草分《くさわけ》の家で、その川戸《かど》には小豆磨《あずきと》ぎがいるといわれた家だから。〔実験談。月日場所同上。〕

（三一）松崎村字宮代の何某という家のザシキワラシは、その家の運勢の衰えた時、家を出て上村の方へ、おういおういと声を立てて、泣きながら行ったそうである。今から三四十年程も前のことであったろう。〔（二七）に同じ。〕

（三二）松崎村字海上《かいしょう》の菊池某という家に、昔からザシキワラシがいるという噂があった。実際夜などは、座敷で子供の歩くような小さな足音がしたものである。ところがこの家がだんだん傾きかけて来ると、そのワラシが隣家の喜七という家へ移って、今ではそこにいるということである。〔同地西教寺、諏訪君話。大正八年九月十八日、土淵小学校にて。〕

（三三）遠野町の市川某という当年八十五歳になる老女の話に、この人十六歳の頃で、まだ青笹村字中下という所の生家におった時、ザシキワラシを見たことがある。ちょうど秋の稲こきの時で、家では朝から取り込んでおったため、皆の後で朝飯にしようと、ひとり座敷におると、縁側の戸袋の方から、ひょっくりと一人の童が飛び出して、たちまちどこへか姿を隠した。髪は黒くて長く切り下げ、顔は赤く、素足のようであったという、一見可愛らしいようにも見えたそうである。丈《たけ》は三つ位の小児ほどであったが、どんな衣物を着ていたかは、覚えておらぬというておる。見た際はちょっと驚いたそうである。幼少の時わるさをすると、常にザシキワラシが来るぞと言われていた為であろう。しかしその時はそれがザシキワラシだということには気が付かなかったが、のちにそれだろうと家の者が言ったとのことである。

その後また、クラワラシをも見たが、ザシキワラシよりは一層顔が赤く見えたほか、おおよそ同じように思ったといっている。〔この老女から聞いたという、遠野町三浦栄君の話。遠野小学校に於いて、大正八年六月十日。〕

（三四）遠野町の高室《たかむろ》という家の土蔵に、クラワラシがおるという噂が昔からあった。そのクラワラシが時折、土蔵の大黒柱のまわりを、くるくると廻っておることがあると、家では小豆《あずき》飯を焚き御膳立てをして、その柱の処に供えておくが、それをいつの間にか綺麗に食べてしまうということである。

この事は話をした人の祖母の代まではあったが、今では小豆飯を欲しがって大黒柱を廻る者もないから、御膳を供えることもせぬという。この家は昔は大分限者《ぶげんしゃ》であったということ、当所の旧記類にも出ている。〔大正八年六月某日。遠野町高室武八君の話。御祖母さんに聞いたという。〕

〔三五〕遠野の一日市町《ひといちまち》の古屋酒屋という家に、一棟ひどく薄暗くて陰気な土蔵がある。出入りの職人の某、ある日その土蔵の中で働いておったところ、奥の方で異様な足音を立て、その上にほいほいと呼ぶような声がする。まるで小児のようであったそうである。淋しくなって仕事を中止して家へ帰り、あれがクラワラシというものであったろうと、話したということである。〔〔三三〕に同じ。〕

〔三六〕遠野の新町に、太久保という宿屋があった。この家のおばあさんが、ある日二階に行くと、そんな客人も無かったのに、赤い友禅の衣物を着た十七八の娘が、座敷の中をあちこちと歩き廻っておるのを見た。これがこの家のザシキワラシだったということである。その後も折々家の人に見えたそうである。今から五十年ばかりも前のことらしい。この家今は跡方がなくなった。〔〔二七〕に同じ。〕

（三七）遠野六日町の松田という家にも、ザシキワラシがいるというはなしである。六七年前、この家に不幸があって、二階の一室に仏壇を据えてその前に、この家から嫁へ行った人の夫某が寝ておった。すると夜中頃に、何物とも知れぬものが出て来て、それはそれは冷たい手で、寝顔を撫で廻すので、びっくりして起き上がってみると、髪を短くして下げた、ちょうど河童に似た者が、向こうへ逃げて行くところだったそうである。

この家では、天井の煤埃《すすぼこり》のたまっている処などに、時々小さな足跡が附いていることがある。ザシキワラシの足跡だということである。〔（一二）に同じ。〕

（三八）気仙郡《けせんごおり》上有住村《かみありすむら》の某家に、久しくザシキワラシがおるという言い伝えがあったが、誰一人それを見た者はなかった。ところが或る年偶々《たまたま》、ぼろぼろの襤褸《つづれ》を着たカブキレワラシが、三つ四つばかり家の人の目に触れた。それからこの家が段々と衰えたということである。〔（一二）に同じ。〕

（三九）気仙郡吉浜村、新沼長吉郎という人の家にも、ザシキワラシがいた。座敷に寒晒粉《かんざらしこ》などをひろげておくと、それに小さな足跡がついているそうである。この家は現在郵便局などをして、なかなか有徳な家だということである。〔（二七）に同じ。〕

（四〇）稗貫郡《ひえぬきごおり》花巻《はなまき》の在、外川目村《そとかわめむら》の某家には、昔から赤顔のザシキワラシがいるという噂があった。今から四年ばかり前、ある日土蔵に置いた筈の食器類が、いつの間にか本屋の棚の上に持ち搬ばれて来ていて、家の人が揃って夜食などする時、上からがらがらと投げ下ろされたことがある。これはそのザシキワラシの悪戯《いたずら》であったそうである。当時その家に仕事に行っていた大工の直話である。〔下閉伊郡小国村生まれの大工磯吉話。大正八年七月二日拙宅に於いて聞く。〕

（四一）下閉伊郡小国村字桐内《きりない》の某家にも、昔からザシキワラシが居ると言い伝えられてあった。それが時折、仏壇の香炉箱の灰の上に、小さな足跡をつけると、この家には必ず死人があると言われていた。一両年前に祖父が死んだ時なども、香炉の灰のついた足跡が、仏壇のあたりに多くついておったということである。〔同上〕

（四二）九戸郡《くのへごおり》侍浜村《さむらいはまむら》の南侍浜に、九慈という土地草分けの旧家がある。所の豪族だということである。この家の旧座敷と新座敷との間に、極めて黒い柱があるが、この柱の方に枕をして寝ると、枕返しにあうてとても眠られぬということである。この家の古いことは新座敷といっても、二百年も前の建物で、やっぱり黒く光っておるというのでもわかる。〔遠野町牧野氏話。大正八年七月十八日。土淵の小学校で聞く。〕

（四三）和賀郡藤根村、藤根某の家にも、ザシキワラシがおるという噂があった。この家の祖母、まだ齢若い頃、或る時土蔵へ行く廊下で、赤顔の散切《ざんぎり》頭のワラシに逢ったことがあると、常に話

したものだという。これはその孫の話である。〔この村生まれの某女から、十年ほど前に聴く。同女は祖母の直話をきく。〕

(四四) 江刺郡稲瀬村字倉沢、及川某家には、内土間には米搗《つ》きワラシ、ノタバリコ、座敷にはザシキワラシがいた。米搗きワラシというのは、夜中に石臼で米を搗き、箕《み》でもって塵を払う音などをさせる。ノタバリコというのは、やっぱり夜半に内土間から、茶の間あたりにかけて這って歩くものという。ザシキワラシは座敷にいる。すべて四五歳ほどの子供のように見えたということである。

この家の分家の及川という人は、永年私の村に来て住居している。この人が曰く、ザシキワラシの中で、もっとも色白く綺麗なのは、テフピラコという。これに次ぐものは何であろうか、ウスツキコ、ノタバリコというものになると、種族の中の下等なものになるらしいと。十年前にもまた、今も同じようなことを繰り返して言った。実際あの土地の口碑と信じてもよいように思う。〔大正八年九月十一日、土淵村本宿で、及川氏の話を聞く。〕

(四五) 紫波郡佐比内村の山の中に、畠山厳という旧家がある。これも有福な暮らしの家で、昔からザシキワラシがおるとの言い伝えがあった。出る場所は定まっていないが、夜床の間の前に寝ると、必ず唸《うな》されたり、くすぐられて笑わされたりする。ある時この家の祖母さんが、仏壇の前でザシキワラシを見たことがある。顔が赤く猿のようであったという。また廏に繋いでおいた馬を、解放したことがある。またある時などは、天井から茶碗や椀などの勝手道具を、ガラガラと投げ下ろしたことがある。その一つの椀には、囓歯《げっし》類《るい》の歯の痕が附いてあったそうである。ある時には庖丁が飛んで来たり、また唐辛子の入った皿が下りて来たことなどもある。またある雨の降る日には、戸締まりを厳重にしていたに係わらず、庭の石を家の中にどんどん投げ込んだことがある。そんな事があってから、そこの家が間もなく焼けた。その後また祖母が死ぬ時にも、大正七年の悪性感冒が流行して来た時にも、そんな事があったということである。

右の話をした者はこの家の近親の人で、二十六七歳の獣医である。その投げられた石を一個所持している。指紋などを調べてみたいと言うている。〔（二七）に同じ。〕

（四六）盛岡市の士族屋敷などには、どこの家にも大抵ザシキワラシが居るとせられておったものだという。土淵村の現村長小笠原氏の話に、御維新当時、南部藩から白石へ転封せられて、主従散りぢりになった時、同氏の生家でも一時、内丸の栗山という家の屋敷に引き移ったことがある。この家には昔からザシキワラシがおるといわれておったので、夕方戸締まりする時などには、内心大いに恐れ怖じておったものであるが、わたしはついに見たことがなかったと。

盛岡地方では、ザシキワラシのことを、ザシキボッコともいうておる。およそ五六歳位の皿子頭の童子で、多分狢《むじな》などが化けたものだろうともいったそうである。〔盛岡生れの人、小笠原長順氏話。大正八年二月三日、村役場にて。〕

（四七）附馬牛村《つくもうしむら》の新山という家の土蔵の中で、或る夜ほとんど夜明け頃まで、何物かがえらく喧嘩でもしているように、荒らびる音がしていた。家の者は驚きかつ怪しんで、翌朝早く行って戸を開けてみると、一人の極めて美しい子供が倒れて死んでおった。顔が透けるように真っ白く、丈《たけ》は三四歳の児くらいもあった。体には傷などは少しも無かったが、床板を放してみたら血が一杯流れてあった。これはザシキワラシだといって、家人はその児供を前の猿ヶ石川へ棄てたということである。これについて世間ではいろいろな風評をしたものである。或いは新山家のザシキワラシと、隣家のザシキワラシとが、何かの訳で喧嘩をして、ついに一方が殺されたのだともいった。その証拠には、隣家のザシキワラシも大分傷をしたものらしく、血をぽたりぽたりと滴《こぼ》しながら、我が家の土蔵の戸前まで、帰って行った形跡があったからだという。また一説には、元この新山家には夫婦のザシキワラシが居ったが、その中《うち》のどっちかが一人死んだため、残った一方が隣家へ行ったとの噂もあった。また一説では、二軒の家にザシキワラシのうち、片方の女性が死んだために、女争いをしてこのような事を演じたのだとも謂《い》った。とにかく片方の死亡から、それが今度は本当の人間同士のいきさつとなって、片方の家の富貴となるのを恐れかつ嫉《ねた》み、火災などが起きたりなどしたので、一時大分有名な話であったが、その後の事は私は何も知っていない。

この話は別に柳田先生の「石神問答《しゃくじんもんどう》」の中にもある。また大正六年の夏、露人ネフスキー氏とともにこの村へ訪れた時、村の寺の住職も現にこの話をしきりにしておった。片方の家の子息は今年二十四五で私の知人であるが、少しも知らぬと言う。この出来事は、今から十二三年前のことゆえ、知っておればよく知っている筈である。しかしこの話ばかりではない。またザシキワラシの話に限らず、現在有ると聞いて行っても、家の人はそんな事は無い知らぬ、誰から聞いて来たと必ず問い返す。もしその人の名前を言おうものなら、かの人は偽言《うそ》を言う人だから何を言ったかと、ついにはこの方までも妙に嘲笑し、今時そんな馬鹿気た話を聞き歩く閑人《ひまじん》よと言わんばかりである。けだし件《くだん》の如き怪異は、あまり喋々《ちょうちょう》したくないのが普通の人情である。それがまた色々の噂の附け加わって行く原因でもあるのである。正しい報告は何にしても得難い。〔(一三)に同じ。〕

(四八) 達曾部村字芋野《いもの》新田《しんでん》の、多田某氏の家からザシキワラシが出て、夜半にぺちゃぺちゃと足音を立てて、宿の方へ行ったという話がある。この家は土地での豪族で、今の主人は東京で弁護士をしておられるそうである。この話は今から三四十年も前のことらしいが、これはそのために家運衰えたともきかぬ。〔(三三)に同じ。〕

(四九) 宮守村字桐町《あらまち》、河野某氏の祖母が子供の時、廊下でザシキワラシに行き逢うたことがある。顔は赤くて短いムジリのようなものを着ておったそうである。この人は八十余歳で今に生きておる。見たというのは十一二の頃でもあろうか。〔同処の人、阿部政三君の話。大正八年三月六日、拙宅に於いて。同君はその婆さんから聞くという。〕

（五〇）宮守村字塚沢、大田代某という人の家にも、寝られぬ座敷がある。けれども不思議なことには、この家の老爺さんばかりは寝られたという。去年の秋の頃だとか、この家の土蔵の内から、何物か唸《うな》るような鳴き音がし出して、二三日ほど続いたが、その頃からその座敷にザシキワラシが出初めたのである。丈《たけ》は一尺二三寸ほどで、ちょうど臼搗子《うすつきこ》という種類のものらしく、座敷のうちをとたりとたりと跳ね廻る。しかしワラシと言えば言えるけれども、色は黒く何だか獣みたいであったと、その家の人は話したという。〔（四七）に同じ。〕

（五一）遠野大工町の、佐々木某の家は代々の大工職である。そこの息子で二十七八歳の若者、或る時二階の仕事場で働いていると、色の黒っぽい二つ位と見える児供のようなものが、どこからともなく出て来て、ちょこちょことその辺を歩き廻る。怪しみかつ好奇心もあって静かにして見ていると、その物はほとんど人もなげにしばらく遊んでいたが、ついに乾かしておいた板の間に入って行った。それからは若者が二階にいる時は、ほとんど毎《つね》にそれが出て来て遊ぶので、ついに菓子などをやるようになると、それも平気で取って食い、遊び倦きれば例の板の間に入って行く。若者も面白くなり、夜など外出することがあれば、必ずみやげの菓子を買って来ておくという。夜もそこに寝ていると、町家のことだから軒伝いに、猫などが窓の外に来て覗くことがあると、その物はふうふうと声を立てて、それを叱り退《しりぞ》けるということである。

この話は大正八年四月二十六日、村の光岸寺の住職熊谷氏から聞いた。この春小細工物をするにその若者を招き、寺に二三日とめておいた時に、誰にも話してはくれるな。あなたは和尚さんだからといって話したとのことである。この話を聞いてから、私は町へ行くような時は、注意してその家を見る。極めて小さな家で、その出るという二階なども、三間に二間半位の一室らしい。こんな所におるのかというような気持ちもする。しかしそれは現代のザシキワラシかもしれない。

〔土淵村山口の新田氏宅できく。〕

二　近頃耳で聞いた話　物語化したるもの

（五二）これは昔の話である。遠野郷きたがめの栃内の某、北方《きたかた》小国から遠野へ越える立丸峠というを越して来ると、恩徳のかっちに齢若い二人連れの、美しい女が休んでおった。そして一つの朱塗りの飯台を持っておる。不思議に思って、お前だちはどこから来て、どこへ行くお方かと問うと、女らは、今まで海上《かいしょう》のかぜん長者の家におったけれども、あの家もいまに貧しくなるだろうから、わたしだちはこれから小国の道又の家へ行くと答えた。某はそのまま別れたが、そんな話があってから、道又の家には二人の娘のザシキワラシがいるという噂があって、近年までも稀《たま》には家の人の目に見えたということである。〔（二〇）に同じ。〕

（附記）海上のかぜん長者については、こんな伝説が残っておる。この長者は女主であった。自分の居所から小道七十五里も隔たった大槌の浜より潮水を汲み取らせ、持馬七十五疋で毎日毎日それを運ばせて、塩を焼かせた。その塩竈の跡もまだ土地に残ってある。また遠野の横田の町まで自分の家の門口から、白米を撒き敷かせてその上を渡り歩き、少しも足に土を附けないことを自慢すると、隣村駒木の長者山口四郎兵衛というのが大いに嘲って、海上のかぜんも案外小身者だ。そんならおれの方では家の門から町まで、小判を敷いて足に土を附けないで往来して見せると、その通りにしたというはなしがある。いずれも横田まで、小道十里即一里半の路程《みちのり》である。

（五三）きたがめの山口の旧家孫左衛門という家には、若い女のザシキワラシが二人居ると、久しく言い伝えられておった。ある年同所の某という男、横田の町から夕方帰って来ると、留場の橋というあたりで、見慣れぬ美しい娘ども二人に行き逢った。何か物思わしげな様子で歩いて来るので、お前さんだちはどこから来てどこへ行くのかと問うと、おらは今迄山口の孫左衛門殿の家におったが、これから気仙の稲子沢《いなこざわ》へ行きますと言って行き過ぎた。その後山口の家の主従三十人ばかり、茸《きのこ》の毒にあたって一夜のうちに皆死に絶えたということである。〔（一三）に同じ。〕

（五四）気仙郡盛町の在に、稲子沢という長者があった。奥州でも名うての長者であった。この家の瓦解したのはおよそ百年も前のことかと思われる。或いはそれよりも遅れておるかもしれない。この家の運勢の傾きかけた頃であったろうか、一人のザシキワラシが、邸《やしき》から出て、後ろの山の方へ行った足跡が、附いてあったということである。〔（二七）に同じ。〕

（附記）この長者については、こんな伝説が残っておる。昔気仙稲子沢某と云う者、ある年の正月の夢に、或る館の跡に三十三の花をつけた山百合が有るから、その根を掘ってみろ、宝物が埋まっているとみて、妻を連れて旅へ出た。そして胆沢《いさわ》の郡《こおり》生城寺館《しょうじょうじだて》（今の永岡村字百岡《ももおか》に在る）に着いてみると、雪の折柄にも係わらず、その館跡に夢と寸分違わぬ三十三の白百合の花が咲いてあった。夫婦はその根元を掘って、黄金《こがね》の玉（或いは黄金の入った壺）を七つ得て、それより長者とはなった。子孫代々気仙稲子沢長者と呼ばれ、鈴木を姓とした。ただし今は見る影も無いという噂である。この辺では、気仙の稲子沢の寝手間取《ねてまと》りという俚諺がある。長者の屋敷には手間取りども多く居り、中には病気といって仕事を休み、只賃を取っておる者も一日に一人や二人、無いことはなかったから起こったのである。胆沢郡水沢の塩釜神社に奉納した鉄の塩釜の縁には、奥州稲子沢の文字が、鋳られてあるということである。水沢の森口氏という人の母方の祖母の妹に大層美しい人があって、稲子沢長者の何代目かの次男へ嫁に行った。こっちから花嫁を送って行った人たちは、途中で出迎えを受けて、その場で先方から持参の衣類で、みな御殿風に装いを改めさせられた。なお道すがらの宿場々々では、長柄の銚子で花嫁の一行を出迎えたそうである。いよいよ婿殿の屋敷へ着いてみると、一同は先松の間というに通され次に竹の間に招ぜられ、間毎々々で主客ともに、松竹梅それぞれの模様の衣服に改め、器具粧飾もすべて松尽くし梅尽くしであった。酒宴の時には二の膳のひらと茶碗とに、小判一枚ずつ入れてあった。また附き添い人を労《ねぎら》うために船遊山《ふなゆさん》をした。その節祝いとして船頭たちに出した御馳走は、白米の握り飯であった。こちらでは米は常には食わさぬからである。そこで米処《どころ》の水沢から行った連中は、折角これまで豪奢振りを見せていたのに、握り飯の御馳走では打ち毀《こわ》しだと言って笑ったそうである。その婿殿は酒乱者であったので、後に離縁をして戻ったそうで、水沢に墓があるということである。〔森口多里氏書翰。〕

（五五）ザシキワラシはほぼ以上の如く、奥州の諸処に亘って、オシラサマよりも数に於いて遥かに多く、分布しているようである。なおこのほかに、単に居る或いは居ったというだけの話で私が聞いたものは左の通りである。

（イ）九戸郡江刈村字本村、村木義雄氏の家。多分童子であろう。枕返しなどもあるそうである。〔（四二）に同じ。〕

（ロ）盛岡市内丸、内堀という家。童子である。現今バプチスト派の宣教師米国人某が住んでいる。〔伊能先生話。大正八年六月某日。〕

（ハ）　稗貫郡外川目村、葛巻某家。童子。〔大正八年二月十二日、同姓某氏話。〕
（ニ）　稗貫郡八幡村、某家。クラボッコ。〔同地の人玉山君話。大正八年六月十七日。〕
（ホ）　気仙郡上有住村字奥新切《おくにぎり》、某家。枕返し。〔同処の人立花某氏話。大正八年六月三十日。拙宅にて。〕
（ヘ）　気仙郡上有住村字甘蕨、和野某家。童子。〔同村生まれの菊池某女話。他は同上。〕
（ト）　気仙郡下有住村字十文字、吉田某家。童子。枕返し。〔（ホ）に同じ。〕
（チ）　気仙郡高田町、大庄屋某家。童子。〔同村石工逢阪某話。大正八年七月十三日。〕
（リ）　稗貫郡湯本村、阿弥陀某家。童子。〔（ハ）に同じ。〕
（ヌ）　遠野、一日市町、明石屋伝兵衛家。童子。この家は今は無い。〔（二七）に同じ。〕
（ル）　遠野穀町。建屋某家。酒倉にいる。クラワラシ。〔菊池君話。他は（二九）に同じ。〕
（ヲ）　遠野町、村兵某家。童子。〔（二七）に同じ。〕
（ワ）　土淵村字栃内の一ノ渡、どびょう某家。枕返し。〔（二〇）に同じ。〕
（カ）　土淵村、佐々木万右衛門家。今その家知れず、或いは万十郎か。〔（ロ）に同じ。〕
（ヨ）　土淵村字山口、南沢三吉家。童子。この家今はない。〔（一三）に同じ。〕
（タ）　土淵村字野崎、前川某家。枕返し。〔同上。〕
（レ）　松崎村字松崎、洞目木《とうめき》某家、枕返し。〔（ル）に同じ。〕
（ソ）　鱒沢村字下鱒沢、菊池清見氏。童子。枕返し。〔此村に居た山林主事金野氏話。大正八年九月十八日。村の往来できく。〕
（ツ）　鱒沢村字下鱒沢、古屋敷、菊池某家。枕返し。〔同上。〕

（ネ）　綾織村字山口、某家。童子。〔（二）に同じ。〕

（ナ）　綾織村字上ノ山、上台某家。童子。〔同上。〕

（ラ）　綾織村字上ノ山。石関某家。形不明。〔同上。〕

三　手紙で答えられたもの

私は前章のような奥州のザシキワラシの伝統を珍重し、出来得べくばより多くその分布を知りたいと思って、去年の冬頃から、有るらしい諸方へ問い合わせ状を出してみたのである。またそれよりも先に、東京の中山太郎氏の話に、座敷稚子というものが、紀州の高野山にも居るということで、赤い衣物などを着た垂髪の童子で、折ふし大寺の座敷の障子を細目に開けて覗くものだというと聞き（後に聞くと、この話は大阪の「新社会」という雑誌にあったという）、全く我が地方のザシキワラシそのままの事であるから、取り敢えずその実否を田辺の南方先生に伺うと、聞いたことが無いとの御返書である。同じ紀州の有田郡の、森口清一氏からは、左の如き御返事を頂いた。これは参考のために、その要所だけを載せておく。

御来書に依れば、高野山にもザシキワラシが有之由《これあるよし》に御座候が、其後高野に関する図書四五種渉猟致候処、見当り不申候《もおさずそうろう》。勿論小生の見たるは風土記や通念集の如き普通のものに有之候……就ては過日当地方の人にて、十数年来高野山の寺院に居住せし者より、左の如き話を聞及候に付、貴下御要求の話とは多少異りたるように有之候へ共、御知せ申上候。

昔高野山金剛三昧院に、一人の小僧有之《これあり》、住持外出する時は常に供に連れ行き居りしに、此小僧供すれば、如何なる暴風雨に会うも傘《からかさ》さずとも濡れると云うこと無之《これなく》候いき。斯《かく》の如き事久しきまま、住持いかにも不思議に思い、或夜ひそかに其小僧の寝間に至り見るに、其形八畳の間に一杯有りしと云う。翌朝小僧は住持の居間に来りて暇《いとま》を乞い、如何様になだめても、昨夜寝姿を見られたるより、一時も此所に留ること出来不申とて、引留を聴かず。さらば給金を取らせんと言うに、給金は入らぬ、其代に庭の杉一本頂き度と言う。住持承知すれば、小僧は其杉の木より天に昇りしと云う。但し右の事有りし年代は分り不申候も、杉の木の今も有之、凡一丈余も有之べく候。金剛三昧院が七百年来いまだ一度も火災に罹らぬは、此小僧の御影なりと言伝え、今は杉の木の下に祠《ほこら》を建て、朝夕供物を供え居り候。(高野山は火事多き所にて、七百年来火災に罹らざるは此寺の外《ほか》に無之候。)

この杉の木は只今にても神聖視し申居候。されば此木を汚せば跛者になるとの言伝昔より有之。明治三十年頃此寺に二人の小供あり、此話を聞き、何そんな事が有るものかと小便を仕掛け候処、直に二人とも跛者と相成申候。これは実際の話にて、その跛足となりし人は、小生と同村同字の人、十三四歳まで普通の脚にて此寺に居りしに、此時より不具者と為り、今に村に暮し居り候。今一人も目下小生の村に居住致居り候。

右の話をしたる上田稔氏というは、小生と同村同字《あざ》の人にて、先《まず》かかる事柄をよく聞覚えおる人に有之候えども、高野山にて十数年の永き間、右の話の外之に類する話聞きし事無之由に候。高野山に限らず、当地方には家に化物出る話は沢山有之候へ共、ザシキワラシは無之候。恐く和歌山県には無之かと愚考致候。

右のような次第で、ザシキワラシ類似のものが、まず唯一箇所有るらしいと云う紀伊国にも、どうやら無いようにも思われる。(もっとも柳田先生の説だと、本には無くとも実際かも知れぬと言われる。)そこで一まず手近な地方で、系統の上からもどうしても有るらしく想像される奥羽七ヶ国の各地へ、尋ねて見ることにした。その返事の手紙に由って、大体この物の分布を調べてみたのである。もちろん狭い交通の範囲に限られている。これからさらに大いに尋ねてみねばならぬ。

三　手紙で答えられたもの　有るという地方

（一）　陸前登米《とめ》郡南方村字元南方の原、佐々木林之助という人の家には、昔からザシキワラシがいるという噂があった。今から十四五年前、この家で屋根葺き替えが終わった日の夕方、齢頃《としごろ》十二三とも思われる一人の少女が、軒に架け渡してある足代板《あしろいた》の上を、自由自在に走り廻っていた。村の人だちは多勢でそれを見たということである。

この家では、ザシキワラシは常にでい（奥座敷）に居ると信じて、床の間に茶碗に水を入れて供えておく。時々何物か座敷を掃く音などがするが、家の人だちは少しも怖がらぬということである。これは同家主人の直話である。

しかし近隣の者の話だと、昔は佐々木方にはザシキワラシがおったというけれども、只今では出ぬとの評判である。同家のでいにも、今は子供らまで臥せているとの事故、出ぬのが事実では無かろうかと言う。〔同村、高橋清次郎氏書翰。大正八年二月十九日附。〕

（二）　陸奥上北郡野辺地《のへじ》町に、正徳の頃、田中清左衛門という近郷唯一の長者があった。この家の家運傾きかけた際、或る夜ザシキワラシが奥座敷で、帳面を調べていたのを見た者があったとのことである。それからというものは、とかく面白からぬことばかり続いて起こったが、主人の豪奢振りは少しも止まなかった。或る日などは、持船が三艘難破したという報があったにもかかわらず、三昧太鼓で遊興三昧をしていると、引き続いて十何艘破船していよいよ悲運に陥ったということである。口碑に依ると、この長者は子供に小判に穴をあけて、がらがらを造って持たせたなどと伝えている。

そのザシキワラシは、極小な童子で、散切り《ざんぎ》頭の男の児であったそうである。〔同地、松内源次郎氏書翰。同上二月三日附。〕

(三)　陸中東磐井郡千厩町《せんまやまち》の、中上という家に今から五十余年前、ザシキワラシが出初めた。刻限はおおよそ夕方の戸締まり頃で、座敷をしたしたと歩き、或いは這い或いは柱に縋ったりなどしている。家の人だちはあまり気味が悪いので、親類近所の者を頼んで来てもらっておると、そんな夜は決して出なかったということである。この家は酒造家であったが、とうとう破産したそうである。〔同郡門崎村、鳥畑隆治氏手紙。大正八年二月から四月迄の通信。〕

(四)　東磐井郡八鉢村に、岩山という有名な酒屋があった。今から二十八年前の八月ある夜、座敷の襖を開けて出て来た一人の童子があった。家の主婦がそれを見て、誰だと声をかけたが、返事をしなかった。怪しく思って寝ている人だちを起し、ともに方々をよく見廻ったけれども、既にその姿がどこにも見えなかった。戸締まりを見るに、その座敷の襖ばかりが開いていて、他には何の事もなかった。ザシキワラシだろうと語り合ったそうだが、この家にはその一夜だけで、後は何の話もなかった。近年になってから破産したということである。〔同上。〕

（五）　東磐井郡松川村の岩ノ下に、店子三十余軒を有する旧家がある。この家には古くからザシキワラシがおるとの言い伝えがあった。夜ばかり出るもので、その姿などは判明していないけれども、或る時は入道坊主のようであったとも言い、また或る時には十二三歳のザンギリワラシであったともいうのである。他所の者宿れば床の上から転ばされたり、枕の方向を換えられておったりするので、気味が悪くて宿ることが出来なかった由である。

ザンギリワラシとは、この地方で、頭の周りばかり剃り、上部の髪を残しておくものをいうのである。またはザンギリコともいう。〔同上。〕

（六）　東磐井郡大原町の在、興田村中川の奥に在る旧家、懸田卓治という人の家にも、ザシキワラシが居ったそうである。来客などが座敷に寝ていると、枕返しをやって、東向きが西枕になっていたりする。また座敷の中を、妙な声で鳴き廻ったり、天井板に砂でも撒き散らすような音を、させることもあったという。

この家のザシキワラシは、散切髪の皿頭で、五六歳位の子供のようであった。形は河童に似ていたともいう。例の狢《むじな》などが化けたものだろうという説もある。

また大原町の、旧藩時代の代官屋敷にもいたというが、前と同じ物かどうか分らぬ。〔大原町、鈴木文彦氏報。大正八年一月二十八日附。〕

（七）　胆沢郡永岡村字永徳寺、堂の前の道化屋敷とかいう所に、二百年ばかり前の事か、夜の子《ね》の刻になると、座敷の床の前から、黒い半衣物を着て現れ出て、柄杓《ひしやく》をもって水を下されと言う、怪物があったという。家の人は柄杓の底を抜いて与えると、しばらくぐずぐずしているが、また出た処に帰って消え失せたということである。柄杓の底を抜いてやったのは、そうせぬと水で悪戯《いたずら》をするからである。この家はそんな物のために、ついに月行院という法印となったということである。

右の怪物は何でも半童形の物であったらしいが、この地方ではザシキワラシとは云わず、カラコワラシといっておる。この家のもそれであった。〔この郡水沢町、鈴木貞太郎氏報。同上二月三日附。〕

（八）　西磐井郡平泉村高館、小松代粂三郎の家にも、昔怪しいものが出現したことがある。くわしいことは分からぬが、これはワラシでは無く、一種の剣舞風の装束をしたものであったという言い伝えである。もっともこの話は古いことであるらしい。〔同上。〕

（附記）　伝説に、昔平泉の判官館（すなわち高館）が落城の時、数々不思議な事が現れて関東方の軍勢を悩ませた（「平泉清悦物語」）。その中に館の床下から、異様な風体をした怪物の兵が現れて、髪を振り乱し剣を翳《かざ》して大いに戦ったと言えば、前記の物もその口碑に基づいた話であろうか。当国各地の夏秋の祭礼などに行われる、剣舞と称する一種の舞は、すなわちその故事に因《ちな》んだもの、という風にも言い伝えられている。

（九）　羽後北部のある町で、工藤某という人の叔父が若年の時、ザシキボッコに遭遇したことがあるそうである。深夜突然《だしぬけ》に布団をはがされたので、驚いて起き上がると、二尺四五寸ばかりな真っ赤な顔をした子供が、座敷中をとたとたと歩き廻っているのを見たという。

言い伝えによれば、一本の柱に四方から敷居が寄った所の室《へや》に出るそうである。しかし在方の家には、そのような箇所の有るのがかえって普通であれば、同じ長さの敷居の寄り合う所、すなわち同じ大きさの座敷が四つ隣接している所でないかという。この建て方も稀にはあるが、必ずザシキワラシが出るとも限らぬのを見れば、その中心の柱に何か尋常で無いもの、例えば逆柱《さかばしら》などの場合ではなかろうかともいうが、これも推量ばかりで確かでは無い。〔陸中和賀郡黒沢尻町、鈴木隆太郎氏状。同一月二十九日附。〕

（一〇）和賀郡黒沢尻町附近では、ザシキワラシをザシキボッコという。座敷の建て方に由って出るものだと、いわれている。すなわち一本の柱を真ん中にして、四方に四つの座敷を造作した家に出現するもので、若人が宿っておると、その寝沈んだ時分に出て来て、布団などを剝いで消え失せるということである。こうした座敷の建て方の家が在郷方に有ったが、既に火事で焼けたそうである。〔黒沢尻町、豊田啓太郎氏状。同二月五日附。〕

（一一）和賀郡黒岩という村の渡し場に、いずれも花染めの衣物を着た十二三ばかりの少女が二人で、二子村の方から来て川東へ渡って行ったことがある。あまりその様子が変なので、或る人が、お前だちはどこから来てどこへ行くかと尋ねたら、娘どもは、今まで二子の高屋にいたのだけれども、高屋は貧しくなって居られないから、これから平沢の長洞へ行くところだと言った。長洞の家にはその頃からザシキワラシが居るということである。

そのザシキワラシは、長洞の家の相続人にしか見えない。それも一生にただ一度しか見えぬという。長洞の家の資産は上ったということである。高屋長者はその後は目に見えて貧しくなって、今は屋敷跡ばかり残っている。〔稗貫郡八沢村、古川一郎氏書状。同二月八日附。外一通。〕

（一二）和賀郡成島村の、前尻という家には、今でもザシキワラシがいる。ある時裁縫をして歩く婆さんがその家に泊まったら、五六歳ばかりの散切頭のワラシが、とたとたと座敷を歩き廻って、淋しくて寝られず、夜中にほかの家に宿替えをしたということである。その老婆は今も生きていて、やっぱり人の仕事などして方々を歩いている。

この家のザシキワラシは、いつでもまただれにも見えるということである。この辺ではザシキワラス、またはザシキボコと呼んでいるそうである。〔同上。〕

（一三）稗貫郡花巻町、里川口辺にも、クラワラシまたはクラボッコというものならあるということである。〔その地の人、島倉吉氏報。同二月八日附。〕

（一四）紫波郡長岡村に、某という農家があった。今から二十年程前のある盆の頃、橘某という人を始め四五人の青年が、この家に泊まったことがある。ところが誰言うと無く、この家の奥座敷にザシキワラシが出ると言い出したので、その中の一人は、臥床《ねどこ》をその座敷へ移して寝た。その夜は月夜で座敷中明るかったが、とろとろと眠りかけた頃、どこからともなく一人の童子が出て来て、初めのほどは遠慮をしているようであったが、ついにその若者の寝床の上を飛び越え、跳び廻り、幾度も幾度も悪戯《いたずら》をするので、堪《たま》らなくなってその座敷から這い出して、みんなとともに一夜を明かしたということである。これは橘氏自身の実験談で、この人は当年四十二歳の人である。その童形の物は、肌の色が人の通りであったことをも、たしかに見たということである。

〔この郡煙山村、小笠原謙吉氏状。一月二十九日附。〕

（一五）紫波郡煙山村《けぶやまむら》、小笠原謙吉氏の祖母君《おばあさん》の話だと、ザシキ小僧は古い大きな家に居るもので、夜炉《いろり》に出て火を起こしたりする、顔が赤いものだということである。この地方では、ザシキワラシは作物だとも知れていないが、狢《むじな》であろうという説もあるという。〔同上。〕

（一六）盛岡市外新庄村の農家、某の妻女の直話である。この人は今年三十歳で子供も三四人持っている。今年の正月頃から、毎夜何物とも分からない物が、夜半の一時頃になると、この女の臥床の周囲や布団の上を、小刻みな足で歩き廻った上、ついには懐《ふところ》などに這入るので、傍《そば》の夫を呼び起こし、その正体を見定めようとしても、夫の目には何物も見えないのである。二時三時にもなって、疲れてうとうととすれば、手足をつっついて目をさまさせ、全く安眠が出来ない。そのために食慾も減ずるので、そのままにしておいて生命に関するようなことがあってはならぬと、所の易者や巫女などに聞けば、飯綱《いづな》だと言うもあり、または古い悪い布団を買い入れたためだから、そんな物を売却すれば何事も無いという者もあって、即時古衣物などは売り払ったけれども、依然として魔障は止まぬのである。そこで五六日前から或る婆さんを頼んで来て、一時頃から張り番をさせ、念仏を称えさせている。そうすれば何事もなく眠られるのである。近所の人の話だと、その婆さんが張り番した時に煙のようなものが立ち上ったなどといっておったけれども、真偽は分からない。或いはザシキボッコという物のしわざかもしれない。〔盛岡加賀野新小路、某女報。二月五日附。〕

（一七）盛岡市紺屋町の某家には、ザシキボッコと言う物が出るということである。〔（九）に同じ。〕

（一八）盛岡市外津志田生れの一老婆の、木村氏の所に奉公しておる者のいうには、わたしはザシキワラシは知らぬが、クラワラシならあるものだと言ったとのことである。

また岩手県庁の伊東氏の召使いの老婆なども、「遠野物語」にあるようなザシキワラシなら、この方にも有ると語ったそうである。これも盛岡在の者であろう。〔盛岡高等農林学校、木村教授報。二月五日附。〕

（一九）陸前気仙郡上有住村、佐々木時輔氏からの手紙によると、ザシキワラシというものは、この郡の内にも二三箇所居ったということを聞いたが、今は場所を失念したということである。

〔二月二日附書状。〕

（二〇）遠野町附近に於いて、ザシキワラシに対する故老の概念はおよそ左の如くである。

一　ザシキワラシは体軀小さく、顔の色が赤い。

二　富裕な旧家を住処《すみか》とする。成上がりの家には決して居らぬ。

三　もしザシキワラシが退散の事があれば、その家の衰える前兆である。

四　時として出てその家の人と嬉戯することがあるが、家人以外の目には見えぬという。〔伊能嘉矩先生書状大意。二月一日附。〕

（二一）上閉伊郡上郷村比内の白鳥、石田徳三郎という人の母人、名をもといい、今年七十二歳で健在である。まだ子供の時にザシキワラシを見たことがある。ちょうど六つくらいの体で、金時のようなものであったとのことである。〔この村沢田重蔵氏状。三月三十一日附。〕

（二二）同じく上郷村佐比内の川原、鈴木八太郎という人の家は元は医者であった。この家の奥座敷には、今日でも人がどうしても寝着かれぬ。ただしある畳一枚の上だけである。他の例のように、床の間の畳であろうか。〔同上。〕

（二三）上閉伊郡附馬牛村、萩原早見という老人の話。

一　ザシキワラシには雌雄の別があって、雌の方が数に於いて多いということである。
二　髪はちゃらんと下げていて、光沢《つや》のあるきれいなものだという。
三　髪には綺麗な飾りを附けていることがある。例えば友禅の小布片《こぎれ》のようなものをつけている。
四　顔は赤い方が多いが、時には真っ青なものもあるという。
五　身丈は二三歳ばかりの子供位だという。
六　衣服は赤いものを好んで用いているという。
七　歩く時には衣摺れの音がする。その音はちょうど角力《すもう》の廻しの摺れる音のようだという。
八　足跡には踵《かかと》が無いという。
九　歩く時には必ず連れがあって、ただ一人で歩くようなことは稀《まれ》だという。
一〇　出現するのは多く夕方である。
一一　室内を歩くには通路が定《き》まっていて、それ以外には決して歩かない。人がその通路を知らずに寝るようなことがあれば、きっと唸《うな》されたり、また何か悪戯《いたずら》をされるという。
一二　食物は小豆《あずき》類を好んで食するということである。〔遠野町、松田亀太郎氏書状。五月十一日附。〕

三　手紙で答えられたもの　無いという地方

ザシキワラシにつき、左の地方の諸君には手紙で御尋ねしたが、知らぬという返書であった。

そのうち地名の下に人の名を書かぬ分は、まだ返事の来ぬものである。

福島県

磐城石城《いわき》郡草野村（高木誠一氏）

岩代耶麻《やま》郡関柴村（菊池研介氏）

同南会津郡館岩村

同信夫《しのぶ》郡飯坂町（佐藤喜平氏）

宮城県

陸前牡鹿《おじか》郡石巻町（毛利総七郎氏）

同加美郡新田町

同亘理《わたり》郡荒浜村

同本吉郡新月村（熊谷武雄氏）

同郡気仙沼町

山形県

羽前《うぜん》西村山《にしむらやま》郡溝延村字田井（真木伝五郎氏）

同北村山郡大倉村

同郡大高根村
羽後《うご》飽海《あくみ》郡酒田町（藤井孝吉氏）

秋　田　県

羽後仙北郡大曲町（田口謙蔵氏）
同郡長信田村字小神成（高橋弥五郎氏）
同北秋田郡荒瀬村字野尻
秋田市檜山南町

青　森　県

陸奥三戸郡八戸町鳥谷部町

岩　手　県

陸奥二戸郡浄法寺村（小田島理平治氏）
陸中下閉伊《しもへい》郡岩泉村（熊谷某氏）
同西磐井郡一ノ関町（金野某氏）
同郡一ノ関町（佐藤猛雄氏）
同胆沢《いさわ》郡水沢町（森口多里氏）

同上閉伊郡小友村《かみへいぐんおともむら》（佐藤喜代志氏）

四　関係あるかと思われる事項

ザシキワラシと所作《しょさ》がよく似ていて、その名を帯びぬもののうち、第一に著しいのは、オクナイサマまたクナイガミである。これも全く家に属する神の一種であって、ザシキワラシに次いで種々雑多な動作をするのである。しかしザシキワラシは、単なる悪戯《いたずら》か、または主家の盛衰に連れて、往々ごく冷淡に出ることが多いのに反して、オクナイサマは神という名に背《そむ》かず、常に一家の守護利益のためにのみ現れる。この点に於いて始めて前者と異なるのである。

今その一二の例を記してみるに、耳で聞いた第十一番の話に紛れ入った土淵村柏崎の片岸九郎氏の火事の時のオクナイサマの働き、または同家の田植童子の話（「遠野物語」）などを始め、私の近所山口の南沢三吉氏の家の、盗人を捕り押さえた童子神、すなわちこの家のオクナイ神がある。また下閉伊郡織笠村、たつこノ木の彦松という家のなどは、家人の留守中には馬舎の前に積んでおく飼草を、有れなかれ入れて馬を養い、また夕方になると、庭に並べた莚《むしろ》四五十枚の乾物を、ちゃんと畳んで納屋にしまい込んでおきなどするという。その時には家人は座敷口の縁側から、オクナイサマどうも有り難うござんしたと、御礼を言うのが例であった、この神は折々十一二歳の童子の姿で、家人の目に触れたものだと言うことである。

第二に、其性情で似ているのは、オシラサマである。この神は賞罰ともに、妙に厳重なものであって、やはり単純なザシキワラシとは、自然に信仰をも異にしてはいるけれども、オクナイ神と同じく、絶対に家屋内に附属し、かつ折々童子の姿を現し、子供らと戯れ、またこれを守護する点に於いて、すこぶる相似たるものがある。

第三に言うべきは、悪い畳、すなわち畳転がし、枕返し、逆柱《さかばしら》の類の俗信である。これらはどこでもザシキワラシと混同せられているけれども、その由って起こる所は、全く別途であろうと思われる。

第四の問題は、圧殺せられた赤子の霊魂、巫女の言葉で、若葉の霊魂という物の類である。嬰児の圧殺は昔はほとんど常の事の如く考えていたものらしく、殺せば決して屋内より出さず、必ず土間の踏み台の下か、或いは石臼場のような、繁く人に踏み付けられる場所に埋めたものである。生後一年位で死んだ児も逆児《さかご》といって、その屍を外に出すことを非常に忌み、必ず右同様の場所に埋めたものであるが、それらの霊魂は、睡眠症や首下り病の、神となると信ぜられているのである。外観ほとんど全くザシキワラシと、関係は無いようであるけれども、子供ということ、屋内という所から、思い付いたまま言っておく。

第五に言いたいのは、不時に死に、またはむかし無惨な最後を遂げた童子の霊魂は、そのまま屋内に潜《ひそ》み止まり、主に梁《うつばり》の上などに住んでいるという俗信である。その著しい例の一二を挙げると、

土淵村字火石の、庄之助殿という家で、ある年の九月二十九日の晩、刈り上げの餅を一族二十余人が寄り集まって食べている最中に、不意に桁の上から女子の小櫛が落ちて来た。これはと皆

が驚いて見上げたが、さらに何物の影も見えない。しかしある者の目には、髪を乱した女子の顔が、梁にくっついていて、じっと下方を視つめているのが、たしかに見えたということである。これはその時そこに居合わせて、その物を見たという分家の老人の直話である。何故にそういう物がこの家に居ったかというに、ある飢饉の年に、何かの訳で召使いの小女が餓死をしたことがあったが、その娘の魂魄が、今だに梁桁《はりげた》の上に留まっているのだということであった。

また同村山口、薬師堂なにがしという家では、天明頃の飢饉の時に、盗癖のある子供があって、何かに付け苦情が村方から持ち上がるので、家族親類相談の結果、その子供を父親《てておや》に山へ連れ出させ、岩の上に労《つか》れて眠ったのを、斧でもって斬殺させた。父親が斧を頭に切り込んだ時、その子供は飛び起きて、父《とと》は何をすると言うと、父親はその訳はあの世で聞いてくれと、さらに烈しく頭を打ち砕いたのである。その子の霊魂が家に帰り、梁にくっついていて、今でも折々悲しそうな声で、最後の語をつぶやいていることがあるといわれている。

また同村字栃内の久手、山下某という家でも、やっぱり子供の霊魂が梁の上に住んでいる。ある時この家に念仏講があった際に、村の人だちが座敷に入って念仏をはじめ、一座声を揃えて、餓鬼の念仏なんまみだと言えば、梁の上でも子供の声で、餓鬼の念仏なんまみだと言う。また下で南無阿弥陀仏と言えば、梁の上の童子も、同じく南無阿弥陀仏と称えるので、人皆色を失ったということである。この童子なども、天明かいつかの飢饉の時に、盗癖か何かの故あって、座敷のきつの中に入れ、上から堅く蓋をして蒸し殺したと言われてある。この童子の魂魄は甚だよくザシキワラシに似た動作をして、折々客人などを驚かすということである。

第六には、農家の愛娘または若嫁御などで、色白く秘蔵がられて、座敷にばかりいる女性のことを、あれはザシキワラシみたようななどというが、ザシキワラシの本来は、実はこんなものだという説もある。これと同じく、若者の座敷にばかり入り込んでいて農業を励まぬ者を、オコナイサマだなどと嘲けることもあるのである。

第七に、隣邦民族に於いて類似の例を聞いたままにちょっと蛇足すると、朝鮮ではタイヂュといって、一種の屋内怪物がいる。我が奥州の念仏童子などと同じく、梁の上に居って時々人語を発するという話もある。幼女の精霊だと信ぜられているそうである（伊能嘉矩氏談）。また北海道アイヌ族間には、アイヌカイセイと称する物、空屋古家などの中に現れる。アツトシのぼろ衣物を着て出で、よく睡眠者を魘《おそ》うてその胸や首などを圧《お》し付けると（吉田巌氏報示）いえば、何となくまたわがザシキワラシを髣髴するの観がある。

以上の諸類例は、単に私だけの聯想である。似て非なるものであるかもしれぬ。専門の学者の研究を待つべきものである。

（終）

ザシキワラシの種類及別名表

ザシキワラシ
ザシキボッコ
ザシキボコ

ザシキモッコ
ザシキバッコ
カラコワラシ
クラワラシ
クラボッコ
コメツキワラシ
ノタバリコ
ウスツキコ
テフピラコ
ホソデ
ナガテ

ザシキワラシ出現の場所及家名表

宮　城　県

陸前登米郡南方村字元南方、原。佐々木林之助家。少女。三ノ一

岩　手　県

陸前気仙郡高田町。大庄屋某家、童子。二ノ五五チ

同郡吉浜村。新沼某家。童子。二ノ三九
同郡盛町在。稲子沢家。童子。二ノ五四
同郡上有住村字奥新切、某家。童子、枕返し。二ノ五五ホ
同村字甘蕨《あまわらび》、和野某家。童子。二ノ五五へ
同村、某所。童子。二ノ三八
同郡下有住村字十文字、吉田某家。童子、枕返し。二ノ五五ト
陸中東磐井郡千厩町、中上某家。童子。三ノ三
同町、代官屋敷。童子。三ノ六
同郡八沢村、岩山某家。童子。三ノ四
同郡松川村、岩ノ下某家。童子。三ノ五
同郡興田村字中川、懸田某家。童子。三ノ六
同西磐井郡平泉村字高館、小松代某家。怪物。三ノ八
同胆沢郡永岡村字永徳寺、堂の前。道化屋敷某家。童形（?）。三ノ七
同江刺郡田原村字大田代、紺野某家。童子、枕返し。
同郡稲瀬村字倉沢、及川某家。童子、米搗ワラシ、ノタバリコ。二ノ四四
同和賀郡二子村高屋、某家。少女二人（退転）。三ノ一一
同和賀郡立花村字平沢、長洞某家。少女二人。三ノ一一
同郡成島村字前ノ尻、某家。童子。三ノ一二

同郡藤根村、藤根某家。童子。二ノ四三
同郡黒沢尻在、某家。(不明)、枕返し。三ノ一〇
同稗貫郡外川目村、葛巻某家。童子。二ノ五五ハ
同村、某家、童子。二ノ四〇
同郡八幡村、某家。クラボッコ。二ノ五五ニ
同郡花巻町里川口、某家。クラボッコ。三ノ一三
同郡湯本村、阿弥陀某家。形不詳。二ノ五五リ
同紫波《しわ》郡佐比内《さひない》村、畠山某家。童子。二ノ四五
同郡長岡村、某家。童子。三ノ一四
同郡煙山《けむやま》村。(概念)、童子。三ノ一五
同郡見前村字津志田、某家。クラボッコ。三ノ一八
同盛岡市外新庄村、某家。童形(?)。三ノ一六
同市内丸、内堀家。童子。二ノ五五ロ
同市内丸、栗山家。童子。二ノ四六
同市紺屋町、某家。童子、ザシキボッコ。三ノ一七
同九戸郡侍浜村字南侍浜、久慈某家。童子、枕返し。二ノ四二
同郡江刈村字本村、村木義雄家。童子(?)。二ノ五五イ
同下閉伊郡小国村字桐内、某家、童子。二ノ四一

同郡小国村、道又家。女性二人。二ノ五二
同上閉伊郡達曾部村字芋野新田。多田某家。童子。二ノ四八
同郡宮守村字塚沢。太田代清八家。童形、半童半獣形。二ノ五〇
同村字桐町。河野某家。童子。二ノ四九
同郡鱒沢村字山岸。某家。童子、枕返し。二ノ七
同村字上鱒沢、こすず某家。童子。二ノ六
同村字下鱒沢、菊池清見家。童子、枕返し。二ノ五五ソ
同村字下鱒沢、古屋敷。菊池某家。童子、枕返し。二ノ五五ツ
同郡綾織村字砂子沢、多左衛門家。童子。二ノ四
同村字山口、某家。童子。二ノ五五ネ
同村字大久保、水口。某家。童子。二ノ二、二ノ三
同村字日影、菊池佐吉家。童子。二ノ一
同村字二日町、二日町某家。侍姿。二ノ五
同村字上ノ山、上台某家。童子。二ノ五五ナ
同村字上ノ山、石関某家。形不明。二ノ五五ラ
同郡遠野町字六日町、松田某家。童子。二ノ三七
同町、高室武八家。童子、クラワラシ。二ノ三四
同町元町、南部家。侍姿。

同町新町、大久田某家。少女。二ノ三六
同町穀町、建屋某家。クラワラシ。二ノ五五ル
同町一日市町、明石家伝兵衛。童子。二ノ五五ヌ
同町一日市町、古屋酒店。童形（？）。二ノ三五
同町大工町、佐々木某家。童形、半童半獣形。二ノ五一
同町字砂場町、元御倉。童子。二ノ二四
同町、村兵某家。童子。二ノ五五ノヲ
同郡青笹村字中下、菊池某家。童子、クラワラシ。二ノ三三
同村字関口、菊池某家。クラワラシ。二ノ二九
同郡上郷村字左比内、白鳥。石田徳三郎家。童子。三ノ二一
同村字左比内、川原。鈴木八太郎家。童子。三二ノ二
同村字中沢、菊池鳥蔵家。機織る音。二ノ二八
同郡甲子村、野田某家。形不詳、枕返し。
同郡釜石町字沢、新倉屋。男女二人。二ノ二七
同郡栗橋村字砂子畑、清水六兵衛家。老婆。二ノ二五
同村字栗林、小笠原嘉兵衛家。童子。二ノ二六
同郡土淵村字栃内、西内。佐々木某家。童子、絵姿。二ノ二〇
同村字栃内、一の渡。ドビョウ家。童子。二ノ五五ワ

同村、佐々木万右衛門家。形不詳。二ノ五五カ
同村字栃内、爪喰。佐々木三右衛門家。童子、枕返し。二ノ一九
同村字栃内、在家権十郎家。童子、枕返し。二ノ二一
同村字栃内、火石。北川庄之助家。童子、老婆。二ノ一五、一六
同村字栃内、火石。長田某家。長手。二ノ一四
同村字栃内、火石、北川家。細手長手。二ノ一三
同村字栃内、田尻。古屋敷万十郎家、童子(?)。二ノ一八
同村字栃内、田尻。厚楽字家。枕返し。二ノ一七
同村字山口、瀬川九平家。二ノ一〇
同村字山口、菊池孫左衛門家。少女二人、枕返し。二ノ五三
同村字山口、南沢三吉家。童子。二ノ五五ヨ
同村字山口、菊池慶次郎家。形不詳、クラワラシ。二ノ三〇
同村字野崎、前川徳蔵家。枕返し。二ノ五五ノタ
同村字野崎、久手。山下某家、念仏童子。四ノ五
同村字柏崎、片岸長九郎家。童子。二ノ一一
同村字本宿、栃内万之助家。枕返し。
同村字本宿、三之助家。童子。二ノ一二
同村字土淵、阿部与平家。枕返し。

同村字似田貝、石田。似田貝某家。童子。二ノ二二
同村字飯豊、今淵勘十郎家。童子、枕返し。二ノ八、二ノ九
同村小学校。童子。二ノ二三
同郡松崎村字海上、菊池万兵衛家。童子、（退転）。二ノ三二
同村字海上、喜六家。童子。二ノ三二
同村字海上、かぜん長者。少女二人、（伝説）。二ノ五二
同村字松崎、洞目木家。形不詳、枕返し。二ノ五五レ
同村字宮代、某家。童子。二ノ三一
同郡附馬牛村字小村、新山某家。童子。二ノ四七

青　森　県

陸奥上北郡野辺地町、田中清左衛門家。童子。三ノ二

秋　田　県

羽後北秋田郡某村。童子、枕返し。三ノ九

婆《ばば》さま夜語り（老媼夜譚）

自序

大正十二年の冬（旧の正月）、村の辷石谷江《はねいしたにえ》という婆様と親しい知り合いになったお蔭で、かなり多くの昔話を聴くことが出来た。私はいまだかつてこの時くらいの好収穫を得たことがないのであった。手帳が二冊三冊とだんだんに殖えて行くのが嬉しかった。

私は婆様の家に、一月の下旬から三月の初めまで、ざっと五十余日の間ほとんど毎日のように通った。深雪も踏み分け、吹雪の夜も往った。村の人達には今日もハア馴染み婆様の処へ往くのしかと言って笑われたりした。

或る日などは早朝から夜の十二時過ぎまでもその人と炉傍《ろばた》に対向《むきあ》っていたことさえあった。最初のうちは婆様も気兼ねと臆劫からそう話も進まぬ勝ちであったが、しばらく経つとかえって婆様の方から、どうせおらが死ねば塩《だん》ノ端《はな》（村の墓場の在る所）さ持って行ったって誰も聴いてくれ申《も》さめから、おらの覚えているだけは父さんに話して残したい。父さんもどうじょ（何卒）倦きないで聴いてくなさいと言った。もちろん私は倦きるどころの話ではなかった。（私のことを父《とう》さんと言うが、これは私の家の子供らがそう言うのを部落の人々がすぐそう言うからで、他ではトト、トッチャ、チャナというのと区別が立っているからつい呼びやすいものと見えた。）

何しろ外はあの（年の）大吹雪なので、少しの隙間からもぴゅうぴゅうと粉雪が大胆に屋内に吹き込んだ。見る間に子供らの悪戯《いたずら》のような細長い白い山脈が室《へや》の中にいくつもいくつも出来上がった。それを防ぐために雨戸をぴしぴしと締め切っているので、屋内は誠に薄暗くて、差し向かいの婆様の顔さえやっとぼんやり見える程度であった。それに寒かろうというので、爺様や孫娘などが生木《なまき》を抱《かか》えて来て炉《ひぼと》にどんどん焚いてくれた。その火明かりが昼間ながらちょうど夜明けのような気持ちにさせた。おまけに薪が雪で凍っているので、ぶしぶしと燻《くすぶ》って、煙くって眼が開かれぬほどであった。婆様は赤ただれした眼から涙を止め度なく流し、私も袖で顔を蔽い蔽い話を聴いた。

谷江婆様は七十になるか或いはそれを二つ三つ越したかもしれない。代々私の村の丸木《まるこ》立《たち》という所に家があった。相当の地所もあり家もあったが何故かこの婆様はひどく不幸であった。私達の子供の時にこの人の先夫が山で木に撲《う》たれて担がれて来て死んだことも朧《おぼ》ろ気に覚えている。子供が無いので今は外から養子を貰って多くの孫どもをもうけているが、眼が悪い故かいつも泣いているように見えて寂しかった。

若い時には女振りもよくて相当唄われたというが不幸にしてひどい毒にかかって今も首の周囲にえらい彫刻の痕を残している。だが大の秘事念仏信者であって決して偽言などは弄せぬ正直な婆様である。私が子供の時分からこの婆様を好きであったが、いろいろな事情からついこれまで親しく話したことがなかった。ところがその年の一月の下旬に、かつて村の犬松爺《いぬまつ》という人から聞いた昔話の中に、医者が道中して洪水に出会い水に溺れて死にかかっている蛇と狐と人間とを救助して四人旅を続けて行き、ついに或る王様の城の客人となったが、人間のざん言で医者は牢屋に入れられた。それを蛇と狐でうまい計略を廻《めぐ》らして恩人を助け出すというのであったが、その内調を忘れたので、或る雪の白く光る日であったが、小さな森を通ってこの話をしてくれた爺様の許《もと》に訊きに行った。すると僅かな間に何もかも忘れてしまって爺様は誠に気の毒がった。この雪にわざわざ来てくれたのにと言って往来まで私を見送ってくれたりした。そこでまた米《よね》爺という昔語りに行ったが、この爺も知らぬ譚であった。仕方がなくなってこの婆様を訪ねた。やっぱり知らなかった。私はまずまずこの譚はそれでよいが、婆様は炭焼長者の話を知らぬかと言ったのが起縁であって、その話は第一番目に聴いた。

こんな風でこの婆様から聴いた話は、口碑伝説などを交えて、総《すべ》てで百七十種ほどであった。そしてその話の大部分は、婆様が子供の時、その祖母から聴いたもので、おらの祖母のお市という婆様はまだまだおらの三倍も四倍も話を知っていた。おらは頭がええからさっぱり忘れてしまったと言った。

谷江婆様はこのお市婆様（私らは知らぬ遠い人）の一人孫であって、その頃村では見たこともない赤い細帯《しごき》に振袖の美しい衣装を買ってもらって秋の八幡祭りに着て行ったことなども話していた。私の祖母様はそれは智恵のあった人で、心経の観音経も暗《そら》で読んだ。祖母様はおらも若い時には美《よ》い女子《おなご》で、おれの名前をこういって歌われたものだと笑いながら左の即興を作ったことがあった。

追いつ（お市）追われつ追われつ追いつ
　短かくたのしむ夜の虫
そういう祖母から夜々聴いた話であったが、またその外《ほか》にも村のブゾドの婆様は物識《し》りで昔噺を山ほど知っている人からも聴いた（この人も編者の知らぬ遠い人）。シンニャのおみよ婆様、横崖《よこがけ》のさのせ婆様、大同のお秀婆様などからも聴いたがと追懐していた。それら婆様達のいずれも皆今は亡き人々である。すなわち塩《だん》ノ端《はな》さ往った人達である。
私（佐々木）の七八歳頃まではこの三人の人達はまだ生きていた。私もシンニャの婆様には正月の鏡餅を持って昔話を聴きに行き、裏口の敷居が高いので上るに両手をかけて這い上がったことなどを記憶している。横崖の婆様は小便臭くて、私の家には秋毎に栗の穂切りに来たが、私はついに側《そば》には行かなかった。今になって残り多い思いに心を責められる。大同の婆様は巫女婆様といわれた人で、私にいろいろな呪詛の文句や伝説などを聴かしてくれた。オシラ神のことはこの人から聴いたのが十一二の時で、野火で焼けた跡の野原に青々と萌え出た布葉《ぬのば》摘みに行っていて、摘み草を入れる笊《ざる》をあっちこっちに持ち運ぶ役をしながら私は熱心に話を聞いたのであった。
谷江婆様はニソ（新麻）を、指の先と唇とで巧みに細く烈《さ》き分けて、長い長い一筋の白子《しらご》糸《いと》を作った。それを苧《お》籠《むけ》に手繰り入れつつ物語ったが、話に興が乗ってくると、その苧籠をばくるりと己が背後に廻してやった。そうなると言葉には自らリズムがつき、自然と韻語になって同じ文句がしばしば繰り返されたりした。或る時などは少量の酒を買って行くと、平素物静かな人ながら興奮して、老いたる腰を伸ばしてちょいちょいと立ち上がり、物語の主人公の身振りなどをした。それがリズムが高調に達した時であったから少しも不自然でなく、かえって人を極度に感動させた。私はその感動を筆記し得なかったのが、この記録の最も大なる憾《うら》み事である。なおまた私としては婆様の語った通り、そのままの地方語で記録することが好ましいと思ったけれども、そうすれば大方の読者には往々合点のゆかぬ節もあろうと思って、本文の如き文体にした。

けれども元々昔噺の蒐集は、他の短い筋だけでもよろしい処の口碑伝説とは自らその性質を異にしているので、お互いのその日その時の気分次第で、その成績にもまた幸不幸があった。全く機会の問題であった。この婆様の家にざっと二箇月も通いながら、朝から夜まで炉傍《ろばた》に坐って世間話ばかりして、肝腎の噺を一つも聴かなかったことが十日以上もあった。また調子づいた幸運の日になると十も十三も聴いたこともあった。物語の蒐集の容易でないことをしみじみと思わせられた。

聴いた話の中からこのたび百三種の話をこの集に取り入れることにした。文章は自分ながらいくらも工夫の余地があると思うのであるが、しかし奥州の山里の百姓婆様の話はそう洗練されていなかった。たどたどしく、語句が重複したり語呂の拙劣であったりするのは、私がいかに蒐集者として正直であるかということに免じていただきたい。これは一つには自分の心の紀念とも思って聴いた時の調子をいくらかでも保存しておきたかった。それで婆様が好んで使った語、ひじょうにとか感心してとかいう言葉も所々に入れておいた。気分を大事にしたかったからである。

この話の草稿を書き始めた時は、大正十二年の秋頃であったが、そのうちに思いがけぬ私の周囲の変化や病気のために、例によってずるずる延びて今日に及んだ。今度娘の病気療養のために村を離れたから、この機会に稿を編みたいと思った。

それについて譚をば似寄ったものを区別してみようかと思ったが、それらも中止して非学問的であろうが無かろうが、婆様から聴いた順序のままに配列しておいた。そうするのが追懐も深くかつまた心安く自然でもあったから。

それから書名とは少し撞着する嫌いはあるが、私が婆様の処に行って昔噺を聞いているということを聞き伝えて、村の話好きの連中が集まって来て、ぽつぽつ話してくれたものもざっと三十種程あったが、それも婆様の話の合間合間に、聴いた通りの順序に差しはさんでおいた。いつかの機会を得てなおこの集の続篇を取り纏めて発表したいと思っている。

それから話の題である。これは婆様もその他の人達もいきなり話に取りかかって筋を進めて行くので、いずれにも題などは無いのであったが、私は整理の便宜上一時仮りに附けた題が、どうも内容とぴたりと塡《は》まらず、かつ不自然であるように思え、気持ちが悪かったから、よほど番号だけにしておこうかと考えたが、それでもまたあまりに物品扱いのようでもあり気障《きざ》でもあるようだったから、件《くだん》のようにした。拙劣な、くだらない暗示を出すよりは、かえってその方がよかったかも知れぬと今思っている。

なお書名も独り婆様から聞いた話を集めたのでも無いから、総括して奥冬夜譚とでもしようかと思ったが、しかし老媼夜譚でもそう無理では無かろうと思って、そのままにした。

終わりに私の遅筆に対して、再三の厚い御注意と刺戟とを与えて下さった、柳田國男先生や岡村千秋氏に深甚なる感謝を表します。

今、今年始めての烈しい雷鳴を聴きつつ、そしてまた郷里からの父方の祖母の死去の電報を見て痛く驚きつつこの記事を書き終わる。

昭和二年五月五日、仙台の北三番町の旅舎にて。

佐々木　喜　善

一番　雉子《きじ》ノ一声の里

或る所に貧乏な夫婦があった。女房は懐妊中であったから夫は薪取りに山に行ったが、もう少しと思っているうちに日が暮れて還れなくなった。そこで或る洞《ほら》の大樹の木の下に寄って泊まっていると、夜半頃にイリ（深奥）の方から、ジャンガゴンガと馬の鈴の音やホイホイという人間の掛け声などがして、賑やかに遣って来る物の音がした。不思議に思ってさげしんでいると、その音がだんだん近づいて来た。そしてその大樹の前迄来ると立ち止まって、さア山ノ神殿参ろうか時刻《とき》に遅れてはならぬと言った。するとその樹から声が出てヤア賽《さい》ノ神殿でござったか箒神《へきがみ》殿も御一緒かと言うと、外ではああ一緒に参ったと返辞した。その樹は、実は今夜俺の所に客来があって往かれぬからお前達に良きほどに頼むと言うと、そうか客来かそれでは俺らばかり行って来ると言って神々はひどく賑やかな音をさせてそこを立ち去って行った。そのうちに夜が明けると、またそこにかの神々が還って来て、山ノ神殿今還った。実は森平が女房だけであると思い違いして往くと、その隣家の女房も今夜であったので手間取った。しかしいずれも安産であったから歓んでくれ。そして森平の所のは男の子だが一日に藁一本の持ち運、隣家は女の子ではあるけれども九十九の宝が附き、その日その日の使いは塩三升程である。賽ノ神殿が取り持って夫婦にすべというのだが、お前はどう思うかと言うと、山ノ神は一も二も無く同意した。そしてそんだらばそんだらばと別れて行った。その一部始終を聴いていた森平は不思議なことも有ればあるものだと思って、翌朝早く山を下りて還ってみると、家には昨夜お産があって男の子だと言う。それではと思って隣家に急いで往ってみると、やはりお産があって女の子が生まれたと言っていた。これは同日同夜に男女の子が一度に生まれるということが吉相だから行末は二人を夫婦にしようと話はすぐに纏まった。

二人の子供は成人して夫婦となったが、女房は大量で己《おの》れも飲み人にも酒を飲ませ、また銭金などもざんぶごんぶと使い、世間手広く取り引きもして、段々物が蓄《たま》り倉小屋を建て並べるその数はちょうど九十九戸前に成り及ぶ長者となった。それに引き替え夫は小心者で、あと一戸前の倉を建てれば百戸前の倉持の長者となるが、何とも女房の使いが荒くてそれも叶わぬ、何とか女房の大量を戒めたいものだと心を砕いていると、或る日旅の六部が来たから、旅の六部にその事を伺い立てると、それは造作も無いことである。月の十五日の朝の朝日の押し開きに、九十九戸前の真ん中の土蔵の屋根の上を見ろ、九十九戸前のその真ん中の土蔵の屋根の上には朝日の影に紫の垂衣を被《き》た小人の翁らが三人で赤い扇をひろげて朝日の舞いをば舞うている。その三人の中の真ん中の翁の左の膝節をウツギの弓に蓬《よもぎ》の矢で射れ、そうするならお前の思うようになると教わったので、夫は万事仕度を整えて月の十五日の朝を待っていた。やがてほど無く月の十五日ともなったので、朝日の押し開きに九十九棟の真ん中の土蔵の屋根の上を見ると、いかにも三人の小人の翁らが赤い扇を押し開いて東西南北を打ち招ぎ、朝日の舞いをば舞うていた。夫はここぞと思ってウツギの弓に蓬の矢をば差しつがえて、その真ん中の翁の膝を射ると、左の膝は射折れてたちまち消え失せてしまった。ところがそれからはがらりと変わって貧乏になり、女房も好きな酒も飲めなくなり人の出入りも無くなった。そこで夫は怒ってこれも皆女房の悪い故だから別の女房を持ち替えると言って、女房に下婢を一人附け添えて家から追い出した。

女房は下婢を連れてどこへという当ても無く行くと、そのうちに日は暮れて暗くなり、歩く力も今は無くなって路傍に下婢とともに泣き明かした。そして夜明けになったから草の上から身を起こしてこれからどこへ行くべと物語っていると、そこに若い美しい娘が三人通りかかった。女房は娘達にどこへ行きますと問うと、私達はこれからあの山越えこの山越え雉子《きじ》の一声《ひとこえ》の里《さと》へ行く者で、二人は無事でありますが、一人の娘は足を痛めて難儀をしますと言った。その雉子の一声の里という所に己等《おら》も行ったならと思って女房主従は三人の娘の後を慕って行くと、山路が嶮しくて行き悩んでいるうちにその娘達の姿をばついに見失ってしまった。そのうちにまた日が暮れて今夜もここに野宿かと思っていると、遥か向こうに火の明かりが見えたので、それを頼りに行ってみるとそこには立ち居も出来ないような破屋があって、内に娘がたった一人居るから、今夜一夜の宿を頼みますと言うと、娘は御覧の通りの破屋で食事の物も夜具の調度もないが、これからどこへお越しなされることもこの夜路ゆえ難渋でありましょうからお泊まりなさいと言った。女房主従は歓んで内に入ると、炉《ひぼと》に掛けてあるのは三升入り位の古釜たった一つであった。娘は何も無いから大根を取って来て煮て上げましょうと言って外に出たが、すぐに見事な大根を持って来て釜に入れて煮てくれた。それを食うと甘露の味がした。そうして泊まって翌朝主従が目を覚ましてみると娘は居ないから留守の所から立つのもどうかと思っているうちにもはや昼頃になった。そこで下婢が昨夜の大根畠に行ってみると事のほか見事な大きな畠で、昨夜娘が抜いた所の跡からは水がこんこんと湧き出ている。咽喉がかわいているのでその水を掬《すく》って飲むと香りの高い酒であった。下婢はただちにその事を主人に知らせてもろともに飲んで快く酔うて眠ってしまった。そうして夕方になって目を覚ましてみてもいまだ娘が帰って来ないので、二人は畠から大根を取って来て煮て食べ釜には酒を汲んで来て飲み、その夜もその家に泊まった。また翌日になったけれども娘は還らないので、主従はしばらくこの家に泊まることにして、下婢は私はこれからこの釜に酒を汲んで町に持って行って売って来ると言って、釜に酒を入れて町に行き、酒や酒や泉酒やとふれて歩いた。そうすると町の人達はみな買って飲んでみて、その味わいの佳いのに驚いてその酒の売れること際限がなかった。下婢はその代《しろ》で種々な物品《ものしな》を買って戻った。それから泉の酒はますます湧いて尽きなかったから、女房主従はたちまち大酒屋となって家屋も建て並べ、人々も諸処方々から寄って来て、そこが見る間に盛んな町屋となった。また女房は酒屋長者の女主人と相成った。

　話変わって森平の息子であった先夫は、その頃にはもうひどい貧乏になって、その日その日の生計《たつき》も出来かねるような身代となっていた。この頃雉子の一声の里という所に酒屋の大尽が出来て、そこの村屋がまことに賑やかな所になったと聞いて、草履などを作って持って行って売るべえと思っていた。或る日女房は草履売りの爺を見ると、はて見覚えのある人だがどうも案じ出さぬ、誰であったかと心訝《いぶか》しく思っていると、下婢はあの人は先の旦那様でありますと言う。さても変わり果てた御身の上不愍でならぬと、女房は黄金一升計って藁に包み、これで草履を作って来てくれと言えとて下婢に持たして遣《や》った。先夫はその藁を持って家に帰ったがその夜はあまりに寒くてならぬので、その藁を炉《ひぼと》にくべてあたった。そして他からただの藁を才覚して来て草履をば作って酒屋長者に持って行く。女房は着物位は着替えて来るかと思っていると、元の通りの姿で爺が見えたので、今度はこれを食べながら行けと言って結飯《むすび》の中に小判を入れて与えたが、それも家への帰路に沼に鴨が下りているのに石を拾って投げ投げしたが、一つも当たらぬので業《ごう》を煮やして今度はその結飯を投げて帰った。次に女房が見ると、またも爺が元のままのみすぼらしい姿をして来たので、さてさて運の無い人だと嘆いて、今日からはこの酒屋の下男となっていてはどうだと言うと、それではそうすべと言って、一生そこで暮らした。

註記

(1) サゲシム。じっと耳を傾けて物を聴いている態、軽蔑の意味ではない。
例、山さ鉄砲打ちに行って、雉子小屋さ入ってサゲシンでいると狐が来たというような訳。
大正十二年一月二十一日よりの聴話であって、以下婆様より聴いた話には別段の記号も付けずただ所々に月日を記しておく。月日の附記無きものは前のと同日に蒐集の分。

二番　炭焼長者

或る鍛冶屋の女房が使いが荒くて、弟子どもまでにも何不自由の無いように銭金を与えるので、夫の鍛冶屋はこの女房を置いていてはとても富貴にはなれぬと言って、三つになる男児を添えて家を追い出した。女房は今さら里に還ったとてええ面《つら》も無いとてそれから旅に出かけた。或る日道に迷うて奥山に入り込み、あっちこっちと歩き廻っているうちに夕方になったから、向こうに見える炭焼竈《がま》の煙を頼りに行った。炭竈に辿り着いてみれば、小屋の炉《ひぼと》に小鍋が掛かっているが主は居なかった。そのうちに帰るだろうと思って小屋の前の石に腰を掛けて待っていると、やがて小屋の主が帰って来たが見るも穢《きたな》らしい爺であった。その人が帰って来たかと思うとまたどこかへ往ってしまった。そのうちに山気《さんき》が籠もって来て肌寒くなって女房は困っていると、ようやくその爺がやって来て、この変化物《へんげもの》がまだそこに居たかと言った。女房は私は決して変化物などではない。旅の女であるから今夜一夜どうぞ泊めてくなさいと言うと、爺は真実お前は人間か、そんなら内《うち》に入ってもよい。ただこの鍋の飯が、今夜俺一人で食えば翌朝《あした》も煮なくてもよいと思っていたが、お前と二人で食べれば朝には何にも無くなるとはなはだ当惑顔で語った。女房は、明日の物は私はまたどうとも致すからと言って、その夜は小鍋の飯を二人で食べた。さて翌朝になって女房は懐中《ふところ》から金《かね》を出して、これで米を買って来てくれるように言うと、爺はそんな小石で何で米などが買われべ、炭ならばとにかくと言う。女房は否々《いんにえ》これは小石では無い、小判という宝物だと言うと、爺はまたこんな物が宝物なら俺が炭焼く竈《かまど》の辺は一体に小判だと言って笑った。とにかくそんだらそれを持って行って見ますべえと言う。女房はこのお金一個《ひとつ》で米魚古衣二三枚もと書いて爺様に持たせて町へ遣った。

女房は爺を出して遣った後、先刻爺が言った言葉を不審に思って、炭竈の辺に行ってみると、炭竈の辺に黄金が積まっている。その黄金を一日中小屋に運んで入れると小屋一杯になって入口から外へ溢れ出た。そうしているうちに暗くなったが、それでも爺様はまだ還らない。待っていると爺様は何事か独り言を言いながら還って来たから、それはどうしたことだと訊くと、俺は途中であまり腹が空《へ》って堪《たま》らぬから俵から米を取って食い食い来ると、俺の後からも人が附いて来るから、その人にも一摑みずつ投げてやりながら来たますと言う。どれどこにその人が居ると女房は聞くと、それそれまだそこに居ると言うのを見ると、それは爺様の影法師であった。けれど女も女房はそんな風な人でも嫌わないで一緒に居て、それから黄金でどんどん米を買い樵夫《きこり》を頼んで来て木を挽《ひ》かせたり、大工を頼んで来て家小屋を数多《あまた》建て並べて、そこで炭焼長者よと呼ばれるほどの身分になり、その辺には数多の村屋が建ち盛《さか》った。

話変わって、先夫の鍛冶屋は女房を離縁した後は、鎌を打とうと思えば鉈《なた》になり、鍬《くわ》と思えば斧《おの》になる。こうケチが入ってはロクな仕事も出来ぬので、乞食になって廻り廻って来た所が炭焼長者の門前であった。門口《かどぐち》に立って御報謝を乞う乞食の姿を見ればどうやら見覚えのある顔であるから、女房はよくよく視ると、それはまぎれの無い先夫であった。それは先夫であってみれば可愛想であるから、米三升遣ってこれが無くなったらまた来いと言うた。また次に見えた時、炭焼長者の夫に話すと、そうかそれでは俺が出て話しては拙《まず》いだべから、何気なくここに居るようにお前から言えと言うので、女房は乞食爺に、お前はそうして世間を歩くよりもここに居てこの家の下男となってはどうだと言うと、鍛冶屋は何にも知らぬから歓んで炭焼長者の所で一生を送った。

三番　一目千両の女

或る所に兄弟三人あって父親から千両ずつ貰って修業のために家を出た。二人の弟らはそれ相応に立身して家に帰ったが、総領だけはなかなか帰らなかった。どこに何をしていたかというと次のような次第。

その総領は父親から貰った千両の金を持って都《みやこ》へ上ると、或る立派な構えの家の表に、一目千両の女という看板が掛かってあった。これは珍らしい見物《みもの》もあるものだと思ってその家に上ると、座敷の綺麗なこと、その奥には錦の幕を垂れ下げて、その内に美しい女を置いて、錦の幕を静かにしずしずと引き上げて、上げたかと思えばすぐにまた静かに下げて、これで千両であると言った。

総領はそうして一目見たが、なおもう一目見たくて堪《たま》らず故郷に帰って父に願ってまた千両の金を貰って都へ引き返し、先のように一目千両の女を見た。二度見るとどうしても今一度だけ見たくて、故郷に使者を立てて千両の金の無心を言い遣ると父親は非常に怒った。それを傍《そば》で聴いていた祖父は都からわざわざの使者を立ててまで見たい女ならよくよくの事であるべから、今度だけ俺が金を出してやると言って手箱から千両取り出して使者に持たしてやった。

総領はまたそれで一目千両の女を見てしまった。あとはいくら考えても策が尽きて、いっそ死のうと思ってうなだれてその家の門を出ようとすると、内から人が出て来てちょっと待てと言われて一目千両の女の処に連れて行かれたが、今は目を上げて見る力もないのでそのまま俯向いていると、女はもっと私の近くに寄れと言う。言われて男は女の側に一寸摺り寄り二寸摺り寄り女の許《もと》に寄りかかる。その時女は今迄一目二目とまで見てくれた人もあるけれども、三目見てくれた人はお前ばかりだから、お国への土産にこれを上げると言って、そこに出したのは二枚折りの小屏風と錦の袋に入れた紫の小扇一本であった。この屏風を立てておいてこの扇であおぎましたらお前の思う事は何でもそこに出ると言った。総領は女からその品々を貰って故郷に還った。家に帰ると家人や弟達は笑って蔑《さげす》み、誰も食えや飲めやという者もなかったが、ただ祖父だけは優しい言葉をかけて、自ら御飯などを出して食べさせた。

やがて月の十五日となったので、総領は奥の座敷を綺麗に掃除しろと下婢に言いつけたが、下婢は聞こえない振りをするに、祖父は見兼ねて下婢を宥《なだ》め自ら掃除を言い付けたので、下婢どもも仕方なく渋々掃除をした。総領は床の間には別の掛け軸を掛け替えろ、柱掛けを掛けろと言う。下婢どもはぶつぶつ言うと、祖父は何でも総領の言う通りにしろと言う。そうして座敷の体裁がすっかり出来上がると、総領はさあこれから祖父様や父上に持参の土産物を御披露致しますと言って、小さな風呂敷包みを出し、その中から小屏風と扇とを取り出して、小屏風を立ててからその扇でふわりふわりと扇ぐと、屏風の山水の絵の中に有る一本の樹木が、ずんずんと伸び上がり成長してみる間に花を咲かせ、たちまちに大判小判の実をならせ、果ては微妙な音を立てながら散りこぼれて、奥の座敷が目も眩《まばゆ》い黄金の一面と変わった。祖父は歓ぶこと限りがなかった。やっぱり総領はその家の世継ぎとなった。

四番　黄金丸犬

昔、沼宮内《ぬまくない》(1)という所に松之助という手習い師匠があって、己《おの》れが教え子が成人して伊勢参宮に上るということを聞いて歓んでいた。ところが教え子の面々は永年の恩師をも一緒に連れて行くべとの話になり師匠を誘うと、松之助もその気になって承知した。そこで松之助は旅に出る前に焚き火でも取っておこうと思って、山に行って或る沼のほとりで木を伐っていると、沼の中から美しい女が浮び出て、松之助殿、松之助殿と声をかけた。松之助は怪しみて何事かと言うと、女は懐中から一封の手紙を出し、実はお前がこのたび参宮に上るということを聞いたから折入ってお頼みしたい。この手紙を大阪の近くのミゾロヶ池というのに届けて下さい。その沼には私の姉のオカルと言うのが住んでおります。私は姉と十七になる時に別れたきり逢わぬので、せめては手紙でもと何年心掛けたことか分かりませぬ。ところがちょうど幸いお前がこのたびの旅立ちを聞いたものだから今日ここに参って頂いた。妾《わたし》の永い年月の間の想い事だから何卒《なにとぞ》叶わせてやって下さいと言う。松之助はそれを聞いて向こうのその池さえ分かれば届けるがどうすればよいと言うと、女は向こうの池は嫌でも妾《わたし》がお前に分からせる。そして池のほとりに行ったなら水際に立って一度手を打ってくれると中から姉が出て来る。そうしたらこの手紙を渡してくれと言って、預った手紙の上書には女の名前をオミズと記してあった。女は改めて言うには早速私の願いをきかれて大変嬉しい。これはほんの心ばかりの御餞別であると言って、銭二百文をサシに挿してくれる。そしてこの銭はサシからみな取り切らずにあとに二三文残しておけば、一夜のうちにまた元の通りに成っているから、要心して使って下さい。また向こうの池に参ると私の姉は御礼に金を上げようと言おうから、御金は取らずに別の物を貰うとよいと言った。

松之助は弟子達と参宮をして、上方へ廻り大阪に着いた時、これまで皆様に色々と御世話になってここまで参ったから御礼心に一杯ずつ献上致したいと言って酒を進めた。弟子達は師匠の貧乏を知っているから懐中も乏しいだろうとこれ迄も再三宿銭なども案ずるが、そのたび毎に松之助は辞退をして来たので、学問の有る御仁はまた我々とは全く別な御心掛けがあるものだと、皆感心してここまで参ったのに、今夜はまたこういう振る舞い事で皆は歓んで飲んで酔うてその晩は熟睡した。

それを見計らって松之助は、俺は途中に用事があって一足先に出掛けるから皆にそう告げてくれと言い置いて勘定を済ませて、夜明け方に一人立ちをした。

それからミゾロヶ池を尋ね当てて、奥州沼宮内の沼からの伝言だと、池のほとりに立って手を打つと、池の中から美しい女が現われて、松之助が差し出した手紙を見て、アヤ妹懐かしやと喜んだ。そうしてこれこれこの御金は真の私の御礼心と言って差し出したが、松之助はそれを辞退した。すると女は思い煩った姿をして、それでは御金では無調法に当たるかも分からぬが、これならお前も受け取って下さるだろうと言って一寸四方の四角な小箱を与えた。この小箱の中には一匹の白い小犬が入っているが一日に米粒一つずつ食わせれば金を一個《ひとつ》ずつ返します。必ず一粒より多く食わしてならぬと言われて、松之助はその小箱を貰って池の女に別れを告げてそこを去り、途中で同行の者とまた行き会って無事に故郷に帰った。

松之助はミゾロヶ池の主から貰った小箱の白犬にひそかに米粒を与えて金を返させ、日増しに金が殖えて、五年目には五つの土蔵を家のぐるりに建て並べた。その五つの土蔵の真ん中の倉の大黒柱に小穴を掘ってその中に小箱を入れておいて一日に一個の金の小粒を生ませていた。或る日松之助の留守に女房が土蔵に行ってその小箱を見つけ、一度に多くの金を取ろうと思って米櫃から椀で一杯米を持って来て小犬に食わせた。ところが小犬が急にむくむくと大きくなって、ただのあたりまえの物をべたべたと落した。

松之助は外から帰って来て土蔵に行ってみると、ただの白犬が跳《おど》っていた。これはどうした事かと驚く主人の顔を白犬は見て、私は云々の事から思いがけないこんな姿になったから暇を頂きたいと言うかと思うと、たちまち戸口から飛び出した。アヤヤと言って主人は犬恋しさにそのあとを追うて行くと、[2]遠野の里の物見山に来てそこに一つの沼を作って入って主となった。松之助はその態を見届けてからすごすごと故郷に還ったが、それからまた元の貧乏な暮しになった。

註記

（1）岩手県岩手郡の今の沼宮内町、ただしこういう沼が今でもあるかどうか。

（2）同県上閉伊郡遠野町の後にある山、頂上に青麻権現の祠があるといい、その辺に沼があったが今は水枯れて谷池になっているそうです。この沼については別譚の「遠野物語」に載せてある口碑もありますが、同じ遠野郷でこのような二種の口碑が同じ一つの沼にあるのも珍らしいと思った。

蛇聟《むこ》

或る農夫が畔《あぜ》を草刈っていると、蛇が蛙を呑みかかっていた。農夫は蛙不愍と思って、自分の持って来た焼餅をやるから、その蛙を助けてくれと蛇に言って、蕎麦餅を投げてやると、蛇は蛙を放して穴に入って行った。農夫は蛙を拾い上げて二度と彼のような奴に見付けられぬようにしろと言い含めて小川に放してやった。

その農夫に一人娘があって、既に妙齢《としごろ》になって良い聟を尋ねている場合であった。すると或る日どこからか立派な若者がやって来て、私はこの家の聟《むこ》になりたいと言った。娘はその若者と夫婦になって既に懐妊した。ところが或る一人の穢《きたな》い跛の老婆が訪ねて来て言うには、私は先年お前さんに助けられた蛙であるが、お前の一人娘の一大事のことでこうして訪ねて来た。実はあの若者は人間では無くて先年の蛇である。あの蛇であれば先年この私を呑むべえとしたのに邪魔立てをしたお前を思い怨んで、その仇に娘の生命を取るべとしている。娘の産はなかなか難産でたたのやり方では本当に生命にかかわるから、(1)ハギリの中に水を一杯に汲み湛《たた》えてそれに灰《あく》を入れて灰水《あくみず》を立て、その上に簀子《すのこ》を敷き渡して、その上で生ますれば生んだ子は死ぬが娘の生命は助かる。それからあの若者には娘が産気づいたら、鴻《こう》の鳥の卵を食べたいと言って山にやれ、そうさえすれば彼奴《きゃっ》の生命も尽きてしまう。それよりほかに娘の生命を助ける術が無いと言って、還る時には老婆は本性を現わして跛の古蛙になって、びくたりしゃくたりと帰って行った。

間もなく娘は産気づいて、鴻の鳥の卵を食べたいから山に往って取って来てくれと若者に頼んだ。否とも言われぬから若者は山に行った。高い木の梢にその鳥の巣があった。若者は本性を現わして蛇の姿になってその木に這い登ると、親鳥は巣に待ちかまえていて蛇の頭を突き砕いてただ一日に殺してしまった。そして娘の生んだ子は無数の小蛇であったが、これも灰気のために悉《ことごと》く死んでしまい、娘は無難であった。

註　記

（1）大きな平たい桶様の器物、奥州では桶の大きなのはコガといい、コガの平たいものをハギリという。このハギリの上に箕《み》を敷いて産をさせる事は、河童の子を産ませる時にもしたという。ついでにコガの方は酒桶とは言わずに、酒コガ、味噌コガなどいう。

六番　木仏長者

貧乏な男があって長者に奉公していた。その長者に立派な黄金仏《おうごんぼとけ》があるので、下男も己《じぶん》も一生のうちに一度は彼のような立派な仏像を拝みたいものだと日夜思っていた。けれども下男奉公をするほどの身分ではその事も空《うつろ》な願いであった。下男は或る五山に木を伐《き》りに行って偶然にちょうど仏像の恰好をした木のぼっくいを見付けて持ち還った。そしてそれを己《おの》れの寝室に安置して日に三度の食事の時は己れの膳部を持って行って供え、拝み礼拝《らいはい》していた。そういうことをこの男は永年の間行い続けていたので、主人始め皆が可笑《おか》しがっていた。

長者はこの下男が正直で良く働くことを承知していて、こんな良い下男を他に放してやるのが惜しいことだ。どうかして永く己れの家に置きたいものだと思って、種々なことを考えた。そして偶然に思いついたのはあの木のぼっくいの事であった。これはよいことに考えついたと、早速下男を呼んで、さてさて家来お前が日ごろ信心しているあの木仏と己《おれ》の黄金仏とに相撲を取らせてみぬか、もしもお前の木像が己のに負けたならお前は一生己れの所に奉公せよ。その代わりもしも己の黄金仏の方が負けたなら、己の身代を悉皆《しっかい》お前にやるがどうじゃと言った。そして数多くの下男下婢どもを集めて立ち会いを立ててその事の誓いを立てた。

そう言われて下男は色を変えて己《おの》が寝間に入って、己《おれ》の木像殿大変なことになったぞ。旦那は云々の難題を己に吹っかける。これには己はとてもかなわないほどにお前を背負《しょ》って今すぐにここを遁げ出すからそう思ってくれと掻き口説くと、木のぼっくいの像が言うには、これ騒ぐな、必ず大事無い、心配は入らぬ、己はあの黄金仏と勝負してみよう、放っておけといった。旦那が彼方からさあさあ早くそれをここに持ち出したと呼ぶので、下男も仕方なくその木のぼっくいを広間に持ち出した。主人も己れの黄金仏を広間に持ち出した。多くの下男下婢も広間に出てずらり立ち会った。そこで長者は二つの像にかくかくの訳でお前達に相撲を取らせるによってそう心得ろと言って、さっと団扇《うちわ》を切った。すると不思議にも二つの像はぐらぐらと動き出して、だんだんと近寄り体を絡み合わせ、押しつ押されつ、挑み挑まれおよそ二時《ふたとき》にもわたって相撲を取り結んでいた。諸人《もろびと》はただあらあらと不思議がり、ついにはこの勝負いかにと各々声々張り上げて木のぼっくい負けるな負けるなと下男下婢が呼べば、主人も血眼になって金仏《かなぼとけ》負けるな金仏負けるなと呼んだ。

そのうちにこれはどうしたことか、金仏は体総体から汗をたらたらと流し初め動きも鈍くなりあっちにぐらぐらこっちにぐらぐらと揺らめき出すと、主人も額に玉の汗をかき顔面紅くなって、金仏負けるな、今迄我が屋に崇め置いて類の無い程大事にして来た黄金仏じゃないか、そんなただの木のぼっくいに負けてどうする、負けるな負けるなと、言い立て秘密までも罵って怒るけれども、そう言えば言うほどに既に金仏は弱り込みついつい泣きわめくような声を立てつつ倒れ伏してしまい、再び起き上がることも出来なかった。すると木仏は黄金仏を外へ押し出し、己れは今迄黄金仏が居った仏間の壇に行って上がり居据わっていかな動かばこそ、世にも不思議なことであると諸人はもろともそこに伏し拝んだ。そして金仏をば種々の雑言を交じえて悪口し、前の誓いの通りに責め立てられて、長者主人はすごすごとその黄金仏を拾い上げて抱いたまま、己れの家を追い出されてしまった。そしてその木仏持ちの下男が長者主人と成り代わった。

今では先の長者主人はその金仏を抱いて諸処方々と旅を致していた。そのうちに小使いにも困ってついには乞食となった。そして或る広い野原に行き暮れたその時に、つくづくと己れのこのように変り果てたありさまを思って、悲しくなって、金仏金仏どうしてあんな木のぼっくいなどに負けたか、お前の意気地無しのために己れまでもともどもこんな憂き恥を洒らして艱難辛苦をなめ尽くすぞと泣き口説くと、金仏は言うことには、旦那さん今さら嘆くまいぞ、あれは木仏だけれども朝夕毎日毎日三度の御供えにも預りその上強い信心を籠められている動かぬ物、この己《おれ》はどうだ、年にほんの二三度縁日や忌日にばかり上げられる供え物で、どうして強い力が出ようぞ、それに形ばかりの信心はなおさら己の力を落としたものだともろとも嘆き交わす。主人も今さら返す言葉もなく、いつまでもその金仏を背負って一生乞食暮らしをした。

七番　菌《きのこ》の仏物

無頼者《ごろつき》が生計《くらし》に困って町へ行って多くの仮面を買って、それを諸処に売り廻っていた。或る村に入った時に日が暮れて、路傍の家に立ち寄って宿を乞うと、己《おの》れの家では混雑していて申し訳ないが、隣家は大家だが空家になっているから行って泊まれ、その代わり食事などは近いによってこちらから世話して上げてもよろしいと言うので仮面売りはその空屋に入って泊まった。その家に上がってみるとちょうど諸道具が悉皆《しっかい》整ってあるから、男は喜んで炉の側ににじり寄ってその日の売り上げを調べようと思って、仮面をずらりとあたりに並べて視ていた。すると座敷の方からミシリミシリと恐ろしい足音をさせて来る物があると思うと、がらりと仕切りの戸を押し開けて、やいそこに人間居るかと大きな声で言うものがあった。売人も驚いてひょいと振り返って見るとこれはまた一間間《いっけんま》一杯に塞《ふさ》がるような大きな面《つら》の物がこちらをじっと差し覗いていた。そこでごろつきは咄嗟の考えでそこにあった仮面を取って顔に当て、やアと言って向き直ると、向こうの物はあははと物凄く笑った。男はまた別の面を取って素早く顔に当てて向かい、それを幾度も繰り返すと、向こうの物が笑いを止めて、一体お前は何だと言った。

男は己《おれ》は化物だが、そう言うお前は何物だと言うと、向こうは己《おれ》も化物だと言った。男はそうかお前も化物か、しかしお前は大きな面《つら》ばかりしてそれだけの化物かと言うと、化物はああ己はこれだけだがその代わりいくえにも大きな面《つら》になれるのだと言った。男はそれでは変化《へんげ》が無くて面白くない、化物という物は幾面も顔を変化させるのが本当なのだ。己を見たかと言うと、化物は見た見た思いのほかお前は上手だと言った。これしきの業《わざ》で感心されてはこっちが迷惑する。まだまだ己には取って置きの化け方があるに依《よ》ってこれから二人で暇潰しに一つ化け較らべをやろうか、まずまずここに来て火にでもあたれと言うと、化物は己は火の側に寄ると工合が悪いから行かれぬと言った。男はからからと笑って、では柄に似合わぬ臆病な化物だなあ、全体それでもお前は元よりの化物かとけなすと、化物はいや己は実は深山の奥の沢に何年となく立った胡桃《くるみ》の樹が自然に枯れて、それから朽ちて、その幹に生えた茸《きのこ》さ、茸で生えて幾年も幾年もその樹の幹で成長して、かなり大きな箕《み》のほどになったぞ、すると或る日綺麗な鳥《とりこ》が木の枝に飛んで来て美しい声で鳴いているので、初めはそれをただ美しい物だとばかり思って見ていたが、しまいには己はそれを喰いたくなって、食いたい食いたい、ああ食いたいなあと思い思い、じっとその鳥を見詰めているうちに己の体に自然と眼が出来、口が出来て、ひょいとその鳥を吸い込んで食ったぞ、その甘いこと甘いこと、それからは思うように生き物が食えるようになって、永年そうして食っていたが、そのうちに胡桃《くるみ》の樹がすっかり腐って折れたので、己は幹を放れて滑り摺り歩いているうちに、手足が出来てのこのこ歩けるようになる。

こうなればもはや真物《ほんもの》の立派な怪物《ばけもの》じゃないか。そこで深山《みやま》にばかり居るよりはと思ってこの里辺に下りて来たが、どこにも体を隠す所が無いからこの家の根太の下に潜んでおって、鼠や蛇蛙などを食っていたぞ。そのうちに奥の間のおとしを開け得てそこから奥座敷に上がって何年となく居たのさ、とそれが言った。男は、ははあそれではこの家の人達を殺して食うのもお前の仕業かと言うと、いんにゃそれは違う。己だけ年中じめじめした暗い奥座敷にばかりいるのも辛気で偶《たま》には摺り出て来て相手欲しさに声かければ人々は不思議に死ぬ。その屍をば食うが己は殺さぬぞと言った。そうかそれで何もかも解った。まずまずここに来て火に当たれ、夜明けまで話をしようと男が言うと、いんにゃ先刻言った通り己は茸だから火気と塩気が体に毒だ。それに当たるとこの身が溶けて流れてしまう。その辺の板は永年使ったので塩気が滲み込んでいる。ここから先には己は出られぬぞ。それに今夜は更《ふ》けたから己は還る。また明日の夜出て話すべ。お前も毎夜ここに来てくれろと言って、化物はまたミシリミシリと大きな足音をさせて奥座敷の方へ引き返して行った。

その翌朝となって、隣家の人達は昨晩の客人はどうなったかと思って空家に行ってみると、その男は今飯時最中でいた。皆は驚いて昨夜何事もなかったかと訊くと、無い所ではない大変な事があったから、お前達と相談して退治すべと思うていたと言って、村人を多勢かり集めて、大釜で二つも三つもすますすまし（味噌の澄まし汁）を煮させたり、塩水を煮させたり、それを多くのはぎり（おきな平桶）に入れさせて、そして幾つも幾つもの柄杓《ひしゃく》を立てさせ、親類一族を前に立て、村人をあとに続かせて家中を隈なく探させたが、昨夜の化物がどこにも居ませぬ。一同は呆《あき》れて座敷の真ん中に寄り集まって相談していると、どこからか、ぐうぐうと大きな鼾《いびき》をかく音が聞こえて来る。これは怪《おか》しいぞとあちらこちらを見廻ると奥座敷の床柱に寄り立って、大きな箕があって、それがそういう鼾をかいている。皆の衆はそれと目配せをして、てんでに澄まし汁や塩水をその箕にぶっかけると、もがもがと大きくなって、座敷一杯に広がった。見ればそれはたまげた大きな菌《きのこ》であった。その菌が人を吸い付けようとあっちにぬらぬら、こっちにぬらぬら、ぬらつき廻るけれども、みんなに塩水をぶっかけられるので、とうとう弱り、ぐたりとなって死んでしまった。それをみんなが綱引きにかけて引き出し、村の道交《みちつが》いに晒らしおいて見せ物と致した。そしてその面《めん》売り男は人々に薦《すす》められてその家の身代を守り、長者となった。

八番　人買船

或る所に貧乏な家があって、九つになる娘を他国に連れて往って売って、その身代金で当分は僅かに生計を立てていた。だがその売られた娘の方では毎日々々親々が恋しくて泣いてばかりいた。それを見かねた主人がもう二つ三つ齢をとったら来てかせぐべし、そんなに親達が恋しかったら暇をやるから当分郷里に還るがよいと言って暇をくれた。そこで小娘は恋しい郷里に遥々しい旅立ちをした。そして日数重ねて或る港の町に辿り着き、もう一日で己《おの》れの里へ着ける所になったのでそこの旅籠《はたご》屋に泊まった。ところがその宿屋に人買船の主が泊まり込んでいて、主人に佳い娘は無いかといえば、主人は有るが少し稚《おさな》いがどうだと言った。船主は稚くともよいいくつ位かというと、主人は九つか十位のところであろう、もし御望みとあらば襖の隙から覗いてみるがいいと言った。それを次の室《へや》で聴いていた娘は、何事かこれは吾が身のことではあるまいかと佗しく恐ろしがっていた。そうすると何物かわが室を差し覗く気配がしてそれから言うには、ああよい娘じゃ、いかほどかと言った。それに主人は答えて金七十両に負けておこうかと言えば、船主は否応なしにその値段を承知してひどく喜んでいた。

その翌朝となって宿屋の主人が小娘に言うには、ちょうどよかった。お前の郷里の方へ往く船があるので、それに頼んでお前を乗せてやろうと思うから、乗るがよい。何も怖いことは無い、俺も同船すると言った。娘はただ泣いていたが、主人に引き立てられて渚に下り立ちいよいよ見知らぬ船に乗せられると、船の中には既に昨夜の男が乗っていて、娘らが乗るか乗らぬにおいそれと大急ぎで船を渚から離して、浪を押し切ってたちまち沖へと乗り出した。そうして三人が波に揺られ揺られして往くうちに、その日の夕暮時或る無人の島に船が近寄った。島に船が近寄ると船主は太い綱を手に取って真っ先に陸に跳《おど》り上がってそれを木に結び付けようとするのを、船にいた宿屋の主人はいきなり腰から脇差を引き抜いてぶつりとその綱を切り断ってしまった。すると船は勢い弾んでずうと沖の方へ出た。それを見て船主の男は、ややあと叫んだが、宿屋の主人は聞こえぬ振りして櫓櫂《ろがい》を取ってずんずんと沖の方へ漕ぎ返した。島に置き去りを喰った人買男はあらゆる悪体を吐《つ》きながら叫んでも、もうどうすることも出来なかった。そしてとうとう宿屋の主人は娘を連れて元の港に漕ぎ還って、船に数多くある金銭や織物絹綾などを取り集めてその娘に与え、郷里の父母の許《もと》まで無事に送り届けた。

九番

蜘蛛女

或る小間物売りが路に迷って山奥に踏み入って行った。はてこれは困った。どこかに宿るような所はあるまいかと思って歩き廻っていると、谷合によい案配に古寺があった。小間物売りはちょうど幸いと思って、内に入って、永い事火を焚いたことの無いらしい炉《ひぼと》に薪を採って来てくべてあたっていた。そのうちに夜がだんだんと更《ふ》けた。すると二階から人の足音がしてだれだか下りてくる気配がして、やがて合いの襖をさらりと開けて、魂消《たまげ》るように美しい女が三味線を持って入って来た。そして客来様し三味線でもひいて聴かせ申しますべかと言って、持ち直して、ザンコザンコと弾《ひ》きはだけた。するとどうしたことか不思議にも小間物売りの首筋に糸がかかって首がきりきりきりと引き締められた。これではならぬと思ってその男は箱から小刀を出して首に絡まり着く糸をカリリと切り放した。そうすると女はまた、これこれ客来様、まっと三味を弾いて聴かせ申しますべと言って、三味を持ち直して、ザンコザンコと鳴らし搔きはだけた。するとまた男の首に糸がきりきり絡み着いてきっと引き締めた。そこで男は小刀でその糸をカリリと切り放した。そんな事が何回も何回も続いてついに夜半になった。しまいに男は思いきって小刀でその女を刺した。女はあれし客来様は何をめさんすと言って、荒々しく二階に駈け上がって往った。

男は早く夜が明ければよいと思っているうちに、やっと夜が明けたから、彼の女子が何物だろう。生きているべか死んでいるべかと思って二階に上がってみると、何も居なかった。ハテ不思議だなアと思って方々を探すと、隅《すみこ》の方に大いな笊株のような物がうんうん唸《うな》っていた。よく見るとそれが大きな古蜘蛛であった。そだから（そこで）改めてすっかりと斬り殺した。

大正二年一月三十日。谷江婆様の夫、治三郎爺が話。爺は炉傍でムシロを織りながら、婆様の話が途切れると、こんな話をちょいちょいとしてくれた。

一〇番　蜘蛛の青入道

或る腕利き狩人《またぎ》が奥山に行って泊まっていると、真暗《まつくら》な夜に、大きな青入道が、狩人《またぎ》殿が来ていたかと言って来た。狩人は黙っていると、青入道が、じぇじぇあまり退屈だから、技倆較べをすべえと言った。そんだらまずそんだ（汝）から化《ば》けてみろと狩人は言うと、青入道は何に化けべえと言った。狩人はお前が出来るだけペァコ（小さく）になってみせろ、うんとペァコになってみせろと言うと、よしきたと言って青入道はだんだん小さくなった。そしてこれでもかと言うから、狩人はまだまだと、いつまでも言うているうちに、だんだん小さくなってごくごく小さな虫《むしこ》のようなふうになった。そこで狩人はいきなり捉えてホクチ箱(1)の中に入れてびんと蓋をした。翌朝朝日の押し開きに開けて見ると中に蜘蛛が死んでいた。

註　記

（1）ホクチ、クマノホクチ、火縄銃に入れる火薬の燃料。ガマ草の穂から採る綿だと聞いた。それを入れる重い真鍮の小さい箱。今でも山里の農夫どもはマッチを入れる箱に代用している。

この話は、私が谷江婆様の許《もと》に、話を聴きに行っているということを聞き伝えて寄って来た村の話好きの青年古屋敷庄治の話。治三郎爺が話の蜘蛛から連想して語ったものである。

一一番　蟹の報恩

或る長者の下婢が、毎日々々米の磨汁《とぎじる》を門戸《かど》の沢蟹にやっていた。蟹の方でも慣れて、下婢の行くのを待っていて出て来た。そんなことを何年となく続けていた。

その折にその女のもとにどこともなく一人の美男が毎夜通うて来た。お前はどこの何という者だと訊いても、男は返辞をせずに寝て、夜明けになると帰って行くのであった。それに毎夜のことではあるが家の中にどこから入るのか戸を開ける音がしなかった。またいつも肌がひどく冷たかった。女は気味わるくなって、よくよく気をつけていると、その男は根太場《ねたば》（床下）から通うて来ることが分かった。女は翌朝になってから、主人に、私の身の周囲《まわり》にこの頃不思議なことばかりありますから、どうぞ七日七夜の暇《ひま》をくなさい。これから観音様に行ってお籠もりを致したいからと言った。主人も案じて暇をくれたから、女は観音堂に行って、七日七夜の祈願をかけて、どうぞ観音様もしあの男の真《ほんと》の素性を明かして下さいと拝んだ。

七日七夜目の夜半に、御堂の扉をどんどん叩いて、ここ開けろ、ここ開けろと呼ぶ声がした。女は戸の隙から覗いてみると、その男は大蛇となって来て、御堂をぎりぎりと巻き締めながら、尻尾で扉を打ち叩いていた。中で女は息の根を殺して、黙って一生懸命に観音様を拝んでいると、外の大蛇はいよいよ強く扉を叩いて、開けろ、開けろ、開けなかったらこの御堂を締め壊してしまうぞ。開けろ開けろと、いよいよ強くぎりぎりと巻き締めた。御堂はみしみしと砕ける音がした。女は生きた心地もなくて専念に観音様を拝んでいると、その時外ではにわかにのしのしと何物かが闘っている気配がした。それがやや久しく続いていたがそのうちに音が静まった。そのうちにしらしらと夜明けになった。

夜が明けたから主人は、下婢を案じて、これこれ男ども、あれはどうなっているか観音堂に早く行ってみろと言った。下男どもは観音堂に行ってみると、大蛇が御堂をぐるぐる巻いていたので、皆逃げ還って、旦那様々々大変だ。観音堂が大蛇に巻かれていると告げた。主人も驚いて村の人達を呼び集めて多勢で行ってみるといかにも大蛇が御堂を巻いていたが、少しも動かなかった。遠くから石や木を投げつけてみても動かなかったから、みんなが段々側《そば》に近寄って行ってみると蛇は死んでいた。それがただ死んでいるのではなくて、沢蟹どもに鱗の隙間々々に無数に入られて、肉に嚙み込まれて死んでいた。沢蟹も死んでいた。そして娘は無事で御堂の中に居た。村の人達はその大蛇と沢蟹の塚を作って供養した。この話はなんでも南の浜にあったことだということをおらは聞かせられた。

この譚で南の浜というのは、南の方気仙浜ほどの意味である。話者はそんな観念であった。またそこに来ていた古屋敷庄治の話は少し内容が変わっているから左に摘要する。

或る長者の娘があって、毎日椀を洗いに前の小川に行ってした。その川に一疋の蟹がいて、娘の流した椀から落ちた米粒を拾って食って大きくなっていた。或る年の人身御供に娘は取られることになって、娘は白木の箱に入れられて、多勢の村人に送られて奥山の古沼のほとりに持ち運ばれた。そして村人は逃げて帰った。夜半頃になると、箱の隙間から血なまぐさい風がさっと娘の鼻に吹いて来る。娘は生きた心が無くていた。すると何物だか光り輝いて来て、箱に乗りかかりて足を踏み掛けてめりめりと打ち壊して、中の娘を食おうとした。その時どこからか大蟹が飛んで来て化物の首に嚙みついて、闘って二つともに斃れた。化物は蛇であった。娘は蟹のおかげで助かった。(一月三十一日の分)

一二番　雌鶏姿

或る所に夫婦が暮らしていたが、いくら働いても貧困であるから、男は世をはかなんで一層のこと狼にでも喰われて死んでしまった方がいいと思って奥山の狼の居る所に行った。そして狼の巣のある岩穴を見付けて、その穴の前に突っ伏していると、穴から大きな親狼が出て来て、お前はどうしてこんな所に来て寝ているのだと言った。男は己《おの》れはいくら働いても貧乏して困るから、一層のこと狼殿に喰われて死んでしまうべと思ってここにこうしているほどに、どうか早く喰ってくれろと言うと、狼はつくづくと男の顔を見ていたが、いんにえお前ばかりは喰われぬ。何故なればお前は真《ま》の人間であればもったいない。それだのにお前が貧乏するというのはお前の働きの甲斐無いゆえじゃ無くて、女房の悪いためじゃ。くやむな、己れは良い法をお前に授けてやる。この毛筋を翳《かざ》して人間を見ろ、さすればお前の心にもなるほどと合点が行く。実はお前の女房は人間じゃ無くて古雌鶏《ふるとり》だ。だから三升の穀物があればその三升、五升の物だとその五升のものを食い掻ッ散らすのだ。必ず必ず女房に未練を持つなと言われて、そして狼から狼の眉毛を一本抜いて貰って、それを持って夫は家に還った。

男は家に還って何気無い風をして、狼の眉毛を翳して女房を見ると、これはしたり、全く紛れも無い大古雌鶏であった。驚いてこれではしまいには己れまでも喰われべと思って、にわかに空怖ろしくなってそのまま男は家を遁げ出した。そして当所《あてど》も無く町のある方へ往って、町の入口の升形の傍《そば》に立って、狼の眉毛を翳して出入りの人々を見ていると、これはまた今迄人間とばかり思っていた物が総《すべ》て体は人間でも、首から上はそうで無くて犬であったり、猫や鶏や鼠や鳥や、それから怖ろしい山の狼だの狐だの鹿だの、総てそんな畜生の類であった。男は今さらながらに真人間の無いのに驚き呆れていると、その日もずっと遅くやがて夕暮時になった頃、麻布《ぬの》を背負った一人の身成りのあまり良く無い女房が通りかかった。その人ばかりは首から上も真実の人間であった。男は数多《あまた》の中からやっと真人間の形の人を見付けたので、限り無く懐しく思って、ついに吾知らずにその女房の後からついて往った。すると女房は山奥の一軒家に入ったので、男も門を入って行った。そして己れは路を迷うて来た者だからどうか一夜の宿を頼みますと言うと、先刻の女房は快くそれをきいて、それはそれは御安い御用であります。さあさあ早く上がって憩《やす》みなされてと言って、家に上げて、それからいろいろな御馳走をしたり真《まこと》にていねいにしてくれた。

男はその家に泊まっていたが、いつになったとてどこへ行くという当ても無いので、女房に頼んで焚木採《たきぎと》りでもよいから、この家に置いてくれと言うと、女房も承知して、そのままそこの下男となっていた。だが、不思議なことにこの家には主の女房だけであとは人一人居なかった。これは何か訳が有ることだろうと思っていると、或る時女房はこの家にはごくごく大事な物がありますから、座敷なども開けて見てはならぬと言った。男はいよいよ不思議に思っていた。

或る時女房は己は今日は町へ往って来るから留守を頼む。しかし座敷だけは必ず見てくれてはならぬと念に念を押して堅く言い置いて出て行った。あとにたった一人残った男は、自分のほかに誰も人間が居ないので、女房があれほど見るなと言った座敷が見たくなって、誰も見ている者がないから、知れる気遣いがないと度胸をきめて、ほんの少し隙見をしようと思って襖をそっと少々開けて見た。するとそこが広い座敷で真ん中に一本の大きな梅の木が咲き香って、その前枝に何か小鳥の美しい巣があった。男は今では前の用心も忘れて、珍らしいから座敷に入り込んで、その小鳥の巣をのぞいて見るとそれは鶯の巣で、中に綺麗な卵が七つあった。あまり美しいから男は何気なく取ってみようと思って一つ手にとると、この拍子に取っぱずらかして床に落とした。すると卵が砕けてその中から一羽の小鳥が出て、ホホケチョと啼いて飛んで行った。あとの六個の卵も皆同様に取っぱずらかしてしまうと小鳥となってそう啼きながら飛んでしまった。男は呆っ気に取られてそれから次の座敷を覗いて見た。

次の座敷を見ると、ここも広い座敷で真ん中に大きな樹木があってそれが座敷一杯に広がって大枝小枝が差し、枝毎に大判小判の黄金がたらずいいいてなっていた。男はその金を欲しいと思って、大木に登って、一つ取ろうとすると、手から取っぱずらかして下にちゃがんと落とした。すると黄金が、見るなの座敷を見られたがやい、口惜しいじゃほいと言って飛んでしまった。そこで男はこれはしまった。ほんに己は見るなの座敷を見てしまった。これは早くここを出た方がよいと思って、襖をびちびちとしめて出て、何にも知らぬ顔していた。

そこに女房が還って来たが、顔色を変えて、これこれお前は私があれほど見るなと言った座敷を見たな、この座敷を人に見られたら、もうこの家にも私は住居《すまい》出来ぬほどに、お前にも手間銭やるからどこへか行ってくれと言って、男に金五十両くれた。そして己《おの》れは、この里恋《こよ》しざほい、この里恋《こよ》しざホホケチョと泣いて、鶯鳥となってどこへか飛んで行った。男はそれに驚いて伸び上がり伸び上がって鳥の行末見べえと思って、あたりの景色を眺めるとわれは野中の藪の中に金をつかんで寝ておった。

村の米爺はこの譚を二つに分けて話していた。もっとも雌鶏姿の譚の方は知らなかったが、後段の鶯女の方は或る男が山に萱《かや》刈りに行くと見知らぬ館があって、というように話していた。ただここには婆様が話した通りに記録しておく。

一三番　鶏長者

或る家で、孫どもを幾人も持つが、産むと母親のふところから失ってしまうという不思議なことがあった。或る日旅の六部が来て宿を乞うから泊めると、六部の言うにはこれほどの大家で子供が一人も居ないということが珍らしい。これには何か訳があることかと言った。そこで家人はそれはこういう訳で生まれるとすぐ失うのでと言うと、六部はさても不思議な話を聴くものだと言ってその夜は寝た。ところがちょうどその夜嫁子がお産をして男の孫を生んだと言って、にわかに上に下に騒ぎ喜んだ。しかしその喜びの下からまた悲しんでいた。その有り様を窺いながら六部は一人こちらの座敷にまずまずとしていた。

夜更《ふ》けになると、台所でどんどんと火が燃え上がるのに、はて今頃怪しいと思って六部はそっと起き上がって隙間から見ると、一人の悪相の老婆が立膝ごときで五升焚きの鍋をかけて、水をざあざあ入れて煮え立て、それからいつの間にか嫁の産んだ赤児を持って来てその熱湯に入れて煮て、皿に盛ってむしゃむしゃと喰い出した。そしてあらかた食った。それを見た六部は耐《たま》りかねて炉辺まで飛び出で、老婆をぎゅッと取りおさえ首を上から締めつけて、お前は何故人の児を喰うかと言って堅く首を取り締めると、老婆は不意を食って藻掻《もが》き、その訳を聴きたければ言うから、この手を少しゆるめてくれろと言った。そんなら手をゆるめるから早く話せと言うと、老婆はされば己《おの》れはこうして赤児を食うには訳がある。その訳というは己れはこの家に三代伝わった古雌鶏《ふるとり》であるぞ、己れは孫子を育てたいと思ってこれまでいくら多くの卵を生んだか知れないが、三代伝わるうちこの家では己れの子を一度も育てたことがない。自分の孫子を育てられなかったら何という情無いものだと己れはよくよく残念に思って、それで己れはこうしてこれまでもこの家の孫子を多く食ったぞ。この後も多く食うぞと言った。そうしてあとは古雌鶏と化《な》ってばさばさと羽叩《はばた》きして飛び上がった。

翌朝になると、家では昨夜産んだ赤児がまた失せたと言って、人々は泣き騒いだ。六部は静かに起き出で皆さまそう泣き騒いでも今は詮無い。それにはこういう訳があるといって、いかにもこの家に古雌鶏が居るかというと、家人はいかにもこの家には赤かしわの古雌鶏《ふるめんどり》がいると言った。これからはその鶏の子を大事に育てさせろ、そうしたらやがてこの家の孫子も大事なく成人するだろうと言って、六部はその家を立ち去った。

　それからはこの家ではその雌鶏をごく大事にして一つも卵を取らないで、育てさせ、千羽になるまで育てさせようと思って育てさせて、やがて九百九十九羽になるとその中から一羽の孔雀鳥が出て、その家は鶏ノ長者と呼ばれる家柄になった。

一四番　淫娘

　或る所に美しい娘があった。年頃になったから、よい塩梅の若者を婿に取った。それを聞いて村の若者どもはひどく怒った。（あの娘が俺以外の夫を持たぬ筈だと言う男が多く出て、）そしてそれらの若者どもは皆寄り集まって相談をして、婚礼の夜に葬礼の仕度《したく》をして、棺箱を担いでその家に行った。

　主人はそれを見て痛く嘆いた。やがて式が済んで今度は村の若者達の祝儀の席となった時、若者達は担いで来た棺を床の間に飾り立て、葬式の道具一切をその前に並べ立てて線香を焚き、御灯明を上げて、一勢に鉦を叩きながら念仏を唱え始めた。その時主人は座敷の真ん中に出で、新婿を呼び、これこれ婿殿、お前を一旦我が不束《ふつつか》娘の夫に迎えたが、御覧の通りの席ゆえ何卒《なにとぞ》お前の妻を俺に貸してくれと言って、娘を膝元に引き寄せて首を斬り落とし、屍を棺の中に納めて、いやいや（これこれ）村方のお人達、かく棺箱にも物を入れたからには早速持ち還ってくれろと言った。村人は今は逃げるにも逃げられず躊躇していると、婿は吾が新妻を死なしたのは村人のためだ。敵《かたき》を討つと言って刀を抜いたが、これは舅に止められた。だが村人はついに娘の屍《しかばね》を押しつけられて棺を担いですごすごと立ち去った。

それから主人はすぐに婿に他家から嫁を取って世継ぎとした。

大正十二年一月二十一日蒐集の分。

一五番　娘の骸骨

或るあくせく手間賃を取ってその日暮らしをしている爺があった。今日は四月八日だから家でゆるゆる休もうと思っていると、急に用を頼まれた。爺はゆっくり休もうと思って買った一升の酒もゆるゆる家では飲まれなくなったので、徳利をさげて用先に出かけた。その途中広い野原《のなか》に差しかかった。天気も好し疲れもしたのでこの辺で一杯やろうと思って、いい塩梅の石を見つけて腰をかけて、盃を持ち直すと、すぐ足もとに一つの骸骨《しやれこうべ》が倒れかかっていた。爺はそれを見て、これはこれはいかなる人の骸骨だか知らぬが、ちょうどよい。己《おれ》は一人で酒を飲んでは甘《うま》くは無い。お前も一杯やりなされ、そしてこれかように咲き揃うている野山の美しい花見を一緒にやるべと言って、その骸骨にも酒をそそぎかけ、自分も飲み、これでよいこれでよい、ああ面白いと言って、唄などを歌って、そこを立ち去って行った。

用を達して帰路にその野中を通ったのは既に黄昏時であった。少しでも薄明るいうちに家に帰り着きたいものだと思って急ぎ足で歩いて来ると、背後から爺様ちょっと待って下されと呼ぶ声がした。だれだと振り返って見れば、すぐ身近くに十七八の美しい娘が立っていた。その娘はあの今日は爺の御蔭で真実嬉しかった、お前にその返礼をしたいので実はここにこうして待っていましたと言った。爺はこれは狐だな。狐に魅《ばか》される時とはこんな時だ、油断ならぬと思いつつ、姉様お前は何だと言うと、娘の曰く、爺よく聴いてくれ、私は三年前のちょうど今頃、野方に出るとここで急病で死んでしまった、その後両親は私の体を探せども、機縁薄きために今日まで見付けられないで私はここで暮らしていた。そしてこの月の二十八日はちょうど私の三年忌に当たり法事があるゆえ、お前は何用をおいてもここに来てくれと言った。爺はますます狐だと疑ったが、今この場合にそんなことを荒立てても仕方が無いからいい加減にあしらってそこを立ち去ろうと思った。すると娘は、爺は何か疑心を挟んでいるようだが、とにかく二十八日の朝には必ずこの野中に私を迎えに来ておくれと言った。応諾《よし》と約束してその夕方は別れた。

爺は半信半疑で、それでもともかく二十八日となったから野中に来てみると、もう遥か向こうから娘の姿が見えていた。娘は爺よ待っていたと言う。そして娘に連れられて行くと、ほど無く隣村に出で、大きな構えの家に着いた。その家には村人が多勢寄り集まっている。爺は俺はとても入れぬと言うと、娘はそれなら妾《わたし》の着物の裾に取り附いて入れと言うから、爺は娘の着物の裾に取り附くと難なくするするとだれにも見付けられずに家の中に入った。そして仏壇の間に座らせられた。そのうちに御吸物が出て酒が供えられると、娘はそれを爺に食《あが》れ食れとすすめた。爺は好きなものだから酒を飲んだ。本膳が据えられると爺はそれをもみな食べた。満座の僧侶や親族どもは仏の前の供膳の物がいつの間にか無くなるので、これは不思議なこともあるものだと言い合った。やがてお膳を下げる段になって、一人の下婢が誤って皿を落として欠いた。主人はそれは大事な皿であったのにとひどく小言を言った。それを聴いた娘はあのような騒ぎを見るのが厭だから行くと言う。爺もそれでは俺も行くと言うと、よいから爺はここに居てくれと言って止めておいて、娘ばかりどこかへ立ち去った。

娘が立ち去ると同時に、爺の姿が衆人《みんな》に見えて来た。爺はみんなに座敷の真ん中に連れ出された。そしてお前はどういう訳でこの座敷に来ていたかその訳を話せと言われて、今隠すことも出来ずこれまでの一部始終を一切残らず話した。主人夫婦や親族一同の者が驚いて、その娘はどうなったと言うと、先刻の皿の騒ぎで娘はここを立ち去ったと言った。それではその娘の屍の在る野中に案内してくだされ、頼む拝むと言われて爺は先に立ち、それに和尚両親親類がついてあの野中に往って娘の骨を見つけて還った。そして再び葬礼を行って娘の魂を慰めた。爺も厭なあくせく手間賃取りなどは止めて、その家から慈悲《なさけ》をかけられて一生安楽に暮らした。

一六番　倒娘《さかさむすめ》

或る旅人が或る村に来ると、未だ時刻の早い夕方であるのに家々では尽《ことごと》く外戸を締めてひっそりと静まり返っている。はて不思議な所もあるものだと思って通ったがそのうちにとうとう暗くなったので村端《はず》れの家に入って一夜の宿を乞うて泊まった。

その夜半になると、その家の戸外に何物だか来て、どんどん戸板を叩いたりがりがり爪で掻きはだけたりして、どうかこの戸を開けてくれえと言い嘆く者がある。旅人はこの夜中に何者であろうと戸の節穴から覗いてみると、それは実に恐ろしい大きな双角をささえた小丈の化物である。旅人は驚いてお前は何物であるか、何でそんな風をして人の家に時刻でもない時に来てそんなに騒ぐのか、よもやこれには訳無いことではあるまい。話してみろ、事によったら俺はこの戸を開けるばかりかお前の力になってやらないこともないと言うと、外の化物はいよいよ泣き悲しんで、旅の御人よくも言うて下された、実は私はこの家の継娘《ままむすめ》です。それがこの家の中に今寝ている継母のために味噌桶《こが》に倒《さか》さに生き埋めにされてはかない最後を遂げたが、今が今までも私の屍《もがら》が倒さになったままでいるので、これこのような姿になり両脚を上にして立ち歩くによって未だに仏の道にも浮かばれない。こう言う私の亡霊はその後継母を憎むあまりに魔性の質に立ち返っているから、この雨戸くらいは訳無く蹴《け》破って入ることは出来るのだけれども、どうもこの戸や柱にはられてある神仏の御守札が邪魔になってそれもかなわぬ。御情じゃほどに旅の御仁どうぞこの戸を少々開けて下されと言っていよいよ泣き嘆く。旅人は訳を聴くと可哀想でもあるので、それでは少し戸を開けてやるから中に入ってお前の継母によく頼み、屍を味噌桶から取り上げてねんごろに墓場に葬ってもらえ、人に害をせぬ約束をなさば内に入れてやると言って雨戸に少し隙を作ってやると、化物はそこをがらりと押し開けて中に飛び込み、継母の咽喉笛に嚙みついて殺してしまった。

それを見て旅人は、これ化物汝は間違いはせぬかと言うと、どうかこればかりは見遁して下されたい、継母は私を殺したばかりでなく重々の悪業を積んでいるから仕方がない。お客様にはまことにお気の毒ではあるが、お蔭様で三年この方の妄念を晴らしたが、この上は私の屍を味噌桶から取り出してねんごろに墓場に埋めてくれと頼む。旅人は化物に案内されて裏の方に行ってみると、いかにも味噌桶に倒《さか》さまに埋められた娘の屍があったから、それを取り上げて村人と語らって墓場に厚く葬ってやった。それ以来両脚を頭の上に戴いた化物が村に出なくなった。

この話には類話があって、私は老媼の家でおよそ三種ほど聴いた。今はちょっとかんたんな筋だけれども、老媼から聴いたものを録した。

一七番　鰻婆

或る所に酒飲みがあって、町から酔って帰って途中の路傍《ろぼう》に寝ていた。すると真夜中に、誰だか、ずんずむんずと話をする声に目を覚ますと、その声がこんなことを言うのであった。やア山ノ神殿か、ああそう言うのは箒神《ほうきがみ》殿であったか。今この下村の某《たれそれ》の女房のお産があって行って来た。生まれた子は男の子であるが、三つになる七月の七日の日に水の物に捕られる運を持って来たのでむぞや（可愛想）だと言った。それまではよく聴こえたが二人の神々が話しながら向こうに行ったので、その後はよく分からなかった。酔《よっ》たくれは今山ノ神様だというものの言うた某というのが自分なのであるし、女房が懐妊して今日か明日かの産なので、もしやと思って大急ぎで家に帰った。すると家では今しがたお産があって男の子が生まれたと言って騒いでいた。

男は子供が三歳になってからはひそかに心配をしていた。いよいよ三歳になる年の七月の七日《なのか》日の日指《びひざし》の日が来たので、その日は子供を庭に出して、柱にしっかりと縄で繋ぎ着けて、その傍《わき》で父親《とと》は鎌をごしごしと磨いていた。けれどもさっぱり何の事もなかった。ところがその日の夕方にどこからか一人の婆様が来て、あやあや何してこんなめごい子を柱などに繋いでいるのし、もぞや（不憫）な、俺が解《と》いてやるべえと言って、柱の縄をいじくったが、その婆様は何故が縄の結び目を解けなかった。父親はこれはてっきり怪《ゆか》しい婆だと睨んで、今まで研いでいた鋭鎌《とがま》で婆を斬った。婆はアヤこの人は何をすると叫んで、前の小川に這入って死んだが、それは大きな鰻であった。子供の難がこれでのがれた。

前話と同日、古屋敷庄治君の話である。なお同君の話に左の断片の物もあった。

或る樵夫《きこり》が深山に行って大樹の下に泊まっていると、夜半に山ノ神と箒神《ほうき》とが来ての話に、今この下村でお産をさせて来たが、隣家同志に男の子と女の子が同時に生まれた。そして男の子の持運は竹一本だし、女の子は一日に塩一升だと言う。それが自分の家のことらしいので翌朝急いで山を下りて帰ってみるといかにも樵夫の家には男の子が生まれていたし、隣家には女の子が生まれていた。そして男の子の方は初めは富貴であったがだんだん貧乏になって桶屋になって世間を流浪した。女の子の方は初めは貧しかったが末には長者になって親孝行して暮らしていた。そこに男の子の桶屋が廻《めぐ》り合わせて長者の女主に頼まれて桶を結うて一生暮らした。

その貧乏であった女の子の富貴になった訳は、裏の畑の大根を抜いた跡から酒が湧き出て、泉の酒で尽きなかったから酒屋長者となったのである。

また男が桶を結うていて咽喉《のど》がかわいたから、裏の畠に行って大根を抜いて食うべと思って、大根を抜いたらプンと佳い酒の香がして水がこんこんと湧いて出た。汲んで飲んでみたら甘酒であったから男の子はひどく驚いた……。（この分二月一日聴話）

一八番　髑骨の仇討ち

上七兵衛と下七兵衛という仲のよい朋輩どもがあった。二人は相談して他国に手間賃取りに出た。下七兵衛はよく働いて金をうんと貯めたが、上七兵衛はならず者の仲間に入って、悪い事ばかりしていた。そのうちに三年の月日も経って下七兵衛が故郷に帰ろうと言う時、上七兵衛にも帰らぬかと言うと、帰りたいが着る着物一枚持たぬと言う。そこで下七兵衛は村を出る時に一緒に出たものだからこの男一人後に残しておいては帰られぬと思って、着物から旅費までも仕度して与えて共ども旅の空を立った。ところが上七兵衛は故郷に入る国境の峠で、下七兵衛を斬殺して金を奪い、知らぬふりをして家に帰った。そして下七兵衛は村に居る時とは違って旅に出たところ悪い事ばかりして家に帰る費用《つかい》も無くて帰って来ないと村人を瞞着していた。そのうちにまたまた博奕を打って悪銭をみな失い、上七兵衛は村に居つかれなくなって再び旅に出た。そして以前に下七兵衛を殺した峠まで来ると、どこかで七兵衛七兵衛と呼ぶ声がする。はて誰だろうと思って後を振り返ってみても人もおらぬ。これは空耳《そらみみ》かと思って歩き出すとまた呼ばれる。はてこれは不思議なこともあるものだと思って、よくよく気をつけてみるとその声は路傍の籔蔭からするのであった。

上七兵衛は不思議に思ってその籔蔭に立ち寄って覗いてみると、人間一人前の髑骨があって白歯をむき出してげらげらと笑っていた。七兵衛は驚くと、髑骨は朋輩衆久し振りだな。お前は俺を忘れたか、或いは三年以前にここでお前に斬り殺されて骨身を砕いて貯めた金までも奪い取られた下七兵衛のなれの果てであるぞ。いつかお前に廻《めぐ》り逢う時もあろうかと思って、それからは毎日々々ここで待っていたが、その願が達して今日は計らずもお前の顔を見ることが出来て、これくらい嬉しいことはないと言う。上七兵衛はいよいよ驚いてその場を逃げ出そうとすると、骸骨はしっかりとその裾を骨ばかりの手で取りおさえて離さず、お前はこれからどこへ行くのかと言う。七兵衛は仕方なく俺もあれから村に居たが金も無くなったからまたこれから旅に稼ぎに出かけようと思って実はようやっと出て来たのだ。少しも早く行きたいからそこを離せと言うと、骸骨はそうかそれは相変わらずお前も困ったものだ。それではどうだ、俺はお前のために踊りを踊ってやるが、俺を連れて行かぬか、俺はただ箱の中に入れられて行きさえすれば、別段何も食わぬし着ぬからこれくらい資本《もとで》の入らぬ金儲けはほかにあるまいぜ。だがお前はそう言う俺の踊りはどんなものかと疑うかもしれないから今ここでその型をひとつ踊ってみせよう、そらよく見てくれと言って、カラカラカラと骨を触れ合わせて鳴らしながら手を振り足を上げて種々なしぐさの踊りを踊って見せた。そしてこれ七兵衛、まずざっとこんなもんだが、この上お前が唄を歌ったり拍子をとったりしてくれたらどんなものでも踊ってみせるぜ。どうだよい金儲けじゃないかと言った。なるほどどこの塩梅ではよい金儲けじゃと思って上七兵衛は骸骨の言う通りにして、それを持って旅に出た。

その骸骨踊りは町々村々でひどく評判をとった。ついにお城の殿様にきこえて、上七兵衛は殿様の御殿に呼ばれた。そしてお城の大広間で骸骨踊りをさせることになった。ところが骸骨は殿様の前では一向踊らなかった。上七兵衛は青くなり赤くなり種々な唄をうたい拍子をとり囃《はや》し立てたけれども、骸骨は少しも動かばこそ、上七兵衛は怒って鞭で打つと、骸骨はむくッとばかり起き上がって、殿様の前にひれ伏して、唯今殿様の前で踊りを踊らぬ訳を言い、こんな踊りを踊ったのもみな私が殿様に御目にかかりたいためにばかりやったこと、実はこの男はこれこれのことで私を或る峠で殺して金を奪い取ったと逐一訴えた。殿様は驚いて、これは世にも不思議な訴え事である。それ皆の者この男に早く縄を打てッと言ってただちに座を立たせられた。あとで上七兵衛は役人どもに詮議されて罪が分かりはりつけにされた。

大正十一年二月一日聴話。

一九番　歌い骸骨

浪人侍があった。国々を廻っていると或る山中で一つの骸骨を拾い上げた。その骸骨を拾うにはひどく難儀をして拾ったのだが、こうしたのも、自分が浪人のことなればいつこの骸骨のように、知らぬ他国の山野に骨身を晒らすような事もあるまいものでもないと思って、世の無常を感じたからであった。そして時々暗い所から明るみに出しては拝んでいた。或る時いつものように風呂敷包みの中から取り出して拝むと、骸骨は物を言い出した。己はお前にいつもそうして拝まれているので、何とかして御礼をしたく思うが、この身のことなれば別段の事もかなわぬ、ただ物を言い唄などを歌うことならば出来るから、これから広い国に出て己のことをふれ《い》（評判して）歩け。そしたら己は浄瑠璃でも語るべえと言う。それから侍は広い国へ出て行って、人集まりの場所に行って、骸骨に浄瑠璃を語らせてうんと金を儲けた。ところがだんだんと侍は骸骨に疎《うと》くなる。金がたまるに従って骸骨より生きた人間の方がよくなる。
　そうしているうちにその事が殿様の御耳に入ってお城に呼ばれた。骸骨は物を言わぬ。殿様はこの者は偽り者だと言って、打首にされようとする。その時突然骸骨は口を開いて、
　男という者は急《せ》くもんでねえッ
と言う。そして侍は助けられてその殿様に召しかかえられて立身した。

二〇番　熊井勇軒

　薩摩様の領分に大きな檜山《ひのきやま》があってその境《さかい》界は知れなかった。殿様はその境界を見極めたいと思って国中の狩人《またぎ》を詮議して最も腕の秀れた者を一人選ぶことにした。そこで熊井勇軒という狩人が選ばれて、それに豪傑の家来が二人ついて三人で殿様の城下を出立した。豪傑どもの両親はいくら殿様の御命令だと言ってもあまり山奥深く踏み入るな、生命あっての物種だ、よい加減にして家に帰れと言った。ただ勇軒の親ばかりは殿様の御命令だ、たとえどんな事があっても生命のあらん限り檜山の境界を踏み極めないうちは再び帰ってはならぬと言い聞かした。とにかく三人はそうして見果てもつかぬ檜山に踏みこんで行った。三人は檜山に分け入ってから空を見ぬことほとんど一ヶ月ばかり、あらゆる艱難辛苦をして方々彷《さまよ》い歩いたけれどもまだまだ暗い山中で、

その境界《さかい》がどこだとも当たりがつかなかった。そこで二人の豪傑は、とてもこの有り様では何日まで歩いたって境界を見極めることが出来そうもないから戻ろうと言って、後に引き返してしまった。

けれども熊井勇軒ばかりは父親の言葉もあることとなれば、あとに一人残って猶も山の奥へと入って行った。もはや二ヶ月も山中を彷《さまよ》い歩いたから、持参の食物も既に尽きて、残ったものは僅かの焼き塩ばかりとなった。それを大切にして日毎々々に鳥や獣を捕ってはその塩で味をつけて食べた。そうしてなお三十日がほどの日を重ね、ちょうど山に入ってから九十日目になった時、やっと密林《はやし》が疎《まば》らになって、木々の梢の間から初めて日輪の影を仰ぎ見た。折しもその時は夕方であったから、とにかく今日はここに泊まって、明日こそはすっかりこの山の境界を踏み極めようと思って、焼き塩を舐めていた。夜明けになったから大空の星を眺めていると、ごうごうと山が鳴り渡る。何事だろうと思って見るとその辺が明るくなって、何だか光物がチャラチャラと金鳴りをさして空を飛んで通った。勇軒はよしと思って鉄砲で狙いをつけてどんと打つと、弾丸《たま》は誤たずに命中してその光物が地上に落ちて来た。はやく夜が明ければよいと思っているうちに、白々と夜明けとなったから、その光物の落ちた辺を探すと、それは一羽の山鳥であって、体全体の羽毛は尽《ことごと》く黄金《きん》となっている。勇軒はその羽毛を毟《むし》ってみるとただの毛が一本もない。尽《ことごと》くみな黄金である。肉をば焼いて食って残りの肉は持ってそこを立ち、いよいよ今日こそはこの山の境界を見極めようと思ってなおも向こうに進んで行った。晴々とした所に九十日目で出たことであるから、空の色も珍しく四方を眺めていると、遥か向こうの岩の上に腰をかけて煙草をのんでいる人影がある。勇軒はそれを見ると声を立てて叫ばんばかりに嬉しくて、その人目がけて急いで行った。それは一人の老翁で手には大きな斧を持っていた。

勇軒は腰を屈《かが》めて翁に物を御尋ね申したいと言うと、翁はひどく驚いて、いやいやお前はどこの国から来た御人だか、俺はこの齢になるまでお前のような御人をまだ見たことがない。してお前はどういう御用でこれからどこへ行かれるのかと言った。勇軒は俺は薩摩の国の殿様の御命令で御領分であるこの檜山の境界を見極めに来た者であるが、そう言う翁こそだれであって、さてもここは何という所であるか知らしてもらいたいと言うと、翁はそうか世に表薩摩という国があるということはかねがね祖父祖母の話で聞いていた。御仁はその国から来られたのであるのか、私はこの流れの裾の郷《さと》、裏薩摩という所からここへ猟に来ている者である。家には妻子もなく、年は九十一歳である。この山には年古りたる山鳥が多く棲んでいることゆえそれを捕ってその日その日の食事としている。昨夜も古山鳥を一羽礫《つぶて》をもって打ったが、それはどこへ行って落ちたか行く末が知れぬと言った。勇軒は昨夜打った黄金の羽毛の古山鳥はそれであったか、これをその肉であると言って、焼き塩をつけた肉を翁にやった。翁はそれを喜んで食った。勇軒はなおも言葉を重ねて、その裏薩摩という国はどういう郷かと問うと、翁はその郷には別に王様と言う者もない。また別段怖しいと言うこともないが、ただ困ることには一日に一人ずつの人身御供を、国司の生神様に捧げなければならぬ。それだけが禍《わざわい》であるが、それも三年目にならなければ吾が郷に廻って来ぬからよほど広い国だろうと思われる。そのほかには病気ということもないが、一日に一人の人身御供で人間の別段に殖えるようなこともないと言った。勇軒はその話を聞いて不思議なこともあるものだと思ったが、とにかく俺も長い旅をしてひどく体が労《つか》れているから、翁の家に連れて行って休ましてくれぬかと言うと、翁は快く承諾して、我が村へと連れて行った。そして我が家は貧乏で仕方ないが、大屋は大きな家であるからと言って、勇軒を大屋の家に連れて行って訳を話して泊めた。大屋始め村人は思いがけぬ珍客に喜ぶこと限りなかった。

勇軒は大屋の家に滞在していたが、二三日経つとその家の門を多くの村人が泣きわめきながら出入りする。とうとう村人の泣き声でその家は埋まった。あまり不思議さに堪えかねて主人に訊くと、主人の言うには私は女の子を一人持っているが、十八になる一人娘のお初と言うのが今度この国の生神様の人身御供になるので、村人はああして夜昼娘のところに暇乞《いとま》いに来てくれるのであると言う。勇軒は驚きかつ憐れになって、しからばその人身御供になる日はいつであるかと聞くと、明日の宵の事に差し迫っている。もしその人身御供をしなかったら村は一夜のうちに荒されると主人はいった。勇軒はそれなら明晩その場所に娘お初殿と一緒に俺をやってくれと言うと、主人は否《いや》神様の事にそんなことはならぬと言う。勇軒は否そうではない、己《おの》が国とていかなる神々も在らせども、人の娘を人身御供などに取るような邪神魔物はさらにない。これには何か深い訳があることであろう、決してこの家や村人には迷惑はかけぬによって是が非でも人身御供の場所に俺をやってくれ。その成り行きを見届けて、それが真の神様ならば俺もそのままお前の許《もと》に立ち還って様子を委《くわ》しく話して聴かすによってぜひ俺をやってくれと言う。主人も勇軒の赤心にいたく動かされて、それではともかくと言って、その事を村人に謀《はか》ると、村人はこぞって御頼み申すと泣いて頼み礼をいう。そこでいよいよ明日の宵には娘お初と勇軒とは人身御供の場所に行くことになった。

次の日になって、勇軒は様子いかにと見ると、娘お初は白木の棺に入れられて、多勢の村人に担がれて行くので、勇軒も鉄砲を持って後からついて行った。行くとほどなく村境の所となってそこに大きな松樹があり、その下に平たい大石のある所まで行くと大石の上に棺を置いて、御主人様ただ今人身御供を持って参りましたと言って村人は皆一勢にそこに平伏した。そしてどやどやとそこを立ち去ろうとするから、勇軒はしばし待ってくれと呼び止めて、これこれ村の人達、今夜ここで鉄砲の音がただの一度だけ鳴ったならば明朝ここに来て見てくれぬともよい。ただしもしも二度三度の鳴る音がしたら、明日の夜明けには再びここに来て見てくれと言った。村人はその語を聞いて互いに別れの言葉を言い交わしつつ一目散に村の方へ行ってしまった。

勇軒は村人の立ち去るのを見送ってから静かにお初の棺の側《そば》に歩み寄って、棺板に口を押しつけて、中のお初にいうことには、これこれお初殿、決して気を落としてはならぬ。今宵こそはお前を取ろうとする邪神魔物を退治してお前を助け出してやる。それも今しばしの辛抱だから心丈夫に待ってくれ。俺は怪神の現われるまでこの辺の物蔭に身を潜めていると言った。棺の中のお初はただ微《かす》かに、はいどうぞお頼み申しますと言って泣くばかりで、あとの言葉は何を言うのか分からなかった。勇軒もお初に力をつけておいて、自分はその石から五六間ほど隔たった所の大きな橡《とち》の木の蔭に隠れて怪物の現れるのを今や遅しと待っていた。

真夜中頃になると血腥《ちなまぐさ》い温《ぬく》いような風がさアさアと吹いて来る。勇軒は今だと思って待っていると、ざあざあと山を鳴らして来る物があるからそっちを見れば、ぴかぴかと光る物が飛んで来る。近づくのを見ると、光る物はその眼で、ざあざあと山鳴りがするのは髪を背後《うしろ》に引く音であった。そういう物が二人来て、一人はお初の入った棺の周囲をぐるりぐるりと三度廻ってから、棺に口を押し当てて、お初いるかと言う。中のお初は微《かす》かにはいと答えるとその物は後に退いて元来た山の方へ引き返して行った。また一人の怪物はその大石の周囲をぐるりぐるりと廻ると石の上の棺に口を押しつけて、お初いるかと言う。中のお初はただ微かにはいと答えると、これも三度同じようなことをしてから前の怪物と同様元来た山の方へ引き返して行った。それからまたしばらく経つと以前よりも恐ろしい山鳴りがして、四辺《あたり》が真昼のように明るく光りが差したから見ると、その光が両眼の光であって、向こうの山の峰を渡って丈《たけ》が七尺ばかり、髪を後ろに三間も引き摺った怪物が来た。そしてその大石の側《そば》まで来ると、前の物と同じく石の周囲を廻り、お初いるかと言うその声は嵐が松ヶ枝に吹き当たるような音である。お初は二度目までは微かな返辞をしたが、三度目にはもう微かな声もせぬ。すると怪物は棺を自分の頭の上に捧げて立ち上がった。その時まで待ちに待ち、忍耐に忍耐をしていた勇軒は、この時ぞと思って、怪物の後頭《うしろあたま》を一発ドンと打った。すると怪物は棺をそこに投げ出して、さっと四辺《あたり》に黒風を吹かせつつ勇軒目がけて襲いかかって来たが、勇軒の二発目の弾丸のために前額を射貫かれてどッとそこに打ち倒れた。勇軒は木蔭から跳《おど》り出て怪物の胸に止《とど》めの弾丸《たま》を打ち込むと、さすがの魔神も息を引き取った。

　怪物を射止めた勇軒は、棺の中からお初を出して口に薬をふくませて介抱をしていた。そこへ村人はやって来て皆して口々にお初の名を呼ぶと、お初はやっと息を吹き返した。夜が白々と明けたので死んだ怪物をよく見ると、それは年を経た猿の経立《ふったち》である。村人はそれを見て、ああ憎い憎いこ奴のためにこれまで何ほどの可愛い娘や嫁を奪われたことか、こうしてくれると口々に言い罵りつつ鉈や斧で屍をずたずたと斬り砕いてしまった。その時勇軒は村人に言うには、まだこの怪物のほかに二個家来のような怪物がいるらしい。その二個は慥《たし》かに彼方に見える山の峰を越えて行ったがだれかその棲み家のような所を知る者はないかと言うと、あの山鳥捕りの老翁が前に進み出て、俺とてもろくろく分からぬけれども十七歳の時、父親に伴なわれてあの峰越えて狩に行ったことがあったが、その時父親の言うにはこの国の御主人様の御住居は、あれあれ向こう遥かに見えるあの黒山の宛《あて》であると教えられたことがあると話した。

勇軒はそれは老翁の話す通りに相違あるまい。俺はこれよりそこに行ってあの者どもを打ち殺してこの国の禍《わざわい》の根を絶やさなければならない。申し訳ないが御老人何卒御案内を頼むと言う。そこで村の人達はこうなっては貴方達二人だけはやられぬ。何の物の役には立たぬながらも吾らにも弓矢斧鉞《ふえつ》というものもあることである、どうかお伴させてくれと後からぞろぞろとついて来る。山国の生い立ちのことなれば女どもまで食事の物などを持って後に続いた。

そうして谷を渡りあの山の峰を越えて行くうちに、山に続くにさらに山があり、谷沢に続くになお深い沢があり、その奥にまた非常に深い沢がある。そこの尾根に大きな白い岩が立って見えた。翁はあの白い岩のある沢にその棲み家があると聞いていると言う。勇軒は村人を引き連れてその白岩のある沢に下って行ってみると、沢の中合頃に大きな岩穴があって、その辺に多くの人間の骸骨が累々と積み重ねてあった。それを見て勇軒は村人に皆一勢に叫べと言う。村人が大きを退治して今後この野の主となる者は何者かと叫んだ。とらすぞと叫ぶと、岩穴から前夜の二個の怪物は出て来て、己れその生命《いのち》のほどを知らぬかと村人の方に跳りかかろうとした。すると勇軒は村人の前に立ち鉄砲を突き出して、汝らの大将もこの鉄砲で打ち殺した。お前達の生命《いのち》も取ってやるから覚悟せよと叫んだ。昨夜から大将が帰って来ぬのに不審を抱いていた怪物どもは、大将が殺されたと聴いて、勇軒の前にひれ伏して、吾々の生命ばかりは助けて下され、もとより我々はこれまでも一人も人間を取って食ったことはなく、ただ親分の食い残しの骨をしゃぶらせられる位が精々であった。昨夜もただ人身御供を見届けに使いに遣られただけであると言って泣いて生命《いのち》乞いをした。しかし勇軒は馬鹿を言え、お前達だって大将の食い残しの人間の骨をしゃぶったじゃないか、生かしてはおけぬと言って二個の怪物の首を斬り落とした。それからまだ怪物はおらぬかと勇軒は岩穴に入ってみたが穴が暗くて広いばかりで何物も居なかった。そこで怪物の首二個を村人に担《かつ》がせて村に帰った。

怪物を退治して大屋の家に立ち帰った勇軒は、生命の親だと言って娘お初に言い寄られた。その上にお初の両親や村人から懇願されてお初を妻にした。それから村人と語らってかの檜山を切り開いて路をつけ、妻のお初や村人の主なる者どもを引き具して表薩摩の国に帰還した。そして殿様に檜山の境界を見極め、裏薩摩の郷を見付けたことを言上すると、殿様はひどく勇軒の手柄を褒められて、多くの黄金を与えなおその上に見付けた裏薩摩の郷を与えてその郷の領主にした。勇軒はそれを有り難く頂戴して、両親始め一族や、連れて来た妻のお初や村人らを引き連れてまた裏薩摩の郷に還って生涯は申すに及ばず孫子の世までも栄えた。

二一番　三眼一本脚の化物

種戸峠《たつと》（陸中国遠野郷より大槌浜《おおつちはま》へ越える浜街道）という山路に三つ眼二枚歯一本脚の大入道がいて通る人々を驚かした。夕方になると誰一人そこを通れる者はなかった。或る時一人の盲人が何事も知らずこの峠に通りかかると大入道が林の中から跳《おど》り出て路の真ん中に踏み跨《また》がり、鐘を割るような声を出して、これこれ俺は三眼《みつまなく》に一本脚の入道だぞ怖ろしく無いかと、ぐわッと三眼で睨みつけた。だが盲人にはその形相がとんと見えぬから一向平気なもので、やあほざくなどこの悪戯《いたずら》者だぞそこ退《の》け、俺こそ三本脚に眼無《まなくなし》という天下の座頭の坊様だ。邪魔するな邪魔するなと怒鳴ったので、本当の化物の方は怖れて山深く退散した。

この話の分は老媼の夫治三郎という老人の話。炉辺で筵《むしろ》を織りつつ老媼の話の途絶々々の合間にこんな話を聴かしてくれた。大正十二年二月一日。

二二番　天狗の小扇

或る所に博奕打ちがあった。博奕に打ち負かされて、ぶらぶら還ったが根が剽軽者《ひょうきんもの》だから、途中で或る神の宮に入って懐中《ふところ》からさいころを出して、はてこんな塩梅で負けたべかなアと思ってそれを転がしながら見ていた。その事を堂の傍《わき》の杉の木から天狗が窺《うかが》っていて、これは不思議なことをやっている人間が居る。あれあんなに独りで笑っている。何かよほど面白いことに違い無いと、ずるずる下枝まで下りて来て一心に見ていた。なにしろ大様な天狗がへまなそんな芸当をやるのだから、小ばしッこい人間に気付かれずにいる筈がない。ははア今天狗の奴が俺の遊び事を見て不思議がっているのだなアと横目を見ながら、ここは一つかついでやるべえと思って、さいころを振って、はアお江戸が見える。それア京が見える大阪が見えるのと出鱈目《でたらめ》を並べて独り興がる素振りを見せていた。

天狗はいよいよ不審で堪《たま》らずとうとう木から下りて来て、これこれ人間、お前は何をしていると声をかけた。博奕打ちはびっくりしたように顔を上げて、これはこれは天狗様でありましたか、私はただ今京大阪から江戸あたりを見物していたのでござりますと言いとぼけた。すると天狗はほほうお前はどうしてここから京大阪や江戸辺を見物しているのかと、びっくりして訊いた。博奕打ちは根ッから、からかう気で、天狗様ともしたことが何を言いなさる。これこの通りこのさいころというものを転がせば、今言うた京大阪や江戸辺りは愚かなこと、転がしようでは唐天竺《からてんじく》辺まで楽に見物出来んすと言えば、天狗はそのさいころというものを欲しくなって堪らず、赤顔をなお一層色濃く塗ってそれではちょっと俺に貸してみろと言った。博奕打ちはさいころをふところに押し隠して、とッぽでもねえこと、宝物を天狗様になどお見せすることが出来ますべえ。あなた様が俺の宝物を手に持ったが最後雲を霞と飛んで行かれてしまったら後に残った俺が足摺りして泣いたとて追ッつきますか。ああ真っ平真っ平とわざと身顫いをして見せた。それを聞くと天狗はひどくもどかしがって、そだから人間というものは疑い深くてども困る。何しに俺がお前ら如きの持ち物などただで盗み去るものか、それではども仕方がない、この俺の宝の赤い小扇と取り替えべえじゃないかどうだ。これこれこの扇はこうして扇《あお》げば何でも思う事がかなう。また俺のようにどこへでも飛ぶべえと思えば飛べる。お前はここから京大阪を見物するというが、それだとてその京大阪へ飛んで往けなかべえ。その飛ぶということはこの扇の表一通りのことさ、万事思うままに何事でもここで扇ぎ出すという宝物だ。さあお前のさいころと取り替えッこをやるか。博奕打ちは内心これはしめたと思ったが、上面《うわつら》は眉を顰《ひそ》めてややしばらく考えてみる振りをしてから、そんならこのさいころと取り替えてみてもよいと言った。天狗は喜んで、こんな気変わりの早そうな男の側《そば》に長居は無用のことことばかりに、自分の小扇をばそこに置いて、博奕打ちのやくざなさいころを引っ攫んで、それこそ雲を霞とどこへか飛んで往ってしまった。

博奕打ちは喜ぶまいことか早速その小扇であおいで江戸へ飛んだ。そして或る立派な家の前に行くと、美しい娘が表に出て往来を見ていたから、物蔭に廻ってその娘の鼻をおがれおがれと扇いで、ひどく鼻を長く伸ばしてやった。その長者の家では驚いて修験を呼んだり、さあ医者よ法者よと大騒ぎをして呼びかけてみたが、どうしても愛娘《まなむすめ》の鼻が短くならない。そこで表に立札をして、どこの誰でもこの家の一人娘の鼻の伸びたのを直した者があったら、千両箱一個《ひとつ》やると書いた。その事を待っていた博奕打ちはすぐに行って、赤い小扇を使って娘の鼻を元通りに短く直して、首尾よく千両箱を貰った。

博奕打ちはまた扇を使って京へ飛んで行った。そして或る立派なお公卿様の家に行って雪隠《せっちん》に入って隠れていると、その家のお姫様が入って来たから美しいお尻を赤い小扇で撫でた。するとお尻はたちまち左のように鳴りました。

ひびし、とびし、とんげえず

あいはうちのうちわは………

……すてぺのとんがらやい！

魂消《たまげ》たのはお公卿様で、前の家のように医者よ法者よと頼んでみたが少しも鳴りがとまらなかった。やっぱり仕方がないから表に立て札を立てて、どこの誰でもこの館の一人姫のお尻の鳴るのを止めた者をば聟にすると書いた。千人万人行ったが誰も直せぬところに、その事を待っていた博奕打ちが行って、扇を使ってすぐにお姫様の鳴る音を止めてあげてその家の聟殿となった。そして後には大した立身出世をした。

この分老媼の家で同時に聴いたもの、話者は村の青年古屋敷庄治という男、前話と同日。

二三番　聴耳頭巾《ききみみずきん》

或る所に爺様があった。氏神に稲荷様があって、いつも生魚《なまざかな》でも上げたいと思うけれども、貧乏でそれもかなわぬから、或る日御堂に行って、氏神様申し氏神様申し俺はとても貧乏で生魚も上げる事が出来申さないから、どうぞこの俺を食って下《くな》さい。どうぞお願いでござりますと言って拝むと、氏神様は爺や爺や何もそんなに心配することはいらぬ。俺もお前の難渋していることはよく知っているから、一つ爺に運を授けてやんべ。それこの宝頭巾をやるからこれをかぶってみろ。これをかぶれば鳥獣の鳴き声が何でも分かると言って、古《ふる》しい汚い赤い頭巾《ずきんこ》を爺様に授けた。そうでがんすかこれはハアどうも有り難うがんすと言って爺様は喜んでその赤い頭巾を貰って、よらりよらりとかい道《どう》（街道ということでなく）を歩いて行くと、路傍に大きな木があったから、その木の下に休んでいたがいつの間にかとろとろッと眠った。これゃ俺は今眠ったなと思っていると、浜の方から一羽の鳥が飛んで来て、疲れてその木の枝に休んだ。するとまたアラミ（和賀稗貫《ひえぬき》地方）の方からも一羽の鳥が飛んで来てその木の梢にとまった。それを見た爺様は、稲荷様から貰った聴耳頭巾《ききみみずきん》を試してみるはこの時だと思って、その赤い頭巾を頭にかぶると、にわかに頭の上に不思議な話し声が聴こえ出した。二羽の鳥が言うことは、やア随分久しぶりだったが、お前は今迄どこに行って来たとアラミの方から飛んで来た鳥が言うと、浜から来た鳥は、俺は今迄浜の方に居たのだが、どうも浜もこの頃漁がなくて不景気で困るからこっちに飛んで来たが、そう言えばお前はまたどっちから飛んで来たと言うと、相手は俺はアラミから来たが、いやはや不景気なことはどこも変わりがない。ところでこの頃何か世の中に不思議なことは無いかと言うと、相手は別に珍らしい事でもないが浜の方にはこんな事がある。或る村の長者どんで土蔵を建てて五六年になるが土蔵の方前《ほうまえ》の上に、屋根を葺く時に何しに這い上ったものか、一疋《ぴき》の蛇が上っているうちに板を打ち付けられて釘を打たれて動けないでいる。今はその蛇は半死半生の境にいるが、感心なことにはその雌蛇が永年の間食物を運んで養ってお互いに本当に苦労をしている。その思いが積もり積もってその家の娘の体に障り病気になっている。あれは今のうちに土蔵の屋根の板を離して蛇を助けてやらぬと、蛇も死ぬし娘も死んでしまう。俺も再々あの屋根に飛んで行って鳴いたけれども、人間というものはなさけないもので、少しもそれをさとらないと言うと、相手の鳥も本当に人間というものはその事になると分からないものだと言い合ってから、そんだらばまたこの次に出会うべなと言って、西と東に鳥どもは別れて飛んで行った。

爺様はその鳥の話を聴いて、これはよいことを聴いた。早くその長者どんに行って娘も助けまた蛇も助けてやりたいが、何にも仕度《したく》がなくて出かけられない。町裏をうららと歩いていると破れた揺鉢《かいばち》が落ちてあったからそれを拾って紙を貼ってかぶり浜の長者どんの方へ行った。そして長者どんの門前で、八卦《はっけ》々々と呼ぶと、長者どんでは娘の病気を直すのに、何がよいかと心配していた時だから、あいあい門前をふれて通る八卦屋、早く内さ上がって八卦置いてくれと言った。そこで爺様は内に入って、何八卦をおきますと訊くと、実はこの家の娘が永《なが》の病気で今日か明日かというような容体だから、なぞにしたら良くなるか八卦を置いてみてくれと言った。爺様はそれでは病んでいる娘の処に通してくれと言って、娘の枕元に行って坐って、二十里這ったる葛《くず》の葉は這えば二十里、という呪文をうんと繰り返してから、その後で鳥から聴いた話を委《くわ》しく話した。すると長者どんではいかにも八卦様の言う通り五六年前に土蔵を建てた。それではそんな事もあったか、では少しも早くその蛇を助け出さなくてはいけないと言って、近所に住んでいる大工を呼んで来て方前の板を離してみると、いかにも体が白くなってもはや半分腐りかかった蛇が居たから、ああこれのことだと言って、大事に笊に入れて下に下ろして、流れ前の所に置いて物をやってしばらくあつかって丈夫にしてから放してやった。すると娘の病気も薄紙を剝ぐようにずんずんと治って日数を経つうちにすっかり全快した。そこで長者どんではひどく喜んで、爺様に金を三百両お礼に与えた。爺様は大層な大金持ちになって家に還った。そしてにわかに氏神様の御堂を立派に建て直して、生魚も買って来てお上げしたり、それからやった事のないお祭りをしたりしてお礼をした。

それから爺様は今度はよい着物を買ってきて旅に出かけた。そしていつかの大木の下に行って休んでいると、また西東から鳥が飛んで来てその木の梢に休んでお互いに世間話を始めた。一つ町ばかり居てはつまらぬと一羽の鳥が言う。すると一羽の鳥はほんとにそうだが、俺の今迄居た町にこういうことがある。その町の長者どんの旦那様は大病になって今日か明日かという生命《いのち》だが、それは五六年前に離れ座敷を建てた時、昔からあった庭の楠ノ木を伐《き》り倒したが、その木の伐り株がちょうど離室《はなれ》の軒下になっていて雨垂れに打たれている。しかし根が死に切らないものだから生のある限りは芽が出て、育ちたい育ちたいと精魂を尽くすのだが、芽が出れば刈り取り出れば刈り取られては死ぬには死なれず、そうだらばといって生きるにも生きられず、その思いが旦那にかかって病気になっている。それにまた山々の友達の樹木が毎夜のように楠ノ木の所に通うて来て見舞いをしているが、あれは生かさば生かすべしまたどうせ枯らす気なら根からよく掘ってしまえばよいのに困ったものだと言う。

爺様はその話を聴くと町の長者どんの方に出かけて行って、八卦々々と呼ぶと、長者どんの館の内から人が出て来て、八卦々々頼むから内に入ってくれと言った。内に入ってみると表で見たよりも立派な構えの家である。爺様は何の八卦を置きますべと言うと、家の人は実はこの家の主人が永年の病気で難儀をしているが、いくら医者法者を代え代え頼んでも仲々良くはならない。

八卦殿何かよい考えでもあるなら何卒《なにとぞ》教えてくれと言う。爺様は引き受ける。俺は旦那様の病気の訳をしっかりと当ててなおその上に病気までも直して上げるから決して心配し申すなと言って、あの鳥の話で聴いた離れ座敷のことを言い、この家には五六年前に建てた離れ座敷があると思うから俺をその座敷に泊めてけろと言った。家の人達は、あや八卦殿はどうしてその離れ座敷のあることを知っておりますと言うのを、それも八卦で当てたが、まずまず俺をその室《へや》に置いてけろ、三日三夜の中には旦那様の病気の根を洗い浚《ざら》い明らかにしてみせるからと言って、離れ座敷に爺様は入った。そして俺が言わないうちは誰もこの座敷に入ってくれてはならぬと言って、夜になれば少しも眠らずに四辺《あたり》の様子をさ、げ、しんでいた。

真夜半《まよなか》頃になるとがさりがさりと音のして来るものがあって、やい楠ノ木だか、塩梅はどうだという声がした。すると何だか土の底からでもするようなごくごく幽《かす》かな声で、ああそう言ってくれるのは六角牛山《ろっこうしさん》のナギの木か、遠い所を毎夜難儀をかけて申し訳がない。何おれはこの通り一刻も早く死にたいのだが、それさえ思うように行かないのでこうして苦しんでいると言うと、何そんなに力を落とすななどと慰め言を言って別れて行く。また一時《いっとき》経つと、今度はしゅッしゅッという音がして来たものがある。楠ノ木どの塩梅がなぞだと声をかける。すると楠ノ木は以前のような声で、俺はとても助からぬがお前達のこのように毎夜見舞いに来てもらって申し訳がない。そう言うお前は早池峯山《はやちねさん》の這松だかと言うと、ああそうだが、なんでもないことだからそう心配をするな。つい五葉山の方へ遊びに行く通り筋だからこうやってお前にも逢われるが、これが東と北では逢われない。ほんだら春にもなってみたらまた本復《ほんぷく》にもなることがあるべから力を落とさずに時節を待っていろと言って、這松はまた先刻来た時のような音をさせて行く。その事を聴耳頭巾《ききみみずきん》をかぶってすっかり聴いていた爺様は、早く夜が明ければよいと思って待っていた。

明くる日、爺様は病人を座敷に案内してくれと言って、旦那様の枕元に行って、いつもの葛の葉の呪文を唱えてから、昨夜の樹木どもの嘆きのことを詳しく話した。これは庭の楠ノ木ばかりの難儀ではなく、諸処方々の高山の樹木どもまでも辛い難儀をしているのだから早く木の根を掘ってしまえと言った。そしてその木の根を掘って庭に飾って木ノ神様に祭ると、旦那様の病気は薄紙を剝ぐように安々と直った。爺様はひどくありがたがられてまた金三百両貰って家に帰った。そしてそれからは慾を出さないで八卦を止めて、長者となった。

二四番　嫁の毒害

或る所にひじょうに仲の悪い嫁姑《よめしゅうと》があった。姑の病気になったのを幸いに、殺してしまおうと決心して、嫁は近くの医者に行った。そしてお医者様しお医者様し私に毒薬《どくぐすり》をけてがんせと言うと、医者はそんな物を何にするかと訊いた。嫁は正直に悪い姑を毒害すべと思ってと言うと、ああそうかそうかそれは大きによい事だと言って、これはひどく利く毒薬だと言って一升樽に何だか一杯詰めてくれた。そしてこの毒薬は食わせるとすぐ死ぬという物でなく自然《じねん》と弱って死ぬものだ。もしすぐ死んだらお前も俺も落首になるのだから、よく気をつけて親切ごかして姑親に一日に一度ずつ食わせろよと言った。

嫁は喜んでそれを家に持ち帰った。そして姑《がが》な姑《がが》なおれは今お医者様さ行って、ひどく養生になる薬を貰って来たから、これを食《あが》ってがんせと言って喰わせた。姑はいつにない嫁の優しさに喜んで、涙を流しながらそれを食った。そうして嫁は日に一度ずつその毒薬を姑に食わせて、はて今日死ぬか明日死ぬか、どうせ死ぬのだから、うんと偽機嫌を取って騙しを食わしてやるべと思い、心にも無いお世辞を言って、姑《がが》な姑なとひどく親切に介抱をした。そうされると姑の方では、また真実の心だと思うから、嫁子々々今迄俺は間違っていました。お前の心掛けには泣かされると言って嫁の手をとって拝み拝みした。嫁も毎日々々偽を言っているうちに、姑の真味に動かされて人情が出て、姑を殺したくなくなった。或る日また医者の所に行って、姑を殺したくなくなったから毒消しの薬を貰いたいと行った。医者はああそうか、実は先達お前にやった毒薬はあれは人の体が死ぬ毒薬ではなくて、邪険な心を殺す毒薬であったから何にもいらない。家に帰ってみろ、お前の姑は病気が直っているからと言った。嫁は礼を言って帰ってみると、姑はお前の介抱のお蔭で、これこんなによくなったと言って起き出して喜んでいた。嫁も喜んでそれからもなおに大事に一生懸命に介抱したので、姑の病気は全快した。そして世間でも褒められるような仲の良い姑嫁になった。

二月一日聴話。

二五番　親棄譚

或る所に悪い嫁嬶《よめかか》があって、姑《しゆうとめ》婆様が年寄ってかせげなくなって寝ていて虱《しらみ》を取って一生懸命に嚙み潰《つぶ》すのを、あれあれ夫《とと》な、あの婆々《ばんご》は毎夜々々ああして寝ていながら米を盗んで行って嚙んでいるから、家に置いては家業にならないほどに、早く山さ連れて行って来てけもさえと言った。夫は何が何でも実際の生みの母親《おふくろ》を山に棄てたくないので、これこれ嬶《かか》やい、そんだはそんな事を言うもんじゃない。俺らも年取ったらあんなになるんだが、そうなったら如何《なぞ》にすでえと言うと、女房はそだら俺《おら》出て行くとのさばるので、嬶に出て行かれては夫《とと》は困るから、ほんだらええ、俺は母親《あっぱ》を奥山さ連れて行って棄てて来るから、お前は家を出るなと言って、母親《あっぱ》をおぶって山に棄てに行くことにした。その事を傍《そば》で聞いていた今年九つになる息子が、父々《とととと》、祖母《ばあ》さんを棄てに俺《おら》もかたって行くと言うから、父母は、ないささいな奥山の遠い遠い怖《おつかな》い所なんだから童《わらし》とは行く所でないと言っても、いいから俺も行くと言って泣いて仕様がないので、嫁嬶はこれこれそのいくら行ってみたから行げじゃと言った。そこで父は老母をおぶって息子を連れて、親棄てに奥山に行った。

　行くが行くと、奥山の谷に大きな平たい石がある所に行き着いた。父は背中から老母をおろして、さあさあ母親《あっぱ》、お前はここで死ぬ。ほんだら俺らは帰るじぇと言うと、老母は孫を抱いて、孫々お前は達者で大きくなれやぇ。この祖母はここで死ぬからと言って泣くが泣くが泣いた。それを見て父はさあさ母《がが》に叱《く》られるから早く歩《あ》べと急《せ》き立てると、子供は父《とと》待て待て、俺はここの木や石や何もかにもよくよく見ておくと言って、なかなかそこを離れようともせず、大きな樹の数などを算《かぞ》えていたが、急においおいと泣き出してそこらを転び廻った。父はこれお前は何《な》してそんなに泣けやと訊くと、子供は泣く泣く、父はジク（勇）がよいからよいが俺はジクがないから分からない。父《とと》や母《がが》がこの祖母《ばあ》さのように年取ったら、俺がまたお前達をここさ持って来て棄てないばならぬかと思うと、俺悲しくてわからないと言って、おういおういと泣き叫んだ。父もそれを聞いて真実にそうだと心で悲しんだ。そして子供に責められてまた老母をおぶって家に帰った。

嫁嬶は家で、ああ厄介な年寄りも無くなってこれで俺らばかりになったと喜んで、老母棄ての祝い事にいろいろな御馳走をけしらえて父子《おやこ》の帰るのを待っていると、その日の夕方、夫はまた婆様をおぶって帰って来た。嬶はこれは何故《なぞ》なことだべとひどく怒った。夫は山で子供に言われたことを言うと、嬶も理に詰まった。そこで夫は、なアこの老母《としより》に悪い手当てをすると俺らも嫁や子に悪い手当てをされるから、これから親切にすべやと言った。それからは嫁姑の仲もひどく睦《むつま》しくなって、親孝行という名前をとって過ごすようになった。

二六番　頓平稲荷と八幡狐

或る所に頓平《とんぺい》稲荷と八幡稲荷という二疋《ひき》の狐が住んでいた。頓平の方には位があり、八幡の方には位がなかったので、隣り同志で睦《むつま》しく暮らしていながら、位のない方がどうしても下目になっていた。ところが或る日二疋の棲穴《すみあな》の近くで一人の樵夫《きこり》が木《き》を伐っていると、何だか穴の中に言い争いする声が聞こえる。はて何だべと思ってさげしんでいると、そんな位階の有無《あるなし》で、八幡狐をひどく蔑《さげす》んで悪口を言っているから、あれは頓平の方が悪い、真実《ほんとう》の力量だら八幡が方にあるのだが、位が無いばかりにあんな辛《ひど》い目に遭うのだ。ああよしよし俺は戒めてやるべと思った。

その翌日、樵夫は烏帽子直衣《ひたたれ》で早馬で頓平稲荷の所に行った。そしてお前は昨日隣りの八幡狐をひどい目に遭わせたのが不都合だから、位を返せと言うと、頓平はひどく消気《しよげ》ていろいろ申し訳をしたが、樵夫は耳にもかけないでついに頓平から位階を取り返した。それから隣穴の八幡狐のもとに行ってその位箱を与え、以来稲荷大明神を仰せつけるによって、世上に悪い事をしてはならぬぞ。もし悪い事をしたら、隣穴の頓平のように罰を加えてやる。よくよく気をつけて人間のためになれと言って帰った。

頓平は弱ったが、金があるから、金はいくら積んでもいいからまた位を取りたいと思って京の伏見に上った。すると本山では帳面を見ていいくら何十何年にその方に位を授けてあるが、それをどうしたと言われて、これはまた異なことを聴きまする。あの位は私の粗忽から取り上げられて隣穴の八幡狐にやられたのではありませんかと言うと、本山では一向知らぬ。何お前はどこかに落としたのであろうと言った。そこで頓平は八幡狐との事情を話すと、それではいかにもその方が悪い。そんな悪狐に位などをやっておくことはならぬと言って追い帰された。そうして早馬で八幡狐のところには本当の位をやったものだというが、頓平狐の方はそれからはただの野狐になって暮らした。

二七番　跛狐

或る時、或る山の狐の親分が去年の冬鉄砲打ちに追《ぼっ》かけられて怪我をして寝ていたが、それがよくなって全快祝いがあった。彼方《あっち》の洞《ほら》の狐、こっちの長根の狐、山中の狐どもが各々《めいめい》に雉子《きじ》を取る奴もあれば兎を取る奴もあって、それ相応の土産物を持って皆ぞろぞろと親方の処に御祝いに行った。

ここに谷間の老年《としより》の跛狐があって、やっぱり親分からお使いを貰ったから、何か土産物を持って行かなければならぬと思って、毎日々々山中を歩いてみたが、雉子でも兎でも跛狐が行くうちにはずっと向かいの長根まで逃げて行くので、ついにその振る舞いの当日までに土産物を取りかねて、素手《すで》で行った。

ところが親方の処に行ってみると、皆からの土産物が親方の後ろに山のように積まってあって、中にはどうして取ったのか鹿や狸までもあり、人の家から盗んで来た鶏や猫などもあるというありさま。親分から跛爺は何を土産に持って来たなアと言われて、赤面してもじもじしていると、皆が嘲《わら》笑ったり馬鹿にしたりしたあげく、ついに外に突き出した。跛狐は泣きながら自分の巣に帰った。はてはてなア俺とてもこんな片輪でなかったなら、皆のように土産物を持って行って、ああ皆と一緒にイセハバ（対等の交際）をすることが出来るのだがと思って涙を流していると、穴の外を親分の所の御祝い帰りの狐どもが酔っぱらって話をして通るのを聞くと、いつの幾日《いつか》にこの下の物持ちの爺様の一人娘の所に親分が聟に行くことだから俺らも行ってうんと御馳走を食ってやるべえし、それだのにここの跛爺はその聟入りにもかてられないで可笑《おか》しいおかしいと言って通った。

跛爺ははて不思議な話を聞くものだ。するとこの下村のあの爺様の所だなと思った。

その翌日、跛狐は跛の爺様に化けて下村の物持ちの爺様の所に行って、もしもし爺様は居申したかと言うと、爺様は居て近い日に一人娘のところに聟取りがあると言って、その仕度《したく》に忙わしくしていた。そしてはてお前は見たことの無い爺様だがどこから来たと言うから、狐の爺は、実は俺は狐だが、お前のところに来る聟殿はあれは人間ではなくて狐の親方だと言うと、そこの爺様ははてはて何してお前はそんな事を言う。俺家《おらえ》では立派な仲人もありそれにまた聟の実家もれきとした身分の所から貰ったのだがと言った。跛爺はそれそれが何もかにもみな狐どもの悪戯《いたずら》だ。もし爺様が俺の話が偽《うそ》だと思うなら、婿入りの日に門前から豆をまき散らしておいてみろ。すると立派な衣裳を着た聟殿も仲人もオモライ様も何もかにもばえッかつして（競争して）その豆を拾って食うから、それが偽だら見ろ。それから座敷の四隅には大きなコガ（桶）を伏せてその中に犬を入れておくべし、聟をば風呂桶《こが》に入れて蓋をして釘着けにしてみろ。みな狐だからと言って帰った。

物持ちの爺様もそう言われてみると、気にかかるので物は試しに、婿入りの日に門前から玄関まで豆をまいておいた。魂消《たまげ》るような立派な風をしてぞろぞろとやって来た婿殿だちが、豆を見るとさもしい心を出して皆してその豆を拾って食った。そして座敷に上がるとあたりをきょろきょろと見廻したり、爺様の家では台所でわざと鼠の油揚げをじりじりと揚げているので、そのぱんぱん香りに堪《たま》りかねて、立派なお客様達が代わり代わりに立って台所の方を覗き込んで鼻穴をふんかめかすので、爺様どもはははアこれは本物だとただただ呆《あき》れていた。こうなるとロクな物も食わせたく無いから、魚の腹綿かたり出して食わせておいて、かねて頼んでおいた近所の若者どもを出して、これこれお客様達、ここの習いで、御祝儀にはぜひ鉞《まさかり》舞いを見せ申さないばならぬから見せ申すべえといって、屈竟な五六人の若者どもが大鉞を振って、片端から狐どもを斬り伏せた。そして婿殿はまずまず湯に入れとて、湯桶に入れて上から蓋をして蒸し殺した。馬になって来た狐をば立子《たてご》縄《なわ》で堅く縛っておいたから逃げることも出来ず、その有り様を見て、狐になって、じゃぐエンじゃぐエンと鳴き叫んでいた。そうして多勢の狐どもはしっかり退治されてしまったが、ここにたった一疋の痩狐があって、ほうほうの態でその場からのがれて山に逃げ帰った。

その痩狐が、かてられないで山にたった独りで残っていたあの跛狐の所に汗を垂らして逃げて来て、今日の事を話して俺ばかり独り助かって逃げて来たと言うと、跛狐はほだから人間を騙すもんじゃないと言うと、何俺はこの仇を討ってみせると言った。跛狐はほだって何《なぞ》にして仇を討てやと言うと、痩狐はなあに小正月の十五日の夜に、あの家の屋根に登って、タンコロリン、タンコロリンと三遍唱えてみろ、中に居た人間が皆死んでしまうと言った。すると跛狐はそんなことではいけない。お前が屋根に登る時どさりという音がするべえ、その時家の内であの爺様が褌《ふんどし》を鍵《かぎ》の鼻にかぶせておいて、キジンカエレ、キジンカエレと三遍唱えられたらどうする。その時はお前こそころりと死ななくてはならぬと言うと、痩狐は何さそんな秘事を人間が知っているもんか大丈夫だと言っていた。跛狐は何しても安心が出来ないぞと言ったが、実はその翌日爺様のところに行ってそっとその事を知らせておいた。

そんなことは夢にも知らぬ痩狐は、小正月の晩を待っていて、夜更《ふ》けに来て、爺様の家の屋根に登った。その音がどさりとした。それを聴いて爺様はすぐ褌をはずして鍵の鼻にかぶせて、キジンカエレ、キジンカエレと三遍唱えると、何だがごろごろと屋根の上から転び落ちる音がした。翌朝起きて見ると一疋の痩狐が雪の上に死んでいた。

この話から第三二番の話まで古屋敷庄治君の話、大正十二年二月一日の夜聴記。古屋敷庄治君は村の百姓で当時二十七歳ほどの青年であった。

二八番　犬と狐の旅行

或る時、犬と狐と旅をした。さあ狐の高慢ちきで自慢すること、俺は千里が裏をうらない二千里先の事をさとるのだぞと言ったり、俺は人間を騙す技倆があるが、お前はその人間の小使いだと言ったり、俺は第一神様だと言ったりした。犬は面白くなくていた。そうしているうちに或る谷川にかかって、一本橋を渡ることになった。そこで狐はこら犬お前が先に渡れと言った。犬はいんにゃ（否）神様の方が先に渡れ。とてももったいなくて俺はお前の先には立てないと言った。否《いや》そうでないこうでないと、いろいろ言い争っているうちに少々犬の権幕が変わって来たので、狐はそんだらよい俺は鼻を杖について渡るからと言って先に立って渡った。犬はそのあとに続いた。そして深い川の中ごろに来た時ひどく恐ろしい大声でワンと叫ぶと、狐は驚いて川にざんぶりと堕ちた。

犬はそれを見て笑って、なんだ神様、お前は先刻千里が裏からうかがい、二千里先もさとると言ったけが、一寸先もさとれぬではないかと言って、犬はさっさと戻った。

二九番　狐の報恩

爺様が町へ行くべと思って行くと、村境の所で四五人の子供らが狐を取っ捕まえて四足を縄で縛りつけてひどい折檻をしていた。爺様はそれを見て狐不憫と思って、ざいざい兄《あえなこ》だちその狐を俺に売らないか、ここに銭が百文あるからと言うと、子供らはひどく喜んで爺様に百文で狐を売りつけた。爺様は狐をおぶって行って松山の中に入って行った時、これこれ狐よ今から昼日《ひるひ》中里《なかさと》辺《べ》などを下って来るではないぞ。またあんな子供らに見付けられると生命《いのち》が危いからな。さあさ早く家さ帰れ帰れと言って小柴立ちの中に放してやった。すると狐はさもさもありがたそうに涙を流して、爺様の方を振り返って見い見い奥の方へ入って行った。

酒《さけこ》を大好きな爺様はその日も町で酒を飲んで、ふらふらと松山まで帰って来ると、今朝の狐が路傍に出てかしこまっていて、爺様し爺様し、今朝は危い生命を助けられてありがたかったます。その御礼を何かしたいと思うども、こんな狐の身のことだれば何も思うようなことも出来ないが、この下村のお寺の和尚様が先刻土間《にわ》の据え釜を壊して味噌煮釜に不自由しているが、おれが釜になるから、爺様はそれを持って行って和尚様に売って銭儲けをしてくれろと言って尻尾《しっぽ》を巻いてくるくると三度廻って、大釜に化けた。爺様は狐ならともかくこうして折角釜になってしまったのだから往来に棄てておく訳にも行くまいと思って、お寺に背負って行った。そして和尚様し和尚様し釜が要《い》らながんすかと言うと、和尚様は欲しいと思っていたところだからすぐ言い値の金を出して買った。おかげで爺様は思いがけない金儲けをした。

和尚様はこれはよい釜を買ったものだ。大きさも恰好もどこもかしこも本当に気に入ったものだと悦に入っていた。そしてこの釜で今年の味噌の煮初めをしようと、近所の出入りの者を頼んで来て据えて、小僧どもに水汲みをさせて、それから豆を入れて、どんどん釜の下に火を焚くと、その釜は小僧ども熱い熱いと言って、味噌豆を持って逃げてしまった。皆してあれアあれアと言ったども間に合わなかった。

翌日爺様が裏山に行って柴を刈っていると、いつかの狐が、爺様爺様今日は柴刈りしているかと言って出て来た。なんたら事だ。お前は先達の狐じゃなかったか、あんな釜などになって今頃はどんなに苦労しているべやいと、俺ひどく案じていたが、よく無事でおったなと言って爺様は喜ぶと、狐はなあにお寺で味噌煮をするって仕度《したく》をしたから、俺はこの味噌豆を爺様さ土産に持って、すぐさま逃げて来たと言った。

それからまた狐は、どうもこのくらいの事ではとても爺様から受けた御恩は返されないから、今度はおれは馬になるから、この下の長者どんに引いて行って売れ。そう言って尻尾を巻いてくるくるッと三遍廻って大層立派な青馬になった。爺様は何々そんな心配はいらないと言ったけれども、もはや馬になってしまったものだから、仕方がないから先《せん》の釜の時のように下の長者どんに引いて行くと、長者どんの旦那様は、ああこれはひどくええ馬だ、ええ馬だと褒めて三百両出して買った。爺様は生まれてから見るも聞くも初めてな大金を持って大喜びで家に帰った。

長者どんでは、ああこれはええ馬買った。丈《たけ》といい技倆といい男振りも気に入った馬だと喜んで、その晩立子《たてご》縄《なわ》を外しておくと、とくに山に逃げてしまった。

その翌日また爺様は裏山に行って柴刈りしていると、いつもの狐が爺様々々と言って出て来て、昨夜長者どんの馬舎から逃げて来たことを話した。そしてどこそれの長者どんの嬶様《かがさま》がなくなって今困っておるから、おれをその家に連れてあべ（参れ）と言って、いい塩梅の年頃の女房になった。爺様々々町さ行って昨日下の長者どんから貰った金の中から、おれに赤い前振《まえぶり》と手拭いと櫛こうがいを買ってくれと言って、それを買ってもらって持って長者どんに行った。そしてなぞにして（いかにして）住み込んだか、それは狐のことだから分からないが、とにかくその長者どんのおかみ様になって、金をうんと貯めてそれをまた爺様の所に持って還った。そんなことで爺様は狐のお蔭でひどく長者になった。何もかにもお前のお蔭だと言って御堂を建ててそこに置いて養っていたが、狐が年取って死んでから氏神様にして祭った。

三〇番　二人の博奕打ち

二人の博奕打ちがあって、二人ともいつも大負けで喰うようも飲むようも無かった。それで年取りの晩もある神の宮に行って泊まったが、着て寝る物もないから、そこにあった畳を一枚着て寝た。そして二人で元朝の朝目が覚めて、おい今年は繁昌々々（半畳々々）だなと言った。半丁々なら丁だと言って大喜びをしたが、その年も二人の縁起が当たったかどうか分からない。

三一番　雀の仇討ち

一羽の雀が竹籔に巣を喰って、卵を生んでいた。ところが或る日奥山の山母《やまんば》が来て、雀々卵を俺に一つくれと言った。雀はおッかないいものだから一個《ひとつ》やると、まっとくれ、まっとくれと言って卵を掻攫《かっちゃら》ったあげくその親雀までも捕って喰ってしまった。その時たった一つの卵が籔の中に落ちてむいけた。そのうちに大きくなったから親の仇討をしようと思って、あっちの稲杆《いなばせ》から稲穂を集め、こっちの稲杆から稲穂を取り集めて団子を作った。そしてそれを背負って、米の団子の本団子本団子とふれて行くと向こうからころころと栃の実が転がって来た。雀の息子殿はどこさ行くと言うから、米の団子の本団子を背負って親の仇討ちに行くと言うと、栃の実はほんだら俺も助太刀をするから、その米の団子の本団子を一つけろと言った。そしてその団子を貰って附いて行った。するとまた向こうから針がじかもき、じかもきと歩いて来て、栃と同じようなことを言って、米の団子の本団子を貰って附いて行った。その後から蟹と牛《べこ》の糞《くそ》と臼とが来て同じようなことをして雀の息子の味方となった。

この同勢（雀の子と栃の実と針と牛《べこ》の糞《くそ》と蟹と胴摺臼《どうずるす》）が、山母の屋形に押し入って行くとあいにく山母は留守であった。それを幸いに各自《めいめい》に要所要所についていた。栃の実は火炉《ひぼと》に、針は筵《むしろ》の上に、牛の糞は上戸《あがと》の下に、蟹は水桶《みずこが》の中に、胴摺臼は洞前の桁の上に。そして山母の帰りを今や遅しと待っていた。

日暮れ方に山母はどこからか帰って来た。そしてああ寒い寒いと言って、炉《ひぼと》に踏み跨《また》がってあった。そこを（見すかして）栃の実はずどんと山母の臀《けつ》に弾《う》ち込んだ。山母はあッ熱いじぇと叫んで尻餅つくと、筵《むしろ》の上に針が待っていてじかッと刺しつけた。あッと驚いて山母は走らせて行って水桶に入ると、中に蟹が居て鋏で山母の臍《へそ》を搔っ切った。あれやッって山母はまた水桶から跳び上がって上戸から飛び下りると、その下に居た牛の糞に踏んづらのめって（滑って倒れて）、打《ぶ》っ転んだところを、桁の上から胴摺臼がどしんと落ちて来て、びちょッと山母を打《ぶ》っ潰《つぶ》した。

こうして雀の息子はめでたく親の仇討ちをした。

三二番　権平稲荷《ごんぺいいなり》とションペイ稲荷

権平稲荷《ごんぺいいなり》とションペイ稲荷という狐同志があった。ションペイ稲荷が馬喰《ばくろう》になって、権平稲荷の方が馬になって、いいから村の長者どんを騙すべえという悪い相談をしていた。それを藪蔭で本当の馬喰が聴いていた。これはよいことを聞いたと思って、二疋《ひき》の狐どもの穴に入った隙を見て、ションペイ稲荷の穴には土を一杯押詰《おっぺ》して塞いでおいて、権平稲荷の所に行って、さアさア権平どん、早く出て馬になったりなったりと言った。権平稲荷は朋輩のションペイだと思ったから、やあションペイか何たら早かった。さアそれでは俺も馬になんべえと言って馬になった。馬喰はその狐の馬を引いて行って、長者どんにひどく高値に売りつけた。

狐の馬は長者どんの馬舎から逃げて帰ると、ションペイ稲荷は土を押し退《の》けて、今やっと穴から出たばかりのところであった。何だお前はと言うことになり、それではこの下の本物の馬喰に一杯食わされた。いいから二人でこれから捕り手に化けて馬喰の家に踏み込んでえらい目に合わしてやるべと相談した。それをまた本当の馬喰は物蔭から聴いていた。そして一足先に家に帰って、油鼠をこしらえて瓢箪に入れておいた。

狐どもは偉い捕り手になって、馬喰居たかその方居たか、昨日お前は長者どんに偽馬《にせうま》を売りつけてしこたま金を取ったということだ。召し捕るから神妙にしろと怒鳴った。馬喰は急《せ》かないで落ち着いていた。そして鼠の油揚げ入りの瓢箪を出して、恐ろしくリキミくさる（威張り散らす）捕り手の鼻先を振り廻すと、捕手どもは根が狐だから、それを食いたくて塩梅がわるくなった。そして鼻端を出したり髭《ひげこ》を出したり、しまいには尻尾を出してとうとう狐になってしまった。そして馬喰に縄かけられた。

三三番　蛇男

或る里に年取った母親と、息子夫婦とが住んでいた。家がひじょうに貧乏で、息子は外に出て奉公していたが、その留守の間に夜々嫁女のもとにどこからともなく一人の美男が通うて来た。

それが一夜ならず二夜も三夜もとたび重なるので、嫁女も気味悪くかつ困って或る夜、お前はどこの何という人だか知らないけれども、もし真実の心があるならばこれから千夜通うて来てくなんせ。そうしたならばお前の心に従いますべと言った。男はその夜から、たとえ雨風降り吹く夜でも毎夜々々女の枕許《もと》に忍んで来た。そしてじっと女の寝姿を見ているが夜明けになるといつも悄々《すごすご》と帰って行った。嫁女は怖れて宵のうちに家の戸口々々を隙間無く固く締め切っておくけれども、それでもどこからどうして忍び込むのか、やっぱりその男は毎夜通うて来た。それがちょうど九百九十九夜目の夜となり、残る明夜の一夜でいよいよ千夜の約束の時と押し詰まった。その夜男の言うことには、己はお前に恋い焦がれて生命《いのち》もささげ根《こん》も尽くして今夜でちょうど九百九十九夜通うて来た。残る一夜の明夜でちょうど約束の千夜に満つる。もしお前が明夜承知が無かったならお前の生命もまた無いものと覚悟しろと、こう言いおいて帰って行った。

その話を姑《しゅうと》は物蔭に隠れていてすっかり聴いたのであった。さてもさてもおれは不憫な嫁女の心だ。なじょにしてこれを助ける工夫が無いものか、第一あの通うて来る男は世にも類《たぐい》無いほど美《よ》い男ではあるけれども、なじょな素性の男だべと、思案に掻き暮れてその夜はまんじりとも眠らないで夜を明かした。次の日起きてみると、嫁女の顔色は極《ご》く悪い。その顔を見るとなおさら不憫が増して、これこれ嫁女お前は何か心に苦が有るではないか。お前の胸に余る苦があるならばこの姑に話してくれろ。おれは決してそんだの悪いようには取り計らわぬぞと言った。嫁女はお姑様の前に両手をつき、実はお姑様、わが夫《つま》の留守にどこの何者とも知れぬ男が毎夜々々私の枕許《もと》に通うて来て、それが今夜で千夜の約束の晩となりました。なじょにかしてこの難題をのがれる工夫は無いものかと思いますども、私としてはよい分別もありません。何とかお姑様今夜のがれる工夫が無いものでありますべかと言うて泣くと、姑はさてさてそれは困ったことだ。それでは晩景来たらあの奥の座敷の仏棚の下に造っておいた菊酒を飲ましてみろ、そしたら何物であるか本性を現わすべ。それが人間ならば仕方がないから約束の手前一夜の情をかけてやれ。またもしそれが何か魔性の物であったなら、この嫁姑ともどもして成敗すべえぞと言った。

その夜男が来たから菊酒をうんと飲ました。そしてひどく酔いつぶれて床の間一杯になって寝るのを見ると、とうとう本性を現わして見るも恐ろしい大蛇であった。そこで嫁女は長押《なげし》から長刀を取り下ろしてその大蛇を斬り殺した。そして姑を起こして二人でその屍を切り割って荷にこうたところが七駄あった。それを殿様に見せて御褒美を貰った。

ところがその大蛇につれあいがあって、夜になれば来て、嫁姑の家の周囲を恐ろしい唸《うな》り声を立てて夜明けまでぐるぐる廻った。それが幾夜も続くので嫁女はたとえ何物でも殺してしまわねばならぬと思っていると、またその晩も来て家の周囲を唸り廻った。嫁女は長押の長刀を執《と》って、そこに居る物は何物だか速《すみや》かに本性を現わして名乗れと声をかけると、外の怪物は、お前のそうして出はるのをば己《おれ》はこうして毎夜待っていた。己こそお前のために生命《いのち》を仕止められた大蛇のつれあいである。我が夫は子欲しさに人間のお前を見込んで通うたのであるがその事をなし遂げないでついに殺されたのが口惜しい。夫の仇を取るからそう思えと、言うか言わないそのうちに女蛇は悪気《あっき》こそばッと吐きかけた。嫁女はお前如きにさいなまれる者ではない。お前の生命《いのち》もその夫同様に仕止めてけるとて、長刀で斬り掛け斬り掛け闘うと、大蛇は負けて、高山の山深《やまいり》に追い詰められてその谷間の大きな沼に鳴りを鳴らしてばえらと飛び込んだ。嫁女は沼のほとりに匿《かく》れて待ち伏せしていると、沼の中で声がして、あの女には見込み違いをして何百年と早い夫の生命を詰めたが、今度は来る七月となったならあたり近所のあの家の親類縁者の果てまでも皆殺してやると言うと、相手の者の声で、否止《いや》めろ、人間というものはさかしいものでまた彼らがどんな考えを持っているか分かるもんでない。どだり（無謀）な事をしてお前まで生命を取られるようなことをしてはならぬと言う。すると先刻の声で、否々《いやいや》何が分かるものかあの家の裏の麻畑に菌《きのこ》になって生えてやる。そうしたらきっとそれを取って食うにきまっている。生命が百あっても堪《たま》ったものではないと言う。すると相手はそれでもその菌を爪をかける分も残さないように取って高黍《たかきび》の穀を入れて濃い味噌汁を煮て苧殻《おがら》の箸で左膳で食われたらたまらぬでは無いかと言う。何それまで人間に分かるものかと問答しているのを嫁女は盗み聞きして家に還った。

　七月が来ると嫁女の裏の麻畑に一面に赤い美しい菌が生えた。嫁姑してそれを爪のかかる分も残さないように取ると釜笊に二つもあった。みな土間《にわ》の据え釜に押し込んで煮て、あたり近所の人達を呼び集めて左膳に仕組んで苧殻《おがら》の箸でともども食ったがうまい事話の外《ほか》であった。それから三日目の朝に彼の山深《やまいり》の沼に行ってみると、その沼からあり余るような大蛇が屍となって浮かんでいた。

　蛇の美男が嫁女に通ったのがどこから入ったかと言うと、屋根の煙窓から出入りしたことが後で分かった。

二月十九日聴記。

三四番　三人兄弟の願掛け

或る所に父と母とがあって男の子三人持っていた。一番兄を六平、次ぎなを権平、三番目を善平と言った。父が病気にかかったので、六平は神様に願掛けに往くと、鳥居の方から小さな娘が赤い着物を着て踊って来て、六平さんどこへ往くと言った。六平は内々腹が立って仕方がなくてお前のような小さい娘の知ったことではないと言うと、ほんだらこの林檎をやると言って、小娘は袂から赤い林檎と青い林檎とを出してくれた。六平はおかしな娘だと思ってその林檎を貰って、まず青い方を食べると、食べているうちに鼻の先が痒《かゆ》くなってだんだん棒切木《ぼうぎりき》のように伸びて大きくなった。これは大変だと思ってあたりを見るともう小娘もいないから、そのまま呆《あき》れ返ってそこに寝ていると、次男の権平が兄の帰りがあまり遅いので迎えに来た。

権平が兄の迎えに御宮の方へ往くと、御宮の側で赤い衣物を着た小娘が踊りを踊って来て、権平さん権平さんどこへ行くと言った……そして黄色い林檎をくれた……

話者はこのあとは忘れてしまって、どうしても思い出せなかったもの。二月経っても三月経っても、それから全《まる》二年経ってもついに思い出せなかった。古屋敷庄治君の話分。

三五番　猫寺

或る山寺でいくら小僧を置いてもいつとなく行末不明になった。和尚は不思議に思って或る夜炉辺で側《そば》に居る虎猫に、虎や虎やこの寺の小僧どもがいつの間にかどこかへ往ってしまうことが何とも不思議でならぬが虎は知らぬかと言うと、虎猫は人語を出して言うには、和尚様に言うもいかがであるけれども私はこの寺に飼われて来てから七代の和尚様に仕えていて何もかにも覚えているが、小僧といわず和尚様までもみな二階に住んでいる大鼠に取って食われてしまうと言う。和尚はそだら何してお前はその鼠を退治してくれぬかと言うと、俺もそれは思わぬことは無いけれども、とても俺一人では及ばぬから残念ではあるが手出しをしかねている。それで和尚様実はお前様の生命《いのち》ばかりも安全に保ちたいと思っていたと口説く。和尚はそれは大変である。何とかよい方法がないかと言うと、猫の言うにはされば和尚様俺の姉が京都に居るが、それでも頼んで来て二人がかりでかかったら、退治ることが出来ぬものでも無いと思う。俺はこれから京都に往って姉を連れてきたいから、三日の暇を下されたい。しかし俺の留守中和尚様の身の廻りを気をつけてい申され。それから檀家の人達を集めて米四斗に枯節（枯れた鮭節）をだしにして雑炊をこしらえて、大きなハギリ（平桶）に入れて土間に置いてくれと言いおいて、己れは玄関の雨打石の上に坐り両手で天を招ぐと、天から紫の雲が静々と下りて来たので、虎猫はその雲に乗って行った。

その後で和尚はにわかに檀家を寄せて、虎猫の言った通りの仕度《したく》をして寺を守って待っていた。三日目に虎猫は、尾の長い三毛猫を連れて天から紫の雲に乗って降りて来た。二疋《ひき》の猫は揃って庭に据え置いたハギリの雑炊を食う時には馬のように大きくなった。そして虎猫が先に立って本堂の二階に上がって行った。しばらく経つと二階でわりわりと闘う音が物凄い。多勢の檀家達は下から、虎負けるな、三毛負けるなと一勢に掛け声した。三日三夜というもの闘い通してようよう巨鼠を退治して二疋の猫は下りて来た。怪我だらけで見るも痛ましい姿であった。檀家中で取り整えておいた御馳走を出したがその半分ほども食わなかった。そして三毛猫はまた雲を呼びその雲に乗って京都へ還って行った。虎猫はこれで永らくのこの寺の禍《わざわい》の悪鼠を退治したから俺は死ぬと言って死んでしまった。その虎猫を村中で猫座大明神と祀った。

婆様曰く。この話はおらは江刺郡黒石の正法寺の譚だと聴いていた。二月十九日分。

三六番　岩泉の里

昔、岩泉の里にひどく貧乏な親子があった。子供の二歳になる時父親が死に、十三になる時母親が死んで、たった一人残ったので近所の百姓の家に世話になってその家の駄賃づけとなっていた。この子供、だんだん大きくなるに連れて大の酒好きになり朝夕駄賃の往還に酒を飲んで馬にもかっちかずに来る。旦那は眉を顰《ひそ》めて馬の背中を痛めないようにもう少し気をつけてけろ。なんぼ馬だとて生命《いのち》も心もあるものだと小言を言った。若者は俺は十三になるこの年までこの家の厄介になって成人した。これ迄幾年となく毎日毎日駄賃づけに歩くが、一日に昼飯を貰って行くよりほかに一文の銭を貰ったためしが無い。俺が酒を飲んだからとて旦那様の馬の背中などに鰯一尾よけいにつけてお前の目を掠《かす》めたことが無いと言った。ほだらばうご（汝）はどこから銭出してそう毎日酒飲んで酔って戻ると言うと、旦那様は酒というものは銭出してばかり飲むもんだと思っている風だから可笑《おか》しい。酒は山沢《やまさわ》にも湧いているもんだ、俺は浜さの往還《いきかえ》りに山でただ飲んで歩くと言った。主人は怒ってそんだら俺をそこに連れてあえで見せろ、もしお前が偽言《ぼが》吹いたなら今日限りぼんだす（追放）からそう思え、さあ俺を連れてその山さあべえと言って、若者を連れて山へ往った。その山に踏み入るとどこからとなく佳《よ》き酒の香りがして来る。往ってみると岩の間から湧き出る泉がある。この泉が酒だと若者が言うから汲んで飲んでみるとこれは本当に佳い酒であった。主人は驚いてこれは宝酒の泉だ。俺はここで酒屋を始めると言って、大きな家小舎などを建て並べ、それから種々《さまざま》な酒店道具など買い集めて大きな桶に泉の水をいくつもいくつも汲み入れたが、みなただの水に返る。だが若者が飲むとたちまち佳い酒になった。

そこで主人は、これは俺の宝ではない。お前に授かった宝だべからこの酒店も諸道具もみなお前にやるからここで酒屋を開けと言って若者にやった。若者はそこの酒屋長者となった。私の聞いているところではそこは今の岩泉の里だということである。

註記

岩泉とは陸中国閉伊郡、今の岩泉町である。この里には岩穴から一つの谷川が流れ出ているという。私はまだ行ったことがない。

三七番　雁取爺の後日譚

上の爺と下の爺があって筌掛《うけが》けをして、上の爺は自分の筌に入った木の根《ねっこ》をば下の爺の筌に投げ込んでおいて、下の爺の筌に入った雑魚を上げて来る。下の爺はその木ノ根を持って来て割ってみると白犬が出た。下の爺が狩猟に行くとこの白犬がいろいろな獲物をさせる。上の爺は羨《うらや》んでその犬を借りて狩に出ると、何も獲《と》れないどころか却《かえ》って亀蜂に刺されて怪我をしたので、怒って犬を殺して土に埋める。そこから生《は》え出た米ノ木が下の爺には米を多く降らせて与えるが、上の爺にはベタ糞だの小便だのばかり撒き散らす。怒って伐《き》って竈《かまど》の火にくべると、またその灰は下の爺のためには雁取りの役に立ったので、上の爺は羨んでその灰を貰って行って、雪隠《せっちん》の屋根に上って、天をゲクゲクと鳴いて通る雁《がの》に、雁の眼《まなく》さ灰《あく》入れというのを間違って、爺眼《じんじまなく》さ灰《あく》入れと言って撒き散らしたので、灰はみな自分の眼に入って盲になり、屋根の上からごろごろと転び落ちて来たという譚の続きである。

そして爺様が雪隠の屋根に上って雁を取ると言うのだから、下にはいつもの婆様だの嫁だの棒切れを持って雁が落ちて来たらこれで撲《ぶ》っ叩いて殺すべいと思って待ち構えていた。そうしているところに、屋根の上からごろごろと転がり落ちて来た物があるから、それが爺様だとも思わず、それッ雁が落ちて来たでアと言って嫁姑して持っていた棒で撲っ叩いて殺してから、庖丁でじじた切りにして、大鍋に入れて炉《ひぼと》にかけて雁汁を煮た。そしていい加減に煮えたから、屋根の上の爺様も呼んで一緒に食うべえと思って、爺様やアい早く屋根から下りて来て雁汁を食うもせやと呼ぶと、鍋の中で、ほういほういと返辞をした。アレやと驚いて鍋の蓋を取ってみると、ぷくンと爺様の睾丸が浮かんでいた。婆様はあれア何のこったえや、これア爺様じゃないかと言って驚いて、大急ぎで鍋から取り上げて盆に載せて戸棚の中にしまい込み、爺様が焼傷《やけ》になったからお医者様を迎えに行って来ると行って、あわてて外に駈け出して行った。婆様の居ないうちに小さい孫どもが炉傍であくばると、戸棚の中で、孫ど孫ど火さあぶないぞと言う声がする。孫どもはあれア何だべと不審に思って、戸棚の戸を開けてみると、可笑《おか》しな物が盆に載っかっているので、あれアこんな物が俺《おら》をえじめた。いいからぶん投げべと言って、それを雪隠《せっちん》に持って行って投げ棄てた。

婆様の方は少しも早くお医者様を頼んで来て、爺様の火傷《やけど》を直したいと思って勢い切って走《は》せて行って、医者どの居たしかと言うと、医者はあいにくの留守であった。それアことだ、それにしても爺様がなぞで居るかと思ってまた家に駈け戻って、草履も脱がないで台所に上がって戸棚を開けてみると、盆の上の爺様は影も形も見えないから泣き声になって、爺様やい爺様やいと呼ぶと、雪隠の隅《すまこ》の方でほういほういと返辞をした。あれアそっちさ行っていたのか、そんな怪我をしていながら何たら爺様だべと言って、雪隠の隅《すまこ》から拾って来て盆に載せて戸棚の中に入れておいて、今頃はお医者様は帰った頃だと、また駈け出して行ったが、まだお医者様は戻っていない。そしてこうしている隙にも爺様はどうしているべと思って犬戻りに家の方に駈け戻った。

婆様の留守中に子供らはまた炉傍であくばると戸棚の中で爺様は、孫ど孫ど火さあぶないと言うと、子供らはあれアまたあの化物が来て入っているぞ。今度は大根畠に持って行って投げべと言って、爺様を大根畠に持って行って投げ棄てた。そこに婆様は息を切らして走《は》せ戻って、爺那爺那なんて居たてヤと言って戸棚を開けてみると、これはしたりまたぞろそこには居なかった。婆様は気違いのようになって、爺那爺那お前はまんちどこさ歩いて行っておれヤと呼ばわり廻ってもどこにも居ない。爺那や爺那やと泣きながら呼ぶと、ほういと今度は大根畠の方で返辞がした。婆様はあれアまんちあんな所さ行っていたと言って拾い上げて来て、爺那爺那お前はそんな体になっていて、そうそう歩き廻るもんじゃない。また俺は医者殿さ行って来るうちじっとしてい申せと言って今度は箪笥の中に入れてびンと錠をかって、また医者の迎えに駈け出して行った。

今度はちょうど幸いに医者殿は宅に戻っていたから、お医者殿しお医者殿し俺家《おらえ》の爺様は大変なことになったから早く来て診てもらいたがんすと言う。医者殿はそれア大変だ。とにかく早く行って見申すべえと言って、婆様と一緒に駈けて来た。そしてやっと婆様の家に着いて、ほっとする暇も無く、婆様は取り急いで何か盆に載せた物を持ち出して来たから、医者殿は、ああこれはこれは珍らしいお菓子でござるなと言って、爺様をぱくりと食ってしまった。婆の大事の大事の爺様をさ。

三八番　鬼の子小綱

昔、爺と婆とがあった。美しい娘を一人持っていたがその娘が或る日山に柴採りに行ったまま鬼に攫《さら》われて行く末が分からなくなった。爺は婆にあとを頼んで永年の間その娘を尋ね探していた。爺は或る日奥山に分け行くと、美しい袖の片切れが木の枝に引っ掛かってあったり、手拭いが柴に引っ掛かってあったりした。なおも奥深く深く分けて行ってみると、大きな岩窟があってその前の広場の木に着物を洗濯して干し懸けてあったが、それは娘が家に居た時に着ていたものだったから、懐しい娘がこの岩窟の中に居るのだと思って、申し申しと言って訪れた。すると案に違わず中から変わり果てた姿の娘が出て来て、アヤ父親《とと》ではないかと言って泣く。爺も娘であったかやい、俺はお前を今迄永年尋ね歩いていた。どうしてこんな深山の奥の岩穴などに来て住まっていてアと言って嘆くと、娘は私は鬼に攫《さら》われて来ていると言う。岩窟の中に入ってみると立派な座敷があり一人の綺麗な男の子が居た。この子は誰の子だと言うと、娘はこれは私の子で名前は小綱と言うが、この子が成人して歩くことが出来るようになったら私はここを遁げ出そうと毎日々々考えている。八月の十五日の満月の夜になったら蒿雀《あおじこ》の仕度《したく》で里辺の方へ逃げて還るべかと思っていると言って嘆いた。小綱小綱この人はお前の祖父様だからお父が帰って来ても人間がここに来たことを言うてはならぬぞよと言うと、小綱は俺は決して言わぬぞと言う。そして祖父をば室《へや》の隅《すまこ》の櫃《ひつ》の中に匿《かく》しておいた。

そこに岩窟の主の鬼がどかりと帰って来た。今日はあまり寒いので別段よいこともなかった。何より早く火を燃やせと言って、炉辺《ひぼと》にうんと薪や柴をくべて火をどんがどんがと焚いて踏張《ふんば》跨《たか》ってあたって、家の中をあっちこっちと見廻した。そして鼻をフンめかしながら何だか人間の臭いがすると言ってすぐに立ち上がって裏処に行って見てから戻って来て、ここに人間が一人来ている。乱菊の花が一輪咲き増しているから匿《かく》しても分かると言って怒鳴った。女は今迄お前には話さなかったが実は三月ほど前から私の腹に子供が宿っていると言うと、初めて鬼は打ち解けてひどく喜んだ。

その翌日になって鬼の外に出た後で、三人はこの分ではとても十五日の夜迄待たれぬから一日も早くここを逃げ出そう。それにはどうしたらよかろうと相談すると、小綱はよいよい俺は工夫をすると言って、岩窟の中の所々に糞をたれて、しまいには屋根の上まで登ってたれて、この糞、性あらば父親《とと》が小綱小綱と呼んだらば、はいと返辞をしろ、小綱小綱と呼んだらば、はいと返辞をしろと言い含めておいて、それから三人連れでその岩窟を逃げ出した。そして山を歩いていてははかどらぬから海の方から逃げようとて渚辺に出てそこに繋いでおいた船を解いて乗って沖の方へ漕いで出た。

その後に鬼は帰って来て、小綱よ妻よと呼べども返辞がないから内に入って妻よ小綱よ早く飯を出せと言うと、岩窟の中の方々ではいはいと言う声がする。行ってみると誰も居なかった。小綱小綱どこに居た。早く出て来て顔見せろと言って鬼は岩窟の中を残る隈なく尋ね歩いて、しまいには声のする屋根にまで登って行ってみたが小綱は居ずに小綱のひった糞ばかりある。返辞するのはこの糞じゃないか、これは妻子の者が逃げたのだと気がついて鬼は海の渚へ駈けつけてみると、もう三人の乗った船は遥か沖合の方に見えている。鬼は地駄太踏んですぐさま岩窟に走《は》せ帰り寄せ貝をぼほぼほと吹き鳴らすと、あたり近所の多勢の鬼どもが、それ頭《かしら》の所に何事か出来たと寄り集まって来た。鬼の頭はそれらの鬼どもを引き連れて渚に駈け付けて皆一勢に四つ這いにさせて海の水をがッわがッわと吸わせると、親子の乗った船が沖合から引き戻されてしまった。そして既にすかゝ（渚）に船が引き着けられるようになった時、小綱はやにわに母親の尻を捲くって朱塗りの篦《へら》で小叩きすると、それを見て鬼どもは一度に吹き出してしまってどっと海の水を吐き戻して、一勢に笑いながら家に帰った。そのお蔭で船は無事に親子の故郷に帰ることが出来た。

その里で小綱は成人した。大きくなるに従って人間を食いたくなってとても堪《たま》らなくなった。或る日爺那爺那俺はどうしても人間を食いたくなって堪らぬから一層のこと俺を殺してくれぬかと言った。祖父はそれを聴いてひどく嘆き、孫々いかにお前が鬼の子なればとて実際の吾が孫であってみれば殺せないと言うと、小綱はそれでは仕方無いから俺は自分で死ぬと言って、山に行って木柴を多く採ってそれを積んで小舎を造り、その中に自分が入って火を点《つ》けて自ら焼け死んでしまった。そしてその焼け灰が風に吹き飛んで虻蚊《あぶか》になって自由に人間の生血を吸うようになった。

三九番　葦子《あしこ》萱子《かやこ》譚の後段

葦子《あしこ》の先腹の娘、萱子《かやこ》は今の女房の子、父は旅に出て留守のところを見計らって継母は葦子を亡きものにしようと、種々な悪い企てをしたあげく、同類の多勢の荒くれ男を頼んで、石の唐櫃《かると》に入れた姉の葦子を、奥山に担《かつ》いで行って土を掘って埋めて来た。それを姉思いの萱子が姉《あねこ》助けに奥山に尋ねて行った。（ここまではこの譚の類話の米福糠福や糠穂と朱皿譚と同様である。）

それから萱子は、姉と別れる時、石の唐櫃《かると》に入れてやった笹糸をたよりに、姉の在処《ありか》を尋ねて奥山奥山と歩いて行った。家を出る時、母親からおら今日山さ三葉《みつば》を掘りに行って来るからと言って貰って来た炒米(1)を口に入れて噛み噛み行ったが、いくら行っても笹糸が長く長く続いて尽きなかった。やがて笹糸が尽きたからその辺を見ると、新しく土を掘り返したような処があった。あッここだと思って、持って来た木割で土を掘り掘り、姉こやい姉こやいと叫ぶと、初めのうちは少しも返辞が無かったが、段々と幽《かす》かな返辞が聴こえて来た。萱子はあれあれ姉はまだ生きていると思って、土に口を押し付けて、姉やい姉やいと叫びながら掘ってゆくととうとう石の唐櫃に掘り当てた。そして錠を木割で叩き壊して姉を中から出してみると、始終泣いてばかりいたものだから眼が泣きつぶれて盲となっていた。萱子は悲しくて悲しくて抱きついて泣くと、萱子の左の目の涙が姉の左の眼に、右の眼の涙が右の目に入ると、姉の目はぱっちりと開いた。そして妹やい、萱子であったかと一時《いつとき》泣いていたが、いつまでもこうしているところでもないから、さあこれから家に帰りましょうと言うと、葦子はおらは家さば厭《や》んだと言った。そだらおれも家さば帰らないから二人でどこか知らぬ国へでも行くべと萱子も言って、沢水の流れ下りるのに従って谷を下りて来た。そうすると村屋に出た。姉妹は路傍の石に腰を掛けて憩《やす》んでいると、それを一人の爺様が通った。姉妹を見て、お前だちは見れば見るほど美しい娘達だが、どこから来てどこへ行くと言われて、姉妹は悲しくなって、私だちは流れ水のような身の上の者どもだもの。花見心に山に迷うてこの里まで来た者だものと言うたが、妹は否々《いやいや》爺様私たちはこういう身の上だと真実の事を物語った。それを聴いて爺様は、それはさてもさても情無い身の上だ。それでは俺はよい所に世話をするから一緒に来うと言って、山に行くのを止めて、姉妹を連れて村屋一の長者の館《やかた》に行った。そこの長者の館に姉妹は奉公をすることに爺様にしてもらった。そしてその長者の館では姉妹の技倆気兼に感心して、ついに息子兄弟の嫁子にした。

それから七年目の或る日のこと、長者どんの館の表の門に、一人の汚い乞食爺様がカンカンと鉦《かね》を叩いて立った。その唄う文句をよく聴けば、葦子萱子があるならば、何しにこの鉦叩くべやいと言うのであった。盆に施しの米を載せて出た主婦様《かかさま》が、その唱うる文句に不審を起こして、これこれ葦子萱子、今門立《かどだ》ちした乞食爺様が、葦子萱子があるならば、何しにこの鉦叩くべやいと言ったが、もしやお前達の父親《とと》ではなかべか、早く追いかけて行ってみろと言いつけた。姉妹は乞食爺様のあとを追いかけて行ってみると、姿こそは変わり果てたが、間違いもない自分達の父親だから二人は爺様の両手に縋《しが》みついて泣き沈んだ。爺様は葦子萱子の二人の娘ども居なくなってから継母も急病で死んでしまったし、娘ども恋しさにそれからそれと永い旅路を重ねているうちに、あんまり泣いたものだから眼を泣きつぶしてしまって盲となっていた。それで葦子やい萱子やいたった一目でよいからお前だちの顔を見たいじゃやい、娘の顔を見たいじゃやいと泣いた。すると姉の泣く涙が爺様の左の目に、妹の泣く涙が爺様の右の目に入ると爺様の目が開いた。ああ嬉しいじぇ、嬉しいじぇと親子三人は互いに抱き合って泣いていた。そこに姑殿が来て爺様を連れて館に帰った。父子三人はその長者どんの館に一生楽しく暮した。

註記

（1）炒米《いり》は種籾を水につけたものを炒った米である。この話及び第四〇番話は古屋敷庄治君より聴く。

四〇番　桶屋の昇天

或る処に桶屋があった。大きな酒桶《さかこが》を結《ゆわ》っていたが、ひどく無理に箍《たが》をかけると、箍は弾《はじ》けて、そのはずみに吹き飛ばされて天の上に往って雷様の屋敷にまぐれ込んでしまった。雷様は驚いて、見たこともない人だがどこから来たと言った。桶屋は日本から来たと言った。それはちょうどよいところに来てくれた。実はこれから雨撒《ま》きに出かけるところだが、水袋持ちが無くて困っていたった。どうだいお前手伝ってくれぬかと言われて、桶屋ははい手伝いますべえと請け合った。それでアというので仕度《したく》をして、雷様は八つ太鼓を叩き鳴らし、桶屋は水袋をもって下界にざあッざあッとにわか雨を降らせながら雲に乗って天上を飛び廻った。さあ下界では大騒ぎで、干物《ほしもの》を搔きさらう婆様もあれば、田の畔が落ちるって走《は》せ歩く百姓どもなど手に取るように見えた。あまりの面白さに図に乗って夢中になって駈け廻っているうちに、雲の隙間から足を踏みはずして、思わずどンと下界に落ちてしまった。

天から落ちた桶屋は或る大寺の境内の大木の梢端《しんぱこ》に来て引っ懸かった。なぼしても下りられないから、助けてけろ、助けてけろと叫ぶと、お寺の中から和尚様が出はって来て、大木の梢端《しんぱこ》の方を眺めてみた。じぇじぇ皆出て見ろ、先刻の雷様で人間が天から降ったと言うと、小僧どもやあたり近所の人々が多勢ぞろぞろと寄り集まって来て、その大木の周囲《ぐるり》を取り巻いて大騒ぎになった。木の上では助けてけろ、助けてけろと呼ぶから、下の人にはそれア何がよかべと言い合って、綱を持ち出して投げ上げてみたがどうしても届かなかった。それでアこれやよかべと言って、寺から大きな四幅風呂敷を持ち出して、風呂敷の端々《はしはし》を多勢で持ってピンと引っ張っていて、それそれ木の梢端《しんぱこ》にいる人やこれさ落ちて来うと呼ぶと、そんだらと思って桶屋はそれにどンと落ちて来た。ところが落ち来た勢いで風呂敷がしわんで多勢の人達の額《でんび》がカチンと鉢合わさった。するとそこからピカッと火が出て、その大木に燃え移って、その木が火になった。だからそれは今の檜だったろうという話。

四一番　人喰い花嫁

或る裕福な家に一人娘があった。婿を取ったがその婿は二夜と居ることが無かった。その事で両親はひどく心配していた。それで工夫にはばけたあげく、門前に、どこの誰でもよいからこの家の婿になりたい者は来て婿になれという高札を建てた。或る所のならず者があってその高札の文句を見てその家に行った。門前に立ったる高札の表について来た者だと言うと、まずまずと言って娘を出した。娘を見ると目の醒めるような美しい女ではあるし、家はよし大喜びで婿入りの御祝儀を済ました。そのうち夜になった。花嫁は婿殿の手を取って床に入ったが、婿ばかり寝させて、私は少し後から寝ますからと言って、座敷の片隅の机の前に坐って何かの書物を一生懸命に読み始めた。人ばかり独り寝せておいて何たらことする女子《おなご》だべと思って婿はちらりちらりと娘の方ばかり見ていた。娘は夜半頃になるまでそうしていたが、誰も彼もみな寝静まった刻限になると、初めて婿の方をちらりと振り返って視て、立って来てそっと寝息をうかごうた。婿は狸寝入りをしてみせた。すると娘は美しい顔でにッこりと笑って、よく眠ったなと言ってまた元の机の前に戻って行った。そして片膝立てて畳一枚をめくって床板を放して床下から何だか得体の分からない箱を取り出した。婿ははて不思議な女もあればあるものだ、あれは何の箱だろうと思って、寝息を殺してよくよく気をつけて見ていると、娘は静かに四辺《あたり》を見廻していたが、誰も見ている者がないと分かると、そろそろとその箱の蓋を押し開けて、中から二歳ばかりの嬰児の屍をつかみ出して机の上に乗せ、傍《わき》の庖丁を執ってその児の片腕を切って、さもさも甘そうにたりにたりと食い始めた。

婿は驚いて思わず起き上がって外に出たが、思案して否《いや》待てこの事を姑舅に話してからのことにしようと覚悟をきめてまた室《へや》の中に戻った。ところが女は少しも騒がずその児どもを食っていた。そしてお前様はお寝《やす》みになったらよいじゃないかと静かに言った。そこで婿はこれお前は鬼神魔神の物であるか、なじょして人間を喰うと言って肱《ひじ》をおさえると、女は私は何で鬼神魔神のものであるべ。お前さんもこれを食ってみろと言って、庖丁に片手を切って突っかけて男の口元に差し出した。男はその手を取って揉《ね》じ伏せて、これ両親様早く起きてけろと言った。その時女は男の手から振り放れて、いやこれこれ静かにして下さい。お前さんは真実の男である。今迄来る男も来る男も私がこの菓子を喰うのを見ると、その夜のうちに逃げ還ったが、お前ばかりは一旦外に出たけれどもまた戻って来てこの私を捕えてくれた。お前の勇気《じく》も度胸も初めて分かった。これは餅でこしらえた物である。お前さんだらこの家の婿にしても不足は無かろうとて、始めて婚礼の床入りをした。

四二番　継娘茶椀子

父母《ととがが》があって娘が生まれて茶椀子と名をつけた。そのうちに母親は死んだので、後妻を貰った。後妻は初めのうちは茶椀子によく手当てをして育てていたが、九つになった時自分も懐妊した。自分が生む子は男の子か女の子か分からないけれども、どっちにしても先腹の子の茶椀子があってはこの家の後継《あととり》にはなられない。生まれてしまってからでは世間でどうのこうのと言うだろうから、生まれぬうちに殺してしまおうと思って、これこれ茶椀子や今日は味噌豆を煮るから土間《にわ》の据え釜にこれで水を一杯汲んでおけやいと言って、一つの目籠を預けた。茶椀子は目籠をもって川戸に出て、はてはてこの目籠でなぞにして水を汲むべなと泣いていると、川戸のほとりの小屋から婆様が出て来て、茶椀子茶椀子、お前はなにしてそこに泣いておれやと言った。そこで茶椀子はその訳を話すと、老婆はあああ何て話だか、それでは仕方がないからお前の両方の袂《たもと》を水に浸して、それをしぼって釜に入れて一杯にしろと教えた。茶椀子は婆様から教わった通りにして、自分の両方の袂を水に浸しては釜に持って行ってしぼりしぼりしてついに釜に一杯水を汲んだ。継母《がが》な継母《がが》な釜さ水を汲んだますと言うと、継母《がが》はほんだら釜ノ口さ一杯薪を搬《はこ》び入れて火を焚き付けろと言った。茶椀子は釜ノ口一杯薪を搬び入れて火を焚き付けた。釜の湯がぐたぐたと煮え返ったから継母な湯が沸きんしたと言うと、うんとうんとぐたぐたと煮えくり返せと言った。茶椀子はなおも薪をくべて、釜の湯をうんとうんと煮えくり返して、釜の湯がうんとうんと煮えくり返りんしたと言った。すると継母は、それではお前は苧殻《おがら》を一本持って来て釜の上に橋を架けろと言った。茶椀子ははいと言って苧殻を一本持って来て橋を架けると、継母は茶椀子お前はそれを橋だと思うべなと言った。茶椀子はそんな物は橋ではないと思ったけれども、継母の権幕に恐れて、もし橋でないと言ったら叱られると思って、はいと返辞すると、継母はそれが橋だら茶椀子渡れと言った。茶椀子はその苧殻の上に足をかけると折れて倒《さか》さまに釜の熱湯の中に落ち込んでしまった。継母はその上にびんと蓋をしておいた。

茶椀子の父《とと》は駄賃づけであって、その日外から帰って来ると、馬が門口から後退《じさ》りして家に入らなかった。ざいざい今帰ったと言っても、いつも迎えに出る茶椀子も女房も出ぬので、はて不思議なこともあるものだと思って、独りで馬を廏の中に入れようとしても馬がなかなか入らないので、馬の手綱を取って少しおらえて（躊躇して）いると、時でもないに土間《にわ》の据え釜の中から湯気がぼやぼやと立っている。はてなと思って蓋を取ってみると、茶椀子が入れられて煮られてぐれぐれと煮え繰り返っていた。父は驚いて、すぐに釜箸ですくい上げて、ちゃんと俎《まないた》の上に載せて戸棚の中に入れてしまってから、泣きながら走《は》せて代官様に行った。そして代官様代官様どうぞ私の家に来て下さいと言うと、さらば何用だ何用だと言って父と一緒に来ると、父はまず酒を出して代官様にすすめた。代官様は盃を重ねていると、父は戸棚から茶椀子の屍を取り出した。代官様は驚いてあっこれは何だと言うと、父は形を改めて、さて代官様しこれは私の留守の間に女房がこれだけの仕度《したく》をしておきましたゆえしかるべく御法を頼むと言うと、代官様は早く妻女をここに呼ばれ呼ばれと言った。継母はそこに出るとすぐに縄をかけられた。そして連れて行かれて牢屋に入れられた。

それから、二三日経つと、代官様からあたり近所の女房達に薪三本ずつ持って出ろという御布《おふ》令《れ》が出た。何事だろうと云って各々《めいめい》薪三本ずつ持って代官様の門前に行くと、継母は両脚を二疋《ひき》の牛の体に縛り着けられてあって、二疋の牛の間に持ち寄りの薪でどんどん火を焚いて、牛裂きの刑《おしおき》にあって殺された。

四三番　鹿娘の梗概

深山の奥で立派な女房がお産をして女児を生んだが、産後の病気で死ぬことが分かったから、そこを通った鹿の角に嬰児を結び着けて放して自分は死んだ。その鹿が或る山里の爺様婆様の所に行った。爺婆には子供が無かったから拾って育てた。鹿が連れて来たから鹿娘（或いは鹿姫）と名をつけた。鹿娘はひどく美しい娘になった。

その爺様婆様が死んだ後に、鹿娘は里辺に下りて、長者の竈《かまど》の火焚き女になった。その家の和《わ》子《こ》様は鹿娘を見染めて病気になった。その娘に因縁の絡んだ老婆（それは古蛙であったか鹿であったか）が出て来て三つの試みをなし遂げた娘を和子の花嫁にすると病気は直ると言った。試みというのは、一は梅ヶ枝に雀のとまったままで手折りし娘、二は引き綿の上を新しい草履で渡って草履に引き絡めぬ娘、三は水面を渡った娘、この三つである。村々から数多《あまた》の娘達が寄って来たが、誰一人として三つのうち一つも出来る者はなかった。最後に竈の火焚き女の鹿娘はそれを首尾よくなし遂げて、長者の花嫁子となった。

四四番　死衣の片袖

日本の国中の名山をかけたいと志願をした六部があった。越中ノ国の立山に行った時、麓の里の宿屋の主人に、御山の夜山は三年この方山止めになっているから思い止まれと言った。そうは言われたが折角の願《がん》ではるばる来たものだからと言って笈《おいづる》の中から金を五十両取り出し、私の身にもしやの事があったなら何卒《なにとぞ》よろしく頼むといって宿屋の主人に渡し、笈もそこに預けて身軽になって御山に登りかけた。非常に艱難辛苦して真夜半《まよなか》頃あらかた御山の頂上真近かになった頃だと思ったが、あまりに疲れたので路傍の岩蔭に凭《よ》ってしばらく息をついていた。そのうちに山は大荒れに荒れて四辺《あたり》は真っ暗になりもう一足先に踏み出す我慢もなかった。すると山下の方から不思議な風が颯《さつ》と吹き上げて来たと思うと、のちのちと歩く足音がするから、はて今頃何物だろうと気澄《きす》んでいると、下の方から真裸体《まつぱだか》の大男が頭に大釜をかぶって登って来て六部の蹲《うずくま》っている前を通って行った。あなやと思っているとまた今度は大桶を担いだものが通ったり、薪《まき》を背中へ山のように背負ったものが通って行った。やがて御山の頂上には盛んに火が燃え立って、それから大釜の湯が煮えたぎる音がする。その時大きな声で、罪人《つみびと》三源太出ろと呼ぶ声がした。するとうら若い女の声でさもさも哀れな声ではいと謂う返辞がして、たまげた美しい娘が引き摺るような振袖の着物を着、白緒の草履をはいて悄々《しずしず》とやっぱり六部の屈《かが》んでいる前を通って行ったが、頂上に行くと、たちまちその大釜の中に投げ込まれて、熱い苦しいと声の限りに泣き叫んだ。やがてその泣き叫ぶ声も虫の音のように低く微《かす》かになった時、傍《そば》に居た大男どもは又木《まつかき》に突っ掛けて娘の体を釜から上げて土の上に投げ出した。娘はしばらくは身動きも出来なかったが、やっと息を吹き返して静かに立ち上がって着物の袖を搾《しぼ》ったりはだかった裾を引き寄せて湯を搾ったりした。その男どもは娘に向かって、おい娘今夜はこれだけの責め苦だが、明日からは火責めの責苦に遭わすからそう思えと言って、残り火をば蹴散らしてどこへか立ち去った。その有り様を六部はいつ近寄るともなく近寄って見ていたが、今その娘もそこを立ち去ろうとするので、これこれ娘と呼び止めた。娘ははいと言って立ち止まった。六部は娘に、最前の様子はここで残りなく見てしまったが、これには何か仔細があるだろう、差し支えなくば話して聞かせてくれ。すると娘は泣きながら、私はこの御山の麓の町の米屋の娘で、三年前に死んだ者でございます。私の父は三源太と言いますが父の悪業の身代わりに立って世を去ってからは、毎日毎夜のこの責め苦に遭わされるのであります。なんとかあなた様が米屋三源太を尋ねて、私がこういう罪の責め苦に遭っていることを話して下さいと言う。六部はそれを聴いてさてさて世にも不思議な哀れな話である。どんなにかしてお前の責め苦は救いたいが、お前の父御の三源太殿やらが、俺がこうして立山でお前に逢ったと言ったとて、死んだお前のことだから、どうして真実のことに思うべや。それには何か証拠《しるし》になる物でも無いかと言うと、娘はなるほどそうでございます。では私のこの着物の片袖をあげるからこれを証拠に持って行って見せて下さいと、かよわい細い手でそれを揉ぎ取ろうとしたがなかなか取れない。六部様何か刀物をお持ちではないかと言う。六部は袂の中を探して小刀を渡すと、娘はそれで片袖を切って六部に渡し、もはや時刻にもなったから、六部様何卒《なにとぞ》お頼みしますと手を合わせて伏し拝んで、そのまま悄々《しずしず》とどこへか立ち去った。

そのうちにしらしらと夜明けになりかかったから、六部は頂上の祠《ほこら》に参詣をして山を下った。宿屋では人夫を頼んで六部を探しに出かけると折よく途中で出会ったが皆六部の無事なことを不思議がった。宿屋に落ち付くと、主人初め人々にお客人山で何も不思議なことがなかったかと訊かれたので、昨夜の事を話し、米屋三源太の娘がひどい責め苦に遭って難儀をしているが、そのために夜山は荒れることである。その米屋三源太という家を知らぬかと言うと、名前はいかにも聞いて知っているが所はどこだか知らぬと言う。それで六部はその宿屋を立って、米屋三源太の家を尋ねて歩いたが、三日目にようやくその家の在るという町に行き着いて様子を訊くと、三源太の評判のよく無いことは話の外で、五升の米を買えば三升しか無し、売り升は小升を使い買い升は大升を使うという風で、お上から役人が来て調べると如何にもその通りであった。ここに哀れな話はその家に使われている下女のお百で、その時升目の咎をみなぬりつけられて、何も知らぬお百は召し捕らわれて今はお上の牢に入っている。あんな剛慾無道な悪人はどこの世界にも無いもんだなどと悪い噂ばかりである。六部は米屋の店前《みせさき》に行ってみるとなるほど話よりも立派な大きな構えの家である。お頼み申すと言って入って行くと、店前に出た主人三源太は、お前は何しに来たか米をいくら買うかと言う。俺は御覧の通り乞食同様の旅の者、米を買う訳の者ではないが、折入って主人に話したい事があって来たから何卒次の間にでも通してくれ、ゆるゆると話したいと言うと、そんな前口上はどうでもよいが、まずどういう話か。それではこっちに入れと言って、三源太は先に立ち六部も続いて次の座敷に入って行った。それから六部は実はお前の娘は立山の頂上でこれこんな責め苦に遭っている。それもこれも皆お前の剛慾非道義理人情も知らぬ悪業の報いであるから、何とか片時も早く供養して娘の往生を安らかにしてくれと言うと、三源太は火のようになって怒って、これお前はどこの欺《かた》り六部奴《め》だ。偽言《ざれごと》もよい加減にしろと言う。そこで六部は笈の中から娘の死衣の片袖を取り出して、偽言と思わずこれを見ろ、この片袖によもや見覚えが無いとは言われまいと言うと、次の座敷から三源太の女房も駈け入って来て、あやこれは娘に着せてやった振袖の片袖である。ああ娘は毎日毎夜御山でそんな地獄の責め苦に遭っているのか、と言って泣き嘆く。そうなると三源太も娘哀れに泣いても泣いても尽くせないほどであった。

それから三源太は六部と相談して、町中の貧乏で困っている人々には米を施してやり、無実の罪に悩んでいる下女のお百を山と金を積んで罪をあがなって牢屋から出して来る。それから店の裏に千人摂待と書いた高札を立て千人供養ということを始めた。

千人摂待の供養をしはじめてから、ちょうど九百九十九人に施しをして、あと一人で千人目の摂待も済むという時になったが、その日はなかなか人がやって来ないので、三源太夫婦はひどく起縁の少ないのを嘆いて気を揉《も》んでいると、その日もずっと遅くなり、人肌もやっと見えるか見えぬほどの刻限に、一人の汚い乞食爺様が街道を通うた。それを見て三源太夫婦は、あれあれあの爺様を早く呼んで摂待をせと言って、人を出して追いかけらせて強《し》いて家に呼び入れて、私達は死んだ娘の供養のためにかような摂待をしているのだから何卒請けて下さいと言った。乞食爺様はひどく喜んでそれは奇特なことである。しかし俺は御覧の通りの悪病業病に悩んでいる者、お前達の手から直接《じか》に物を受け、お前達の立派な家の敷居を跨《また》ぐことは何とも申し訳が無いと言う。見るといかにも顔はなれ腐れて膿《うみ》がだらだらと流れ出で、目鼻立ちもわからぬような物凄い形相、手足もほとんど不具になるまで病気が進んでいて、側に寄ると魚の腐ったような臭いがした。三源太夫婦はなんのなんの病気は時の魔物、少しもそんなことは遠慮はいらぬから、早く上がって憩《やす》めや飲めや、今夜はどうぞこの家に泊まって下されと下にも置かぬもてなし振りに、乞食爺様も初めて安心して座敷に上がり込みひどく喜んでその夜はその家に泊まった。

ところがその夜爺様はひどく病んで苦しみ廻るので主人夫婦は痛いか痒《かゆ》いか湯よ水よと大騒ぎして手厚い看病を尽くしたが、病いの苦みは少しも落ち着かばこそ、爺様は苦しまぎれに這い出て、もしもし旦那様俺の一生一代のお願いであるが、とてもこの鼻の穴に膿《うみ》が一杯に詰まって今にも息が止まりそうである。なぞにかしてこの鼻の膿汁をもったいないがお口で吸い取って下さいと言う。三源太夫婦もそれには眉を顰《ひそ》めたが、否々《いやいや》娘のための供養だ。これしきの事が出来なくてどうすべえ。よしよし爺様今二人で代わり代わりにその膿汁を吸い出して楽にして上げるからと言って、夫婦は爺様の鼻の膿汁を吸うと、力籠めてのつとめであるから思わずぐっと飲み込んでしまった。その時乞食爺様はああっと言って起き直って、はてはて三源太夫婦よ、よくもこれまでに心を直して下された。お前の娘はお前達の悪業のために今迄毎日毎夜の責め苦に遭っていたのだが、今のお前達の慈悲善心のほどは見届けたによって、娘の身をば今より仏菩薩の身に直し天人界に送り届けよう、何隠そうこう申すこの俺こそは薬師如来ではあるぞよと言ったかと思うと、たちまち体から光明がぴかぴかと輝き出し、よい花《はなこ》のような香《にお》いが四辺《あたり》に放たれたかと思うと、雲を呼んでそれに乗って静々と天上界にお登りになられた。
三源太夫婦及び下女のお百、その他あまたの下女下男の者ども、皆これは夢ではないかと、その場にひれ伏して拝んでいると、天上ににわかに美妙な音楽の音がして、光輝いて飛んで通るものがある。皆の者があれあれと言って仰ぎ見ると、十二菩薩に取りかこまれて現在自分の娘が片袖の無い振袖を着て、下界の我が父母を眺めて通る。三源太夫婦はあれあれ娘よ娘よと泣いてその尊い姿を見送った。その事があってから、米屋長者の三源太は死んだ娘と同じ齢の今年十九の下女のお百に後継をばさせて、自分ら夫婦はさきの六部ともろともに諸国巡礼の門立《かどで》をした。なおまた三年この方毎夜々々の山荒れした立山も、それからは何事もなかった。

二月二十日の聴話。

四五番　和尚と下男（一）

或る山寺に、和尚様に負けぬで何でも知ったか振りする下男があった。或る日和尚様はこの下男に、町へ往って一石六斗の鳥、十里の魚、天目《てんもく》の錦の酒を買って来うと言いつけた。下男はそう言いつけられてさすがに分からぬから、町端《はず》れから店屋を一軒一軒訊き始めた。そんなものはどこにも無かった。しかしそれらの品物を買わずに還ったら今日一日で和尚様に軽蔑されると思って、困って町端れに立って思案をしているとそこに四五人連れの立派な和尚様達が通りかかった。どこへ御座るべと訊くと、今日は在郷に発句会があってそこへ往くのだと言う。その発句会というのはどういうことをやるものだろうと思って下男はその人達の後について行くと、やがて立派な家に着いた。すると内から品《ひん》のよい翁が出て来て、お師匠様達よく御座ってくれた。さあさあ早く中さ入ってございと言う。皆中に入るといろいろな御馳走があってからいよいよその発句会が始まった。下男はそれを見聞きしていたが皆の話の途切れの合い間に、もしもし皆様一石六斗の鳥というものはどんなものでがすと訊いた。すると和尚様達は笑って、それかそれは鳩鳥が二羽さ。そんだら十里の魚とは何のことでがんすべとまた訊くと、なんだそれはゴリカジカの事じゃないか。そんならば天目の錦の酒とはと重ねて聞くと、さてもさてもこの下男は可笑《おか》しい事を訊《たず》ねる男だ。それは瓢簞に入れた濁り酒のことなんだと和尚達はすらすらと訳も無くみな解き聞かせた。下男は喜んでそれらの品物を買い整えて寺に持ち還った。和尚様は内心では驚いたが、それでもうわべでは、ああよく買って来たとていつになくそれらを下男にも御馳走した。

四六番　猫貞

或る所に貞吉という男があった。放蕩の結果《あげく》家を飛び出して仙台の方へ流浪して行って、或る農家に奉公していた。仲々実態《じってい》に働くのでそのうちに主人の贔屓になり二番目娘を妻に貰ったりして随分永い事その家に居たが、こうしていつまで旅の空に居ても始まらぬと思って、擅那から永年の身代金を貰い受けて妻を連れてはるばると久し振りで故郷の吾が家に帰って来た。見ると吾が家はひどく荒れ果てている。そこで四辺《あたり》近所の人達に助けられて軒下の人の背丈に生《は》え伸びている蓬草《よもぎぐさ》を取ったり、家の中に積もっている塵芥《ちりあくた》を掻き濯《さら》ってもらったりして、やっと吾が家に夫婦で落ち着いた。そうしているところに、ざいざいもらいどのが帰ったず話だが居たかやと言って、昔の博奕打ち友達が訪ねて来た。久し振りで会ったので貞吉も酒肴などを取り出して一日一杯話して暮らした。その男もひどく喜んで夜まで話し込んでいたが、貞吉が小金を持ち還った事を聴くと悪心を起こしてつい近所の博奕宿に誘い出した。貞吉も元から好きな道の事ゆえ誘われるままにそれから毎日往ったが、往くたびごとに負けて少しの間に旅の空で永年働いて貯めた小金をみんな取られてしまった。それでも何とかしてその金を取返したいと思って夜昼博奕宿に往ったが金が無いので仲間から始終悪口を言われ通しであった。

　或る夜久し振りで五両勝ったので、早く家に帰って妻を喜ばせようと思って村家の路を急ぎ足に来ると、夜更《ふ》けに或る家で大騒ぎをして物を追い廻す烈しい音がしていた。何事だと思ってちょっと立ち寄って隙見すると、それ戸棚に入った今こそ打ち殺せと言い罵っている。貞吉はたまりかねて中に入って訊くと、何のことでもない虎猫の野良猫退治だと言う。それは可愛想なことだ。どうだその猫を俺に五両で譲ってくれぬかと言うと、その家の人達は喜んで貞吉に五両に売った。貞吉はそれを懐中に入れて家に帰った。そしてざいざい嬶《がが》やい早くこの猫に飯を食わせろ、可愛想にどこ某《それ》の家さ入ったばかりに危く撲殺されるところを五両出して買って来たと言うと、女房も起きて飯を食わせたりした。その虎猫は食うの食うの飯を大食いした。夫婦は笑ってその夜は貞吉は抱いて寝た。虎猫や虎猫や俺が食うにいいうちはお前にも食わせておくからこれから必ず他に行って悪い事などして、殺されるようなことをしてはならぬぞと言いきかせて、背中を撫でて抱いて寝《い》ね寝《い》ねした。

貞吉はその後もいつも負けてまた元のならず者の貞吉になった。毎日の催促に詰めかけられてみな家財道具は取られてしまって雨戸ばかりになった。そこで夫婦は相談していっそのこと妻の里に夜逃げでもしよう。虎や虎やこれまで折角お前を飼ったけれども今お前が聞いている通りの有り様で、お前を棄てねばならぬことになったが、だども決して他に行って悪い事をしてめい(残酷な目)に遭うなよとよくよく言い聴かせて虎猫をば家に置いたまま夫婦は夜逃げをやろうとした。ところがその夜は急に大嵐となって雨戸ちょっと外出することが出来なくなり、この嵐ではとてもどこにも行かれぬと言って夫婦は寝室に入って翌朝までぐっすり寝込んでしまった。

翌朝は嵐が止んでいたが日が高くなっていたのでとても逃げ出すことも出来ず、こう真昼間になっていてはどこにも行かれないが食わないでいる訳にも行かぬがどうしたものかと言うと、女房は俺は二枚着ているから下着を脱いでやるから売って米を買って来てけてがんせと言って下衣を脱いで渡されたから、貞吉はそれを持って行って売って米を買って来て御飯をたいて自分らも食い猫にも食わせた。それからその日も二人寝てしまうとまたとっくりと眠った。そして貞吉は次のような夢を見た。……貞吉殿貞吉殿俺は五両でお前に命を助けられて今日迄も大事に飼われて来たからその御恩返しをしたいと思います。これからも元の仕事をしていてはどうか、私を懐中に入れて連れて行ってくれたら丁半の出目をちゃんと教えてやると言う。貞吉は目を覚ましてみると虎猫は枕元に来て坐っていた。するとそこに朋輩が訪ねて来て、貞吉お前はどうしてこの二三日場所に見えぬ。さあこれからあべと言うて誘う。貞吉は元手が無いと言うと百文貸してくれた。貞吉はそれを元手に猫を懐中に入れて朋輩とかたって往くと、仲間の者らが、おい貞お前は何の事でそんな汚ならしい虎猫などをふところに入れて来たと笑う。貞吉はいい加減に言いまぎらせて勝負にとりかかると虎猫はふところの中に居て丁の起きる時は丁と鳴き半の出る時には半と鳴く。しかしそれは誰にも分からずただ貞吉ばかり聴き分けられる。貞吉は猫に教えられてひどく勝った。それから毎日毎日勝つ。たちまち富貴繁昌になって家も修繕し商業を始めた。子供がなかったから朋輩の家から養子を貰った。そして自分は相変わらず勝負をして歩いてはいつも勝ち続けている。

　ところが家が富み栄えて来たにつれ、また貞吉がおおよそ留守がちなために、貞吉の女房が色男を持った。度重なるに連れて貞吉が邪魔になり二人は相談して貞吉を殺してあとのかぶ（身代）を奪い取ることにきめる。ちょうど村の擅那寺に開けた博奕帰りに、色男は寺の門前の松並木の木蔭に待ち伏せをしていて、夜更《ふ》けて家に帰る貞吉を殺そうとする。貞吉はいつものように懐中の虎猫に話をしながら来るのを、色男は不意に背後《うしろ》から斬りかけてただ一討ちに斬殺してしまう。そして貞吉の金を奪い取ろうとする色男の頸筋に、貞吉のふところに居た虎猫がいきなり飛び付いてまんまと仇を嚙み殺してしまって、それから黒風のような勢いで家に走《は》せ帰って雨戸にどんと突き当たった。家には色男を待っていた女房はこれはてっきり男が夫を殺して来たものと思って、ああ早かったなす、首尾よく殺しましたかと言って雨戸を開けると、その戸を開けるか開けない隙に虎猫は飛び込んで女房の頸筋に嚙みついて殺してしまった。それからその虎猫はどこへ行ったか行く末が分からなくなった。

翌日、寺の門前に屍《むくろ》が二つある。貞吉の方は斬傷《きりきず》であるが他は別である。これは貞吉の猫の仕業だろうと判断して貞吉の家に知らすと、女房が出て来ない。出て来ないばかりかこれも咽喉笛《のどぶえ》を嚙み切られて死んでいる。女房どもの方に罪があるということになって家はそのまま養子の者どもに下げられて末代繁昌したが、ついに虎猫の行く末はそれからも分からなかった。

二月二十一日聴話。

四七番　娘の生命《いのち》延ばし

夫婦の者が年取って娘一人を儲けた。娘が十八になる時聟《むこ》を探したが、なかなか近所四辺《あたり》には気に入った若者も無かった。そのうちによい聟もあろうと思って大事にして奥の座敷に娘を置いた。そして父母《ととがが》は毎日畠に出て働いていた。

或る日どこからか老爺の旅の乞食が来て門に立ったので、娘が出て物をやった。すると乞食爺が娘の顔をつくづくと見ていたが、ほッと太息《ためいき》を吐《つ》いて、ああ美しい娘ではあるがいくつになると言うた。娘は十八になると言うと、それではこの八月には親を泣かせねばならぬが痛ましい子だと言うてそこを立ち去った。その話を畠から帰って来た父親が物蔭で聴いていて、気にかかってならぬにより乞食爺様を追いかけて行ってやっと追いついて先刻の話を問い糺《ただ》した。乞食は初めはどうしても言わなかったが強《し》いて問うと、それまでの事なれば言うが実は俺にも一人ある子を亡くして今この身となっているが、御娘は八月の二十四日となれば急病で亡くなると思う。それが不憫で思わず言ったことだと物語る。それを聞いて父親は驚いて、それは大変なことだ。その日をどうかしてのがれる事が出来まいかと訊くと、乞食はされればさ、その日の三日前になったら、白酒三升買って盃三つに何か魚気の無い物をそれに添え、娘に堅く目隠しをさせた上にそれらの品物を持たせて、暁の六つになったら家から東の方へ向かせて歩かせてやれ。そしてどこまでもどこまでも行くと或る物に突き当たりどうしてもそこを通られなくなった時初めて目隠しを取ってみれば、一段高い岩の上に三人の僧侶が座っているからその前に行き、物をも言わずに三人に盃を持たせてすぐさま酒をつぎかけろ。盃に酒が無くなったら後から後からとつぎかけ、そうして酒が無くなった時初めて口を開いて生命《いのち》乞いを致せと教えて、そこを立ち去った。

その日に至り父親は乞食から教わった通りの事を娘にさせた。娘は目隠しをして行って、どうしても向こうに行かれぬ所に突き当たったから目隠しを取って見ると、そこは岩窟の中で一段高い岩の上に緋の法衣《ころも》を着た三人の僧が居た。一人は帳面を持ち上げて読み一人は算盤を弾き一人は物を一生懸命に書いていた。娘はそこに行って物をも言わずに三人の手に盃を持たせて酒をつぎ、飲めばつぎつぎして酒の尽きた時、私は和尚様達に御願い事があってここに来たと言った。何の願い事があって来たと和尚様達は言った。そこで娘は私は今日から三日目には死ぬというからどうぞ助けて下さいと生命《いのち》乞いをすると、はてなこれはならぬ法ながら今お前から何とも無しにこれほどの御馳走になったによって何とか致さなくてはなるまい。今帳面を検《しら》べてみる。と言って一人の僧が帳面を検べると、いかにも三日目には娘の命数が尽きている。一人の僧は娘にお前はいくつになると訊くから、十八になると言うと、それだらそこにちょいと八の字を入筆して、この娘の命数は八十八也としてやると言った。それから帰って実際この娘はそれまで生き延びた。

四八番　見透しの六平

或る処に六平という男があった。この男非常な焼餅屋で、いつでも外から帰って来ると、玄関で、嬶《がが》見透したぞと言う癖があった。そのことがついに評判になって見透しの六平という綽名を取った。とにかくあの六平は何でも見透すそうだということになった。

或る時六平の留守に、失い物をした人が来ていると、やがて外から帰って来た六平が、いつもの癖を出して、おい見透したぞをかけると、依頼人の方ではこれは俺がここに来ているのをそう見透したんだと早合点してまず驚いた。そんな風であまり信頼されるので六平も断る訳にも行かなくなりその人と連れ立って行く。実はこれは殿様の宝物が紛失したのでそれを見透しするためであった。

けれども夫の技倆をよく知っている六平の嬶《かか》はその事をひどく心配して、もうこうなってはとても遁《のが》れる術もあるまいから、とにかくお城に行き、行《ぎょう》をする振りをして逃げて還れ、ともども他国の風を吸うことに腹をきめようと窃《ひそ》かに良人《おっと》に教えて送り出した。六平も青い顔をしてそのつもりで罷《まか》り出た。そして七日七夜の行を申し出て奥の座敷に陣取って時々口から出任せの出鱈《でたら》目《め》呪文などを唱えたりなどしていた。

そんな事をやっているうちに既に三日三夜目の夜半になった。その時だれであるか六平の居る奥の室《へや》の方へ忍び足に来る者の気配がする。折柄六平は家の女房がいかにと考えていたところであったので思わず、見透したぞ！　といつもの癖で吾知らず呶鳴《どな》ると、はッとそこの障子にひれ伏した者がある。そこで六平も驚いていよいよ見透したぞを連呼すると、その者は恐る恐る六平の座敷に滑り入って来た。見るとここの御殿に仕えている女房であって、怖々《こわごわ》六平に言うことには、とても貴方《あなた》の見透しに遭ってはかないません。実はここの宝物の鏡を盗んだのは私である。それをば元々通り元の所に返しておくからどうぞ私の罪をば許して頂きたい。その代わりにこれはほんの少しではあるけれどもと言って小判百両を六平の前に置いた。六平は初めて元気がついて、よしよしお前の申す事は聞き届け難い願いであるけれども、まだ若々しいお前の生命《いのち》を亡くするのも不憫によって、折角の頼みゆえ聞かれぬところを聞いてやろう。その代わりに今夜のうちにその盗んだ鏡を元在った所に持って行って元々通りにしておけと言うと、女房は初めて顔を上げて有り難涙に掻きくれながら、幾度も幾度も六平を伏し拝んで室《へや》を出て行った。

その翌朝になって六平は、殿様にいよいよ盗難物の見透しがつきましたと言った。殿様はそんだらその品物は何で、今どこに在ると言われた。六平はそれは鏡であって殿様が元置かれた所にちゃんとありますと言った。殿様はそれ偽言《ざれごと》だ。昨日までも無かったと言った。いやたしかに今日はありますと六平が言うと、殿様もそんだら行ってみるがもし無かったらお前の生命《いのち》を取るし、またお前の言う通りにあったらお前の望み次第の御褒美を取らすぞと言った。そして行ってみると六平が言う通りに元の所に元の入物にちゃんと入ってあった。そこで六平は望み通りの御褒美を貰って家に還った。それから後は思う処ありと言って、もう見透しの業をばよしてしまった。

古屋敷庄治君談話。

四九番　二人の金毘羅《こんぴら》詣り

昔二人の金毘羅《こんぴら》信者があった。一人は毎年参詣したが、一人は仕事忙《せ》わしさにそうは出来なかった。そこで毎月行く男が誘うて一緒に行った。ところが月参りの者には何事も無かったが遇《たま》に行った男の方に金の緒が引っ掛かった。

その夜二人の男に夢の御告げがあっていうには、一人は毎月参詣はするけれども、それは以前は鳥で社の米を食った心が忘れられなくて来たく思うし、一人は以前は大工であって俺の御堂を建立《こんりゅう》にかかったが、まだ出来上がらない途中で急死してしまい、賃金をも取らずに了《しま》った者ゆえ金の緒を与えたということであった。

五〇番　遊女狐

仙台の中奥の武芸者卯之助という者、山岸の六平という人から妻を貰った。或る時関卯之助舅家へ往く途中広い原に差しかかると一疋《ぴき》の狐が居てしきりにあっちこっちに跳び廻っていた。何をしているのだろうと行ってみると、死馬《そま》の肉を取ろうとしているが仲々それが思うように取れぬので困難しているのであった。卯之助は腰から切刃《きりは》を抜いてその肉をいい塩梅に切り取ってやってそこを通り過ぎて行った。

その帰りにまた原を通ると路の傍《わき》に美しい娘が立っていて、卯之助様卯之助様と声をかけた。誰かと言うと、私は先刻死馬の肉を取ってもらった狐であるが、御蔭で病気の親子を養う事が出来て有り難かった。何か御礼を致したいけれども狐の身であれば何事も出来ませぬが、御覧の通り美しい女に化けているから町に連れて行って遊女にでも売って金を取って下さいと言う。卯之助はそんな心配は無用に致せと言ったけれども、狐が強《し》いてそうしろというので家に連れて還った。その上にも懇々と説き聴かしたけれども狐の娘もなかなか義理堅いので、ついつい卯之助はその娘を町の或る遊女屋に売り渡した。名を八重霞と言って売り出すと、女がよいという評判で大層多くの客来がある。主人は喜んで八重霞を非常に大事にした。或る時八重霞の骨折りを慰《ねぎら》おうと思って、八重霞八重霞店にお前が来てくれたために私の家もこの頃は大層繁昌するようになった。その礼心とでもいうのではないが、何かお前に欲しい物でもないかと訊くと、八重霞はそんだら旦那様、生魚七駄片馬に小豆《あずき》飯を三斗三升三合ほど焚いて下されと言う。旦那は驚いたけれども、自分が言い出した事であって仕方が無いから八重霞の言う通りにすると、女はそれを食う様子が人間らしくなかった。そしてそれを食い終わると食い当たりで死んでしまった。

八重霞が急死したということが遊女屋から知らせがあったので、卯之助は取るものも取らずに町に行くと、途中で狐に逢って、私の屍《むくろ》は女郎屋に置いて来たが、お前が行ったら悲しむ振りをして屍の懐《ふところ》を見ろ、金が多く入ってあるからと言う。卯之助は女郎屋に往くと皆泣いていた。そこで吾が娘に逢わせてくれと言って屍の下を見ると、いかにも多くの金があったからそれを窃《そ》っと自分の懐中に入れて知らぬ振りをしていた。女郎屋の主人は八重霞が死んだ訳をいろいろ言うから、卯之助は屍は自分の家に持ち還って葬礼したいと言うと、否々《いやいや》吾が家に取ってはこの女はためになった女だからこれから出すと主人は言う。結局女郎屋から葬礼を出すことにして入棺したが、納棺の時にも主人は棺の底に多くの金を敷いてその上に屍を入れた。そんな事で無事に葬礼も済んで卯之助は忌明けまでそこに泊まっていた。

或る朝家の人達が起きぬうちに卯之助は八重霞の墓に行って、棺の中に入れた金を取ろうと思って墓をあばいていると、その中にそこに墓詣りの人達が来て、これは卯之助殿何していると言う。卯之助はただ空涙を流して、吾が娘の態を見たいのでこうして掘り返していると言うと、主人初め皆も無理がない無理がない。しかし一旦相が変わって土の中に葬った物だから掘り返してみても元の娘ではないのだからその事ばかりは止めてくれ。その代わり金をやるからあきらめて家に還ってくれと言って、またそこでも主人から多くの金を貰って家に還った。

その途中前の野原でまた狐に逢った。狐の言うことには私をお前の家の氏神にしてくれ、そうしたならよい事を授けると言うので、その狐を氏神にすると家は大層繁昌した。

古屋敷庄治君談話。

五一番　話買い

或る処に夫婦があって一人の老母を持っていたが、家が貧乏でその日その日の生計《くらし》も立たぬ故、夫は町に出て奉公をした。或る処に三年奉公して、三年目に暇を貰うと旦那から多くの金を頂戴した。その金を持って故郷さして還った。

その途中で或る町に通りかかると、話売りの看板が掛かっていた。どんな話を売ってくれるものかと思って入って行くと、一話百両だと言う。そこに入った手前仕方が無いから、稼ぎ貯めた金をふところから百両取り出して話を聴いた。その話は柱無き所に休むなというのであった。ただそれだけであった。

男はその話の高価なのにあまりに簡単な一語なので呆《あき》れたが、どうせこうせもう一つ聴こうと思ってまた百両出すと、今度は愛嬌《あいきょう》（お世辞）よい所に泊まるなと謂うことであった。そこでまた百両出して聴くと今度はならぬ勘忍するが勘忍とたったこれだけであった。男は三年間一生懸命に稼ぎ貯めた三百両をみな出して、たった話三つ聴いたのが何だかつまらないように思われてそこを出た。

広い野原に通りかかった時あまり疲れたので、大きな岩窟の中に入って憩《やす》んだ。その岩窟が実に見事なので見上げているうちに、ふと話売りの、柱無い所に休むなという語を思い出して、これは気をつけた方がよいと思ってそこを立ち去ると、ほとんど半間も歩み去らぬ時地震が揺すって来てその岩窟が壊落《かいらく》した。男は初めてやっぱり彼の話も百両では安かったと思った。

その夜或る所の宿屋に泊まると、ひどく愛嬌（お世辞）がよくて気味悪いほどであった。寝ても何だが落ち着かぬので、うつらうつらしているとふと昼間の話売りの話が思い出された。愛嬌よい所に泊まるなという話であったので、これは油断ならぬと思ってその座敷から出ると、たちまちに釣天窓が堕ちて来た。これだと思ってそこを遁げ出して大急ぎで吾が家に還った。

家に帰って玄関で、俺は今戻った誰も居らぬかと言うても返辞が無かった。母親を呼んでも返辞がなかった。小腹が立って女房の室《へや》に往ってみると、女房は坊子を抱いて寝ていた。そこで腰から脇差を抜いて斬り棄てようと思ったが、否《いや》待てしばしあの話売りが何と言った。ならぬ勘忍するが勘忍と言ったじゃないかと思い返して女房今戻ったぞと静かに言って揺り起こすと、女房は静かに起き出して、実はお母親《ふくろ》様はお前が留守になってからはお前を案じて気が変になって、いつもお前に抱かれて帰ると言う。そこで私は毎日今時分になればこうして抱き寝をしてよく眠らせるのであるが、ちょうどそこにお前が帰って来たので返辞をすれば、お母親様が目を覚ますので黙っていたから許してくれといった。そして夫婦は話売りの話をして三つとも大変安かったといって喜んだ。

五二番　和尚と下男（二）

或る山寺に下男があって利巧者であった。或る時和尚は町に往って、ないだべを買って来いと言いつけた。いつもの利巧振りからその品物がどういう物であるか詳しく訊き返すことも剛腹なので下男ははいはいと言ってそのまま町に往った。そして上町《かみまち》から下町《しもまち》まで一軒一軒に、こちらに何だべがありませぬかと訊き歩いたけれども、そんな物がどこにも無かった。

ところが向こうから千成瓢箪《せんなりふくべ》を葉のある竹に結び着けて持って来た男があった。町の人達はそれを見て、あれあれあんな物を持って来る人がある。あれは何だべと言い囃《はや》した。下男ははああんな物が何だべというものかと思って、それを買って寺に還った。

和尚様もそれを見て、あやあやお前それはなんだべといった。

五三番　狐と小僧

或る山寺に毎夜怪物が来て戸を叩くので、和尚様は怖ろしがって夜になると顫《ふる》えていた。小僧ははて不思議な事もあるものだと思って、或る夜はばかりの窓から覗き見していると、狐が来て戸口にぴったりと密着《くっつ》いて尻っ尾で戸を叩いている。小僧はあれだ、あれの仕業だと思って、窃《そ》っと雪隠《せっちん》から出で静かに戸際に忍び寄って行って、狐の密着《くっつ》いている戸をばいら（いきなり）引き開けた。狐は不意を食らって中に飛び込むと小僧に戸を締められたので遁げ場を失って、本堂の須弥壇《しゅみだん》に上ってお釈迦様になった。

須弥壇の上のお釈迦様の像が二個になって、いずれが真実の仏像だか分からなくなったので、小僧はその前に行ってお経を上げながら、狐々お前がいくら化けても分かる。俺方のお釈迦様だら俺が御経を上げると、ああ大義大義と言うから、と言うて、うんと御経を読むと狐はついつりこまれて、おら小僧大義大義と言った。それっと言って狐は縄でもって縛り上げられた。

五四番　左片目の爺々

或る処に爺婆があった。爺様は右片目《めっこ》であった。その爺様が町へ行ったが帰りが遅くて婆が待ちくたびれていると、婆那婆那俺今還ったぞと言って爺が還って来た。見るとそれが左片目であったので、はあこれは狐だなと婆様は思った。そこで婆は、爺那はまた酔って来たな。爺様はハア酔って来ると、いつもの癖ではあ俵さ入ると言うべなと言うと、爺様はなにゃまた（その通り）と言って俵に入った。婆様はまた、爺那はあその上さ縄をかけろと言うべなと言うと、爺様はなにゃまたと言ってその通りにされた。そこでまた婆様は、今度はまたその上さ挽臼《ひきうす》を載せろと言うべやと言うと爺様はなにゃまたと言うた。そこでまた婆様は、爺様はあ今度は火棚に上げて燻《い》ぶせと言うべなと言うと、爺様はなあにゃまたと言って、火棚に上げられてうんと燻ぶされた。狐はひどく困っていた。婆様はわざと魚などを出してぱんぱん香りをさせて飯を食っていた。そこに本当の右片目の爺様が帰って来た。火棚の上の爺様の方はついに狐汁になった。

五五番　狐と爺様

或る処に町に往くと酔って帰ってはいつも野原で狐に騙される爺様があった。始終なので忌々《いまいま》しくてならず、今日こそは狐などに馬鹿にされるものかと言うて家を出た。とても騙されぬという気になっていつもの原に来ると、急に小便が出たくなって来た。ところが四方の神々達のことを思い出されてまることが出来なかった。仕方が無いから地に突っ伏してしようと思うとまたそこに地神様が居なさると思ったが、もう堪《こら》え切れなくなったのでばじゃばじゃやった。すると実に妙な小袋のような物が小便に浮かんで小流れした。不思議な物だと思って拾ってじょうず（背負袋）に入れて家に持って帰った。家に帰って婆那婆那俺が途中の原で妙な物を拾って来たからじょうずを早く開けてみろと言って、袋の口を開けると中から狐が飛び出して山方に逃げて行った。

古屋敷庄治君談話。

五六番　山鳥爺

或る処の爺様が婆様に、ぜぇぜぇ今日も俺ア山さ行って木伐《ぎ》りしねえばならないから昼飯《ひり》をこさいてけろざいと、そう言って、婆様に握り飯をこしらえてもらって、それを編袋《あんぶくろ》に入れて持って行って、傍《そば》の木の枝に掛けておいてガキンガキンと木伐りをしていた。するとそこに一羽の山鳥が出て来て、その握り飯をはっぱり食ってしまった。爺様はゴセを焼いて（腹を立てて）なんたらほに、いけ人を馬鹿にする山鳥だべと言って、捕《おさ》えて炙《あぶ》って食ってしまった。ところが少し経つと腹が痛くなって、爺様の脇腹に山鳥の脚が一本突ン出《では》った。爺様は魂消《たまげ》てその脚を抜くべいと思って引っ張ると腹の中の山鳥が、

ピピンぴよ鳥、五葉のおん宝、

ぴョンぴョン

と鳴いた。それからは爺様は町に出て行って、人足の繁い札場に立って、腹の中の山鳥に、ピピンぴよ鳥の唄を歌わせて大儲けをした。

古屋敷万十郎氏談。後にもこの人の譚三四出るからここに紹介をしておく。やっぱり村の百姓で前の庄治君の伯父に当たる人、四十五六歳。

この話の山鳥のところを、山鳥が木の枝につるしておいた爺様の握り飯を食って、ごろごろ転がっているのを、爺様はあまり腹が空《へ》ったから、ペロリと生《なま》呑みにしたところが……という風にも話した。（二月二十二日蒐集の分）

五七番　継子の出世

或る処の夫婦に男の子があったが、その子が五六歳になる時母は死に、間もなく継母が来てその女にもまた男の子が生まれた。継母は自分の子が成長するに連れて先腹の子が邪魔になり何彼《か》

につけて酷く折檻した。けれどもその子は母親の臨終に、後の母親に決して悪いつとめをしてはならぬ、必ずよき人に成って給《た》もれと遺言されてあったから、継母からどんなに辛く当たられても少しもさからわず孝行を尽くしていた。継母はどうかしてその子を殺したいと思うけれどもあまり従順《すなお》で、よい機会《とき》もなかったから工夫にはばけて、或る日、ざいざい今日は天気もよいから井戸がえ（井戸浚《さら》い）をすべえ。お前は中さ入って水汲み上げろやいと言いつけた。

その子は隣家の爺様のところに行って、俺家では今日は井戸がえで俺が中さ入って水汲み上げると言うと、爺様はまだこの春寒むにそれは奇態なことだ、井戸がえは夏の日中にこそするものだ。それでは継母は今日こそお前を殺す気かもしれないからよいよい俺がよい工夫をしてやると言って、銭を百文その子に与え、さてさてそうしてお前は井戸の中さ入っていて釣瓶の中さこの銭を一文ずつ入れて継母に引き上げさせろと言って教えた。その子は井戸の中に入って水をあらかた汲み浚《さら》った時、あやおが（母親）ここに銭があると言って釣瓶の中に銭を入れて、おが早く引き上げろと言った。継母は釣瓶を引き上げると銭が入っているので、まだ中にあるかと言うと、下の子供はまだまだ底の方にずっぱり（多く）あると言った。そして釣瓶に一文二文と銭を入れて上げると継母はひどく喜んで、銭の方にばかり気を取られて継子を殺すのば忘れていた。そのうちに隣家の爺様は横脇から穴を掘って行って、さあさあお前はそうしていりゃ今に殺されるから早くこの穴から逃げろと言って、その子をくけ穴から自分の家に連れて来て匿《かく》した。継母は上から、さあさあまっとまっとずっぱり銭《ぜにこ》を拾ってこれに入れて寄こせと言って釣瓶の縄をだぶだぶと揺すぶり叩いて引っ張り上げても、もう釣瓶に銭が入って来なくなったから急に思いついて、上から大石を落としてやった。それからなおその上にどしどし土や石塊を落として井戸を埋めて、偽《うそ》泣きをして、俺家の総領が井戸に入って死んだと言って村中を泣き歩いた。そしてその子はもう死んだものとばかり思っていた。

けれどもその子は隣家の爺様に助けられて知らない間に隣家から旅出《たびだち》をした。爺様はお前にこの村にいては生命《いのち》が危いからこれから都にでも上って出世しろと言って銭をくれて旅出をさせたのであった。その子は都に出て或る店に奉公した。ひどく辛抱して夜になるといつも学問をして偉え学者になった。そのうちに或る貴人に見出されて役人になった。それから上り上りして立派なお侍様になった。

そういう風に立派な人になったので子供の時助けられた故郷の隣家の爺様のことを思い出して、爺様の生きているうちに礼を致したいと思って、御供や家来を多く連れて故郷へ帰った。そして隣家の爺様はその頃ひどく老人になってその上大層貧乏でいた。爺様々々俺は昔の隣家の継子である。井戸の横穴から爺様に助け出されたあの子であると名乗って多くのお金を与えると、爺様はおいおいと泣いて喜んだ。それからお侍様は家来に、これこれ隣の家は俺の継母や弟の居る家だによって行って様子を見て来いと言いつけてやると、家来はすぐ行って見て来て、隣の家はひどい貧乏暮らしであると言った。侍はああそうか彼の継母にへだてられた事は限り無いけれども、父上や弟がいればやっぱり見棄てられないと言うて百両の金を使者に遣った。父親や弟は知らぬ人からこんな大金を貰っては申し訳が無いと言って親子三人でお侍様のところに御礼に行った。行ってみると昔の家の子であったのでみんなは驚いてしまった。継母は自分の罪を言い並べて、俺が悪心が恐ろしいぞえ、どうか殺してくれろと言って侍の前にひれ伏すと、侍は継母の頭の上にまた百両そっと載せた。そして世間に親孝行の名を挙げたということである。

五八番　瓢箪の光物

或る処に間に合わぬ爺様があった。山を切り拓いて焼畠《やきはた》を蒔《ま》くと猪や鹿が来てたかった。そこで毎夜鹿小屋に行ってシシ追《ぼ》いをしていた。或る夜のこと向こう山で何だかひどく騒ぐ音がした。爺様はあれは何だか知らないが何でもいいと思って合《あ》いを取ると、向こうでも返辞をする。また向こうからしきりとほいほいと呼ぶから、爺様もあい何したと返辞をすると、向こうでは先よりも繁くはいほうはいほうと騒ぐから、小屋の隙間から見ると、向かい山の峰に美しい姉妹が立って両脇に美しい瓢箪を抱いていた。その瓢箪が光り輝いてあたりが明るくなっている。その姉様が爺様々々と呼ぶから爺様はおうおう姉様来たから来うと呼ぶと、はったりその騒ぎが音を静めた。するとその姉様が向こうから、

おひょうらんこ、ひょうらんこ、
おひょらひょんの、ひょうらんこ、
猪《しし》ッぽいの爺様さ行ってぱッぱされたい、
行ってぱッぱされたい……。

と言う。爺様は可笑《おか》しがって、そんだら早く来ておんぶされいいと言うと、その姉様と瓢箪が飛ん

で来て爺様の背中におぶさった。と思ったところがそのまま姉様も瓢簞も消えた。爺様の背中には黄金の塊りが乗ってあった。爺様は長者になった。

辷石治三郎爺様の話。二月二十三日蒐集の分。

五九番　奈良ノ梨

或る所に夫婦かまどで男の子二人ある者があった。母は懐妊して既に臨月に近づいて、なら梨を食べたいと言った。父はそれを採りに山へ往った。行くが行くと深い山中に入って往くと或る岩の上に婆様が坐っていて、なんたら父《とと》はどこさ往けやと言う。俺はなら梨を採りに来たがどこにあるものだが分からないと言うと、婆様はそれはこの奥にあることはあるが、採りに行った者がこれまで二度と還ったためしが無いから止めろと言った。父はいやいや往って見べえと言う。婆様はそんだら仕方がないから大道切《だいどうき》れて細路になったら青笹三本立っていて、それが往けやがさがさ、往けやがさがさといったら前《さき》に往くべし、戻れやがさがさと鳴ったら後《あと》に戻れ。なおそれでもそこを通うて往けば大木の枝に美しい瓢簞《ふくべ》が下がっていて、それが往ってもよいば、行けやからから、往って悪いば、戻れやからからと鳴るから必ずその通りにしろと言った。父が往くといかにも婆様の言う通りで、大道切れて細路の所に青笹が三本立っていて、それが風に揺れて、戻れやがさがさ戻れやがさがさと鳴った。それでも進んで行くと、今度は細路に差し出た大木の枝に美しい瓢簞が下がっていて、それが戻れやからから戻れやからからと鳴った。それでも父は進んで行くと、深い沢があって、その奥に大きな沼があって、そのほとりに尋ねる梨の実がなっていた。喜んでその梨の実を取ろうとすると、姿が沼の水に映ったので中から主が出て来て父を生呑《なま》みにしてしまった。

家では父が今日戻るか明日戻るかと思って待っておれども、さて帰らぬから、大きい息子がまたなら梨を探しに山に往った。深山に分け入ると父の時のように大岩の上に婆様が坐っていて、笹や瓢簞の話をした。息子が往くと青笹が三本で、やっぱり戻れやがさがさ、戻れやがさがさと鳴ったけれどもそこを通り抜けて往くと、今度は路に差し出た大木の枝から瓢簞が下がっていて、それも戻れやからから戻れやからからと鳴った。それでもそこを通り抜けて往くと深沢の奥に大きな沼があって沼のほとりにその梨の木があって実がなっていたから、その枝をひったためて取ろうとすると、姿が沼の水に映ったから、沼から主が出て来てやっぱりこの息子も一呑みに呑んでしまった。

家では父も帰ってこないし、また息子も帰って来ないものだから、弟息子がまた同じように山に往った。そうすると前と同じように大岩の上に婆様が坐っていて、父や兄に言ったような事を言った。そしてもしも怪《あや》しい物でも出たらばこれで斬れと言って一丁の切刃をくれた。息子は婆様から切刃を貰ってずんずん行くと、大道が切れて細路になる所に婆様の言った通り青笹が三本立っていて、それが風に吹かれて、往けやがさがさ往けやがさがさと鳴った。息子はこれだと思ってそこを通り抜けて行くと、今度は細路の上に差しかかった大木の枝から下がった瓢簞が、往けやからから往けやからからと鳴った。そこを通り抜けて行くと深い沢があって、沢水の流れて来る処にさっぱりした川戸《かどこ》があって、そのほとりに朱《あか》い膳が一人前に朱い椀が三つ、どどめきに浮かんだり沈んだりして踊りこを踊っていた。息子はその朱膳朱椀を拾い上げて持って往くと、たけた山だと思って眺めて往くうちに沢の奥に大きな沼があって、その沼のほとりに探ねるなら梨の木が見えていた。そこに行って梨の木の枝を引ッためて梨の実を取っていると、沼から大蛇が現われて息子を一呑みにしようとした。息子はこの物こそ父や兄の仇だと、乗り上がって来たのを待ちすかしていて、あんぐりと開けて来る大口に突然《いきなり》切刃を突き通した。すると大蛇は倒れたから腹を割ってみると兄がいた。あと割ってみると父親がいるが、もう半分ほど腐れていた。それで先刻見付けた大椀に水を汲んで来て父の体を洗い、小椀の方の水では口を洗って水を呑ませながら、父親《とと》々々と耳に口を押し着けて呼ぶと父親はやっと蘇生《よみがえ》った。今度は中椀に水を汲んで来て兄の体を洗い、小椀の水を呑ませながら、兄々と耳に口を押し着けて呼ぶと兄もぱっちりと眼を開いた。それから父子三人で朱膳の上になら梨を採り盛って喜んで家に持ち還った。母親《あっぱ》々々お前の望みのなら梨を採って来たから食べろと言って、父子三人玄関から入ると、母親はひどく喜んでその梨を食べるとすぐにまめしくなった（産をした）。そして親子は大変な祝い事をした。その流れて来た朱膳朱椀はその家の氏神様であった。

六〇番　南瓜《かぼちゃ》の始まり

或る船宿があってその家に美しい三毛猫があった。この家は船宿のことであるから毎日多勢の人達が泊まるが、嫁子が根性が悪くて客前の珍らしい魚などをかこっておくと、いつの間にか盗み食いしてならなかった。事々に手筈を欠くことばかりで、それで嫁子を二三人取り替えたが、取る嫁も取る嫁も同様な真似ばかりして困っていた。

或る時大きな船が着いて、船頭が来たので色々な御馳走をした。船頭はあまり御馳走を食い過ぎたので夜半にコウカに起きると、台所の方に何だか凄まじい物音がしたから物の隙間から覗いてみた。すると二歳駒のように大きな三毛猫が戸棚の戸を開けて魚鉢に顔を突っ込んでむしゃむしゃと魚を食っていた。嫁子の事はあれだなと思って見ているうちに、猫は魚を食い終わって炉傍に来て坐ったのを見れば、これはいつもの猫の形である。船頭はそのまま何知らぬ振りをして自分の座敷に帰って寝た。

翌朝になると船頭の座敷に船宿の主人が来たが、常に主人が猫を可愛がっているものだから主人について来てその傍《そば》に坐っていた。それを見て船頭は、昨夜《ゆうべ》この猫は、と言いかけると、猫はいきなり船頭の咽喉笛《のどぶえ》目がけて飛びついた。けれども主人始めその座に居た多勢の人達に取りおさえられて皆に撲殺された。それから船頭は昨夜の猫の仕業を悉皆《しつかい》話し、此家《こちら》では今迄嫁子が悪い嫁子が悪いとばかり思っていたのでみなこの猫のしわざであると話したところが皆驚いて、そんな魔物は早く棄てろと言って、その猫の屍《むくろ》は裏の竹籔の中に深く埋めた。そしてその船頭が船を出そうとするといつも大荒れに荒れていつまでもいつまでも船出がかなわなかった。えらい難儀をした。

その翌年の八月、またその船頭の船がその港に着き、皆がその船宿に泊まった。すると宿の主人は裏の竹籔に何草だか生えてそれに大きな甘そうな実がなったが、お客様達はどこかの国で見たことがないかと訊いた。船頭が行って見ると、どこの国でも見た事のない不思議な実であったから、怪訝《けげん》に思ってその根を掘り下げてみた。すると去年殺して埋めた三毛猫の口からその草が生えていた。それは今の南瓜《かぼちゃ》である。南瓜は猫の精がなったものだから食《しょく》あたりをするという。それ以前にはこの実のなる草が無かった。

六一番　宝物の旅

或る里の長者の家に幾代となく住まっていた家の宝は、何年居てもこの家には別段楽しみも無いからどこへか往ったらと三人で相談した。しかしどんな風をして国を廻ろうか、まさか乞食の姿にも成りたくないと相談の揚げ句、六部の姿になって諸国を廻った。三人の泊まる所はどこに行っても貧乏な家であったので、泣き言悔み言ばかり聴かされて、やっぱり格別な楽しみもなかった。世の中というものはおおよそ同様なものだと呆《あき》らめをつけてまた元の国に戻って来た。元の故郷《くに》に戻って元の家に来てみると、自分達が居た時とはすっかり様子が変わって、倉小屋も無くなりひどく貧乏になっていた。三人の六部は門《かど》に立って物乞いをすると、白髪だらけの婆様が出て来て、お前様達はどこから来た人達か知らないども、見る通りこの家には上げる物も無い申すと言うと、六部どもは、そんだら何も貰わなくともよいが、吾らは足が疲れ切ってもうこの先一歩《ひとあぐ》も歩けないから、どうか一夜の宿を貸してたもれと言った。婆様はお前様達を泊め申したいことは限りがないし、また昔は泊めることも出来た身上であったが、今ではそれも出来ぬから悪く思わないで他家《ほか》に往って宿を取ってたもれと言っても、六部どもは吾らはどうしても歩けぬから御願いだからと言って三人が揃って玄関から上がった。そして元居た座敷に入ってみると見る影も無く憐れなありさま、夜食前に婆様は火鉢を持って来たが、それを見ると長者の時に使った物の残り品の一つであった。三人はその火鉢にあたり煙草《たばこ》の吸殻でその縁を磨きながらあれやこれやと昔語りをしていると、火鉢はにわかに光り輝く黄金とぞなった。そこに婆様が来たから、どして婆様はこの家にたった一人で居ると言うと、婆様は家の由来を語り出し、元はこの家は近郷きっての長者であったが、今ではこの通り物も無くなりその上に孫子も皆死に絶えてしまい、世に打ち果ててこの有り様になったと言うと、六部どもはそんだらば以前の長者になるには何ほどくらいの金あらば出来るかと言うと、婆様はそれは七億の金もあったらば元くらいの身上にはなれるかもしれぬが今は七百の銭も無いと嘆いた。六部どもは互いに顔を見合わせて、どこに行っても千や二千の望みはするが婆様ほどの望みをする者がない。ああ婆様々々吾々は今はこんな六部の姿ではあるけれども以前《えせん》はこの家に居た宝である。世界を見たくて廻ったが、婆様のような大気な望言を申した人はなかった。よいよいこれからどこにも行かないでこの家に居るから安心をせよ。明朝になったらこの奥の室《ま》の床板を放して下を見ろ、婆様一人の力で出来なかったら四辺《あたり》近所の人達の助けを借りて床板を放してみろと言う。そして今夜は俺達はこのまま寝るからと言って六部どもはそこにごろ寝した。

朝になって婆様は心ばかりの朝飯を仕度《したく》して座敷に持って行くと、六部達はどこに行ったかもうそこには居なかった。そこで婆様は昨夜《ゆうべ》の言葉を思い出して奥の室の床板を放してみようと思ったが、婆様の力では仲々へがれなかったので、近所の人達の助けを借りて板を取ってみると、床下には大きな三個の壺があって、それに黄金がいっぱい詰まって輝いていた。それは三人の六部がそのまま黄金になったのであって、それから婆様は前にもまさる長者となった。

二月二十三日聴話。

六二番　狐の貸金

或る人が遊びに出ると、大川の古い柳の木の下に狐が一疋《ぴき》何かしていた。おかしいと思って見ていると、狐は柳の葉をちぎってそれに水をつけて頭や鼻先や手足に一生懸命に貼り着けた。そして立ち上がって往来に出るのを見ると立派な檀那様になっていた。それは村の庄屋様に化けたのであった。男は何知らぬ顔でこれはこれは檀那様どこへ行きんすと声をかけると、狐は俺か俺はちょっとその辺に用を達しに往くがお前こそどこへ往くかと言った。男は実は檀那様の所に少々御願い事があって今上がるところであるが、俺は博奕に負けて金を取られたから御申し訳が無いが七十両ばかり貸してもらいたいと言うと、狐はお前の日頃の心掛けが良くないが、これから気をつけるなら許して今のところお前の言う金は貸してやろう。しかし手に持っておらぬから、晩に俺が持って往ってやると言った。男は可笑《おか》しくていいんにえ（否え）檀那様に来てもらわなくとも、私の方から御宅まで御伺いしますと言うと、狐は否々《いやいや》俺の方から持って往くから家に居て待っておれと言う。男は心の中でこれは慥《たし》かに狐であっけが、こうしてみると何としても人間の庄屋様であると思って、半ば感心し半ば可笑《おか》しくてその場は右左に別れた。

その男はその夜家に居ると、昼間の化け庄屋様が来た。炉傍に蹲《うずくま》っていた猫が飛び上がって逃げて往った。男は立って檀那様檀那様まず上がれと言っても先では家の中にも入らずに、ただそこに金子七十両を置いた。男はそれでは無調法だどもこれをと言って赤魚二本出すと、何そのような心配をしてくれてはかえって痛み入るが折角だから貰っていく。有り難いと言って魚を下げて出ていく。男は隙間から見ていると門口《かどぐち》を出ると庄屋様は赤魚をむしゃむしゃと食いながら行った。だからこの金も実際は何だろうと思って棚に上げて寝た。

その男は翌朝起きて戸棚の昨夜《ゆうべ》の金を見ると、やっぱり普通《あたりまえ》の本当の金である。ところが隣《となり》では何だか騒いでいるようであるから往って訊くと、昨夜座敷の簞笥に入れて置いた金が無くなった。三百両ある中から七十両盗まれたと言う。誰も来なかったかと訊くと、隣村に嫁《とつ》いでいる娘がちょっと来てその簞笥をあけたようだったと婆様は言った。そこで早速その娘の所に人を遣って連れ寄せて訊くと、私は昨夜などは来ないと言う。そこで男は実は俺は昨夜ひょんな物から金を七十両借りたがそれがここに持っているから返す。きっとお前達で盗られた金だろうと言うて出した。隣家でもその金の訳を聴いていろいろな御礼をした。そして隣同志で両喜びをした。

六三番　和尚と狐

和尚様が檀家から帰って来ると、野中の藪の中に狐が居てひょんな真似をしていたがすぐに美しい姉様になって艶笑《わらい》かかって出て来て、もしもし和尚様しどこさ往って来んしたと科《しな》をして言った。これは狐殿お前の化け方がどうもまだ足らぬ。見え透いてしようがないと和尚が言うと、狐は驚いてどうしてそれが分かりますと言った。和尚様は何俺も実は狐だが、どうだえ俺の化け方はうまいもんだろう。お前のは腰から上はいかにも人間らしいが、下の方はまるで狐だ。それ尻尾が見えるじゃないか、そら耳が出たと言うと、狐は呆《あき》れて本当にそうだかと言う。和尚様は俺が狐風に見えるかと言うと、本当にお前はうまいもんだ。一向狐らしく見えないどころかそれでは全く立派な和尚様だと言ってひどく感心した。和尚様は笑ってお前は何でそんな風に化けるかと訊くと、狐は何私のはさっとした手拭いだが、お前の道具はそんだら何だと言った。和尚様は何俺のもさっとした物さ、これこの頭巾《ずきん》さと言ってかぶっているのを取って見せた。狐はどうだ俺のと交換《とりかえっこ》をせぬかと言う。俺厭だ厭だと和尚様の言うのに、狐はますます和尚様の頭巾を欲しがって、ぜひ交換をせえと言った。そこで和尚様も厭々《いやいや》な風をしながら内心は嬉しくて、狐の化け手拭いと自分の穢い古《ふる》しい頭巾とをやり取りした。そして狐に今迄自分がかぶっていた頭巾をかぶせて、ああああひどく立派だ立派だと言って褒めた。それから狐から取った手拭いを頭にかぶってみると綺麗な姉様になった。狐も和尚様の女振りを褒めてそうして二人は右と左に別れた。

　和尚様はお寺に還っても、その手拭いをふところに入れて知らぬ振りをしていたが、或る日村の若者衆がお寺に寄った時、玄関で和尚様居ましたか和尚様居ましたかと言ってもはっぱり返辞がなかった。可笑《おか》しく思っていると座敷から美しい姉様が出て来て、障子の隙合いから玄関の若者達の方を覗いて見ていた。若者達はそれを見つけて大きに驚いて、お前はどこの姉様だ。見たことのない姉様だが一人居るか、和尚様はどこへ往ったと言うと、姉様は私は一人居ると言った。若者達は喜んで入って行って捕《つか》まえようとすると、姉様はちちと笑って色目を使った。姉様はそんなことをするものだからとうとう本堂で捕まって、抱かれるとただちに和尚様になって大笑いをした。

狐の方は和尚様から貰った頭巾をかぶって町に往くと、あれゃあれゃ狐があんな頭巾をかぶって来たと言って、方々から追い立てられてほうほうの態で山に逃げ還った。そうしてとうとう和尚様に騙されたと思った。

六四番　庄五郎の出世

或る処にならず者の若者があった。近所の長者の一人娘が子供の時から気任せに育てたものだからわがまま者《もの》になって、なかなか親達の言うことを聴かなかった

親達も困り観音様に願掛けをして、何とか良い縁があって早く夫を持たして下さい。あ、い、いいと言って拝んだ。その事を聞いた若者は俺こそ長者どんの聟《むこ》になりたいと思って観音様の御堂の蔭に隠れて待っていた。夜になると長者どんの父《とと》と母《がが》とが来てどうか娘に良縁があるように、あ、い、いあとたいいと拝んだ。その時若者は物蔭から、この村でも数余多《かずあまた》の男はあるなれども、お前達の娘

の聟には大工の庄五郎のほかには無い、彼は今あんなに貧乏ではいるが五六年も添うているうちにきっといい男になる。夢々疑うなと大きな声で言った。長者夫婦はひどく喜んで家に帰った。（そのならず者の若者は大工の庄五郎という男であった。）

長者どんではそれから大工の庄五郎という者を探して娘をくれたいと申し込んだ。庄五郎は二つ返辞で承知した。そして朋輩どもを呼んで俺は今度長者どんの聟になることになったが、何を祝い物にやったものかと相談すると、朋輩どもは裸体《はだか》でも帯というから帯がよかろうということになり、帯一筋にムツ（魚名）二連《れん》を持って行くと、長者どんでは気が利く聟殿だと喜んで、黄道吉日を撰んでいつそれ幾日という日取りをしてその日は帰った。

庄五郎はその日になったから家中を掃除したが何も無いので、親類達も見ぬ振りも出来ずとにかく御飯などの支度《したく》をした。そこにまた博奕打ち仲間が多勢やって来て、考えたあげく、渚傍《しかばた》に往って砂を俵に入れ、船を借りてそれを積み込んで、今聟殿の米船が着いたと騒いで渚辺《しかべ》から聟の家にぞろぞろ担ぎ込む事にした。そして実際その通りにした。そこに嫁子の親船が着いた。さあ嫁子の道具も運ばねばならず、聟の米俵もなかなか多くて、渚辺《しかべ》から聟の家まではまるでお祭りのような騒ぎであった。そのうちに嫁子は家に入って目出たく御祝儀も済んだ。その後、嫁子が里帰りした時、その夜の賑やかな有り様を父母に話すと、父母はよい聟殿だと言って褒めた。そしてその貧乏庄五郎もやっぱり長者になった。

六五番　善平長者

あまり昔の話でもないが今の大槌浜字吉里吉里《きりきり》に近在に名の響いた善平という大長者があった。その長者の寄請した鳥居や石灯籠が今でも方々の神社に残っている。この善平もとはひどく貧乏で、痩牛二疋引《ひき》いて遠野の横田の町（今の遠野町）に魚商をした人であった。それについての話である。

或る時善平はいつものように魚荷をつけた痩牛を二疋引いて遠野へ越して来ると、町近くの八《はち》幡《まん》山から鬼が出て、お前はいつもここを魚をつけて通るがその魚を俺にくれろと言った。善平はいやいや分からぬ、この魚を売って米を買って戻らねばならぬから分からないと言うと、鬼は否《いや》そんだら俺はここを通さぬと言って牛の頭をおさえて放さなかった。善平は仕方ないから牛の背中から鰯一俵下ろしてやると、鬼はすぐむしゃむしゃと食い終わって、また一俵くれろと言う。また一俵下ろしてやるとそれもたちまち食ってしまって、まだまだと言ってついつい二疋分の魚荷をみな食った。なおそれでも足らぬと言いながら今度は二疋の牛の睾丸をもいで取って食った。牛は痛いから死物狂いになって逃げ出したのを善平は後から逐《お》うて逃げて来た。そして本宿の利右衛門どんの家に泊まった。その家では牛どもに手当てをして親切にしてくれた。

けれども善平はどう考えても口惜しくて堪《たま》らないので、翌日その家に怪我牛を預けておいて仇を取りに八幡山に行って鬼の家を探した。日暮れ方になってやっと鬼の家を見付けてそろっと忍び寄って覗いてみると人間の気配も無いから、またそろっと廏桁に上がって隠れていた。すると夕方鬼は外から帰って来て、ああ寒かったと言って炉に木をどんがどんがとくべてあたりながら、今日は猟が無かったから餅でも食べえと言って、餅をうんと出して焼いて、大釜をかけて湯を沸かして、湯餅をこしらえて食った食った。そして餅を食いながらこくりこくりと居眠りを始めた。その時善平は桁に栗俵があったからそれをかりかり食っていると、鬼は聴きつけて、あの鼠の奴俺が折角拾って貯めておいた栗を食うなといって大きな声で怒鳴ったがまたすぐ居眠りをする。

そこでまた善平はいい塩梅の竿を見付けて炉の餅をつき刺して上げて食った。鬼はそんな物音に目を覚まして、あの鼠の畜生栗を食い足りないで人の餅まで盗み食いすると言って、桁に打木を投げ上げたが物蔭の善平には当たらなかった。そうしておいて鬼は夜になったから、さあ寝よう石の唐櫃《かると》にすべえか木の唐櫃にすべえか、ああ今夜は寒いから木の唐櫃にすべえと言って木の唐櫃に入って寝た。それを見ていた善平は桁からそろっと下りてきて唐櫃の蓋をびんと外から鍵をかけておいて、それから腰から切刃を抜いて唐櫃にぎりぎりと穴を切り開けた。唐櫃の中の鬼は恐ろしい鼾音《いびき》で眠っていたが、ふと目を覚まして恐ろしく悪い鼠だと言った。そのうちに炉には大釜かけてどんどん湯を沸かしてその熱湯を唐櫃の中に注ぎ込んだ。鬼は初めのうちは熱湯を鼠の小便だと言っていたが、ついに狂い死にに死んでしまった。こうしてその鬼は殺したがまだあとに居るかと思って待っていたが、いなかったとみえてあとは出て来なかった。

善平はそれから桁にあった栗俵を下ろして浜の方へつけて往った。牛の傷も癒《なお》ったからその牛で四十八駄つけて売った。それで儲けたのがそれほどの長者になる土台となった。もとは牛《うしこ》善平といわれた貧乏人であった。今はその長者の跡形も無く綺麗に瓦解してしまったが、まだ後世《あとせ》のある近代までは本宿の利右衛門どんの家に、正月になれば礼物を納めたものだという。

本宿の利右衛門という家は今でも土淵村でも有数の物持ちで暮らしている。八幡山は今の遠野町から十町ばかり離れた小山である。谷江婆様は山男とは言わずに、どこまでも鬼々と語って聴かせたのであった。

六六番　坪石長者

ヤマガの喜右衛門の先祖は元は馬三疋《びき》で大迫駄賃《おおはさま》をつけた人であった。或る日大迫からの還りに日が暮れて野宿でもせねばならぬと思っていると、或る山合いに大きな構えの家を見付けてそこに往って宿を乞うた。その家はいかにも構えばかりは大きいがひどく古い家で見る蔭もなく荒れ果てていた。婆様が一人居て、喜右衛門を心よく泊めてくれた。それからはその婆様の家を宿として大迫との往還をした。

その家は以前はかなり富貴な暮らしをしていたものと見えて、坪前《つぼまえ》なども荒れてはいるがなかなか広く立派なものであった。或る時喜右衛門はその坪前を眺めていると、いかにも変わった石がある。その話を婆様にすると、婆様は以前は家はよかったけれどもこの風分《ふうぶん》になれば坪石どころの話ではないと言う。喜右衛門はあの石は好ましい恰好をしているいい石だと言うと、婆様はあの石は何代前から伝わった石だか知らないが私らの若い時分までは三つ重なってあった。それがいつの間にか一番上の石が無くなりそれからまた二つ目の石は先年見えなくなった。今はあの石ばかりが残っているがお前が欲しければ持って行ってもよいと言った。喜右衛門は喜んでその石を貰って馬につけて家に持って来た。その石が土台となって長者になったので、後ではその婆様を連れて来て世を送らせた。

ヤマガの喜右衛門という家は今の綾織村で有数の長者である。大迫は稗貫郡《ひえぬき》の町。昔は所々にこの話の中の婆様が住んでいたような大きな構えの家が、知らぬ山合いなどにあったようだ。谷江婆様はそれを何か不思議な意味合いの語句と目色で話したので私は特に注意して聴いた。

六七番　氏神娘

山口の孫左衛門どんが瓦解する近くの頃の話。この家の爺様が町から還って来ると夕方留場の橋の袂《たもと》に美しい娘が三人立って泣いていた。爺様は不審に思ってお前達はどこの娘達だ、そしてこれからどこへ往けやと訊くと、私達は今迄山口の孫左衛門どんに居たが、彼の家にも今に居られなくなるから、これから気仙の稲子沢《いなござわ》の家に往くべと思って出て来たと言った。孫左衛門どんの爺様はこれではア俺家も終わりだなあと思った。

その当時馬舎から下肥を取り出すと、とても夥《おびただ》しい蛇が出て際限がなかった。下男どもはそれをもっこに入れて運んで邸《やしき》の内に捨てた。ところが秋になるとそこら一面に美しい茸《きのこ》が生《は》えた。それを採って食ったので家族が皆死んでしまい、たった一人十三になる女子童《おなごわらし》ばかり他《ほか》に往って遊んでいて、その菌汁を食わないので助かった。
またこういうこともあった。夜になると隣家近所に毎晩この家から喧嘩でもするような物音が聞こえた。不思議に思って往って覗くと何の気振りもなかった。世間ではあれは氏神様と貧乏神との争いだと言った。この家は今では跡形も無くなった。

山口の孫左衛門という家は私の村にあって、私はその家をよく知っている。谷江婆様はこの家には石のオシラサマがあったが今はどこさ往ったかと言っていた。

六八番　笛吹き勘之丞

昔仙台に勘之丞という若者があった。放埒したために親から勘当を被《かぶ》せられて江戸へ出て往った。そして江戸の街々を尺八を吹いて歩いてその日その日の活計《くらし》をたてていた。或る日大きな呉服屋の店頭に立って吹いていた。奥の座敷に居たこの家の一人娘のお銀というのがその笛の音色《ねいろ》を聴いて、さても床《ゆか》しい笛の音《ね》だ。こんな面白い笛の音色もあるものかと思って、奥の座敷から出て紺の暖簾《のれん》の蔭からそろりと覗いて見たが、その娘の美しい顔を勘之丞もまた深編笠の下から覗いて見て、互いに顔を見合わせて、はても世の中にこのような美男があるものか、またこのような美しい女子があるものかと二人は心の奥に深く想い初《そ》めた。その日から勘之丞はどうしてもその娘のことが忘れられぬので、日頃手慣れた笛の歌口《うたぐち》を湿す気にもなれず、もしや娘の姿でも見えはせぬかと思って毎日呉服屋のあたりを歩いていたが、なかなか想う娘の姿も見えぬので、呉服屋の前の独り婆様の家に立ち寄って、私はわがまま者で親に勘当を被せられて国をはるばる出て来たが、今ではその日その日のたつきを立てるにも困る身の上なれば、どこでもよいほどに奉公のお世話を頼みますと言えば、婆様はそれは困ったこと、見ればまだ若い者だが不憫な話である。それではちょうど向かいの呉服屋に先頃私の夫が早助奉公をしていたが、急の病いで亡くなって今日までもその代人が無くて困っているから、お前のことを話してみてもよろしいが、お前にその早助奉公が出来るかと言った。それを聴いて勘之丞はこれを渡しの船と、何で断わる事があるべえ。婆様々々私は早助奉公かかった何でもやるから、どうか向かいの呉服屋様に口入れ頼みますと言えば、婆様も喜んで、そんだら俺はこれから往って話をして来るからちょっとここに待っておれと言って向かいの呉服屋へ行って話をしたが、呉服屋でも人が無くて困っていたところであるから、そんな人があるなら早くこっちに寄こしてくれろとのことに婆様も喜んで、その事を若者に話してその日から国は仙台の笛吹き勘之丞は江戸の呉服屋さんに早助奉公に住み込んだ。

　早助というは賤しい奉公で台所や庭前にも上がることが出来ない身分であるから、勘之丞は首尾よく呉服屋に勤めてはおれど、娘の姿などは見られない。見たい見たいと思って暮らすうちに早やその家に二年も居た。勘之丞は昼は早助奉公はしておれども夜になれば人の後ながらも湯に入り髪も上げて読書のしらべをしていると、或る夜娘は厠に起きて何気なしに早助部屋の方を見ると、この夜更《ふ》けに明かりが洩れている。はて火が危いと思って障子の隙間から内を覗いてみると、世にも美しい男が独り坐って読み書きのしらべ、はてどこかで見覚えのある人だと思ってよく見れば、それこそ一日も忘れたこととてないいつかの虚無僧であったので、はっと思ったがそのまま奥の自分の座敷に引き返して行って、それから得体の知れないぶらぶら病いとなった。

そうしているうちに春にもなって、娘は少々気分も快《よ》くなった。明日花見に往くから、そっちの風呂に早く水を汲んで沸《わ》かせと言う。勘之丞は朝早く起きて風呂場に水汲みに行ってこの湯に娘が入るのだと思うて、ツケ木に、私は尺八を吹いて来た時に花の御君様を見染めて恋しくて、あなたの御姿見たいために永年ここに奉公している早助であると書いて、風呂の水の上に浮かべておいた。娘は何気なしに風呂に入るとツケ木に書いたその文句、窃《そ》っと着物の袂《たもと》に入れて来て自分の座敷でそれを読み、もう花見には往かぬと言ったきり床を伸べさせて、床に入って泣いた。

親達はじめ家内中は心配して医者を頼んで診せても癒らない。折から通りかかった旅巫女《たびみこ》を呼び入れて占わせて見ると、これは恋の煩いで相手はお家の中の者。心当たりはないかとのことで、庭の桜の花見を催して一番番頭から小僧丁稚《でっち》の果てまでも風呂に入れたり髪を結わせたりして、娘の座敷の前を通らせるが、娘お銀は見向きもせぬ。後に残った者は下男奉公の早助ばかり、早助往けと言うと、私如き者が行ったとてかえって御娘様の御機嫌を損《そ》ずばかりだと言う。それでも行けと言うので、勘之丞は風呂に入り髪を上げて娘の前を通ると、初めて娘お銀は莞爾《にっこり》とする。両親達は喜んで娘お銀と勘之丞は婚礼の式を挙げた。

今ではお銀と勘之丞の間に男の子まで儲けて夫婦睦まじく日を送っていたが、或る日勘之丞は子供の手を引いて庭前を歩いていながら、遠い空を眺めていると、故郷の父母のことを思い出して、どうしても一目逢って今の身の上の幸福を告げたいと思うと、矢も楯もたまらなく故郷へ還りたくなり、その訳を話して国へ還った。そして国で病んで死んでしまった。

江戸の方では勘之丞の還りを今日や明日やと待っておれどもなかなか帰らない。お銀はたまりかねて夫を訪ねて仙台に下った。長い旅路も了《お》えて今日は仙台に着くという日に日が暮れて野中を歩いているうちに四辺《あたり》が暗くなった。はてどうしたらよいかと思いながら歩いていると、遥か向こうに赤い灯が見えるから、それを便りに尋ねて行った。行ってみれば一軒の庵寺である。申し申しと言うと中から二十ばかりの小僧が出て来て、お前様はどこから来られた人だと言う。お銀は私は江戸の者だが夫を尋ねて来たと言うと、そんだら先ず御堂に上がって憩《やす》めと言うので、お銀は御堂に上がって休んでいた。そこに和尚様も出て来て、お銀の身の上を何彼《か》にと問う。問われるままに、私は夫勘之丞という者を尋ねて江戸からはるばる来たと言うと、和尚様はおやそれでは彼の勘之丞の御家内でござったか、勘之丞殿は毎晩のようにこの庵寺に話しに来られるが、多分今夜も来られるだろう。はて今夜は遅いと言う。それを聞いてお銀は不思議に思ったが、それでも夫に逢えるかと思うと嬉しくて待っていると、はるか遠くの方に笛の音がする。あれだあれだあれが吾が夫の吹く笛の音であると思うていると、その笛の音がだんだんと庵寺に近寄って来て、もしもし和尚様と言う声こそはまぎれもない吾が夫の声である。そして入って来たのを振り返ると、向こうからお銀ではないか、そこに居るのは女房のお銀ではないかと言う。お銀は夫の膝を枕にしてそのまま眠ったのである。

翌日の午さがりまで眠ってふと目を覚ましてみると、そこは野中の卵塔場で自分は七本仏を枕にして寝ていた。あやこれは不思議なことだと思っていると、そこにぞろぞろと多勢の人々が来た。そしてあれあれ勘之丞殿の墓の上にあんな女の人が居ると口々に言う。するとその中から年取った立派な爺様婆様が出て来て、お前さんはどこの何という人であるという。お銀は私は江戸の者で夫勘之丞という者をはるばる訪ねて来て、昨夜はここに泊まり、然々《しかじか》の事があったので不思議に思っていましたと言うと、爺様婆様はそれでは俺らの嫁子である。勘之丞は家に還ると病気になりとうとう死んで今日は七日忌になるので皆がこうして墓詣りに来たのであるが、この日この場所で江戸の嫁子に逢うとは夢か真《まこと》か、これも尽きせぬ縁であろうとて、掻き口説き掻き口説き嫁舅姑として泣いた。そしてお銀は夫の家の仙台は国分《こくぶん》町の名高い呉服屋の後継ぎとなって夫の菩提をとむらい、江戸の家をばその子供に継がせることにした。

三月三日聴話。

六九番　鬼の仮面を被った娘

或る処に夫婦者があって娘を一人持っていた。家が貧乏であったからその娘を山越しをして或る長者の家に奉公にやった。娘は主人の家に居ながらも里の父母《ととかか》を恋《こよ》しいこと限りが無かったが、奉公先のことだから還って逢うことも出来なかった。或る日旦那様の使いで近くの宿場《しゅくば》に往った時、貯めておいた小遣い銭で父母に似た仮面《めんこ》を二個買って来て自分の寝室に匿《かく》しておいて、時《とき》時《どき》(1)などで甘い物を食う時などにはそれを上げて生きた父母に物を言うように、父《とと》な母《かか》なと話しかけていた。そのことを家の奉公人達はおかしく思って或る時娘の留守の時に往ってみると、ちゃんと自分の枕許《もと》に仮面を二個並べて立てかけてあったのでひどくおかしく思って、次の市に往った時に見るも怖ろしい赤い鬼面を買って来て取換えて立てておいた。

それとも知らぬ娘はいつものように寝室に入ってみると始終にこにこしている父母の仮面は赤い鬼面に変わっているので、これは故郷の父母の身の上に何事か変事があることと胸を潰《つぶ》したが、奉公する身の上であってみれば帰ってみることも出来ず、それからは毎夜泣いてばかりいた。(2) そのうちにやっと年期も来てはじめて主人から暇が出て家に還ることが出来た。

娘は飛んで往きたい心持ちで、急いで山の峠にさしかかると、峠の頂上の所に山賊どもが集まって博奕を打っていた。娘はその傍《わき》を通ると、山賊どもはそこを通る娘待てと呼び止めて、こらこら娘俺は腹が空《へ》っているから飯を炊け、そこに米袋も鍋もあるからと言った。娘は取って食われるかと思っていると、飯を炊けと言われたのでやっと安心して、沢から水を汲み上げて来て米を磨《と》いで鍋をかけた。ところが生木をくぺたので火がなかなか燃えず、それにぶしぶしと燻《くすぶ》って煙《けむ》たくって仕方がないから、持って来た風呂敷包みの中から鬼面を出してかぶって火を吹いていた。山賊どもは何気なく、こら娘まだ飯が炊けないかと振り返ってみると、それは赤鬼なので驚いて皆逃げて往ってしまった。娘は不思議に思って見ると、その跡に多くの銭を残してあった。これは御授《さず》けだと思って家に持ち帰って親娘繁昌した。

三月四日聴話。

註記

（1）トキドキは神仏の祭日などの謂《いわ》れであって、御馳走を作ってお供えする。その御馳走を変わり物ともいう。

（2）谷江婆様の話には本文のように語っていたが、古屋敷庄治君の話では、父母の仮面が赤い鬼面に変わっているので、驚いて主人に暇乞《いとま》いして家に還ったと語った。それからこの話の終末も、山賊どもがただの娘だとばかり思っていたに、それが赤鬼なので驚いて皆逃げ去ったので、娘はあとに取り散らけている金銭を家に持ち帰ったが、赤鬼の仮面をとることを忘れてそのまま家に飛び込んだので、父母は赤鬼かと思って驚き騒いだので、やっと仮面のことに気がついて娘は鬼面をとり、事情を話して喜び繁昌したと語っていた。

七〇番　分別八十八《やそはち》

分別八十八《やそはち》、博奕八十八、外道八十八、百姓八十八、米屋八十八、盗人八十八などという者どもが同じ村中に住んでいた。或る時博奕八十八が勝負のことから外道八十八のために打《ぶ》ち殺された。

外道八十八は殺す気でもなかったけれども、そんな大それた事をしてしまったので後難を恐れてその足で分別八十八のもとに行った。ぜえ、もらいどの（親友）が居たべか、俺は今博奕八十八を殺してしまったが、何とかよい分別をしてくれもせじゃと言って、いくらかの金を出して頼んだ。そこで分別八十八は分別をして、その屍《むくろ》を百姓八十八の田の水口に持って行っておけと教えた。外道八十八はそうしておいた。

百姓八十八は夜水かけに自分の作田に行くと、水口に人が蹲《うずくま》っていた。これどこの奴だ人の水盗んだと怒鳴って背後からうんと打《ぶ》つとその人がごろりと転がった。はアこれヤはア俺打《ぶ》ち殺したと魂《たまげ》消て、その足で分別八十八の所に駈け付けて分別を頼んだ。そこで分別八十八はいくらかの金を取って、その屍を米屋八十八の所に持って行って、倉前に積んである米俵の中さ入れておけと教えた。百姓八十八は分別八十八が言う通りにその屍を米屋八十八の土蔵前に持って行って空俵に入れて米俵の中に交えて積んでおいて走《は》せて来た。そこに盗人八十八がまた米俵を盗みに来て知らぬものだから屍の入った俵を引っ担いで逃げて行った。そして家に持ち還って開けてみるとそれは思いも寄らぬ博奕八十八の屍であるので、驚いてどうすればよいかと分別八十八の所に分別を頼みに行った。そこで分別八十八はまた金を取ってこう教えた。それでは仕方がないからその死人を博奕八十八の家に持って行け、そうするとあの家の嬶《かか》がやかましく小言をいうにきまっているから、そんだら俺はア死ぬと言って井戸に飛び込んだ風にしてその屍を井戸に投げ込んで戻れ。それが一番よいと教えた。そこで盗人八十八は教わった通りにして博奕八十八の家に行って、おい嬶今戻ったぜと言うと、中で嬶は何今戻ったも無いもんだ。イケくたばってしまえッと怒鳴った。そんだら俺死ぬと言って屍を井戸の中にどんぶりと投げ込んで帰った。

博奕八十八の嬶は翌朝になると、おらほでは昨夜《ゆうべ》井戸にはまって死んだと泣いて村中をふれ歩いた。(得《とく》した者は結局分別八十八ばかりであったとさ。)

七一番　嗤い骸骨

或る良家の息子がならず者の仲間に入ったので、父親から勘当されてそのしるしに藁一本貫って他国に出た。或る日山路を通って往くと朴《ほお》ノ葉拾いの女達が話をしている所に往き当てて、お前達は何をそう話していると言うと、折角拾った朴ノ葉が風に吹き飛んでならぬと言うので、息子は持っていた藁をやると、女達は喜んで御礼に朴ノ葉をくれた。そこで息子はその朴ノ葉を持って或る町に通りかかると味噌屋の前で味噌を買った女がそれを包む物がなくて困っているので、その朴ノ葉をやると、女は喜んで御礼に自分の味噌を分けてやった。息子はまたその味噌を持って往ってその夜宿屋に往って、味噌と粉を出し出しをして団子をこしらえて食べた。

　ところがその町ではまだ日が高いうちから戸を締め切って静かにしているので、宿屋の亭主にその訳を訊くと、毎夜夜半になると大きな角をささげて通る化物があるからこうしているのだと言う。それだら今夜俺はその化物を見止《とど》めるからと言って、亭主から鏽刀《さびがたな》一本借りて腰にさし宿屋を出て、町端《はず》れの物蔭に匿《かく》れて様子を窺《うかが》っていたが、怪しい物がなかなか出なかった。そうしているうちに夜半となると、向こうに影がさしたと思うと大角をささげた化物が歩いて来たから、そこを物をも言わずに一刀を斬りかけたがその物が少しも切れないで、ちょっと待ってくれちょっと待ってくれ、俺に刀を斬りかける前に訳を聴いてくれと言う。息子はそんだらその訳を早く言えと言うと、よく問うてくれた俺こそはむごい継母のために味噌桶《こが》に倒《さか》さに打《ぶ》ち込まれて死んだ者の亡霊である。そのためにこうなって毎夜出ているが、あの家の戸口にはありがたい神仏の守り札が貼ってあるのが邪魔になり、またこの両足が柱にかかって入れずに恨みが重なっている。どうか俺を憐《あわれ》んで共に仇を討ってくれないかと泣いて物語る。息子も哀れに思ってその家はどこだと言うと、俺が案内をするからどうか助けてくれと言うて、両足を倒さに捧げて前に立って歩き出したから息子もその後についていくと、町端《はず》れの大きな味噌屋である。亡霊はここだと言うから、息子は雨戸に貼ってある尊い守り札をはいでやると、亡霊はいきなり家の中に飛び込んで継母の咽喉笛《のどぶえ》を嚙《か》み切って殺した。そこで息子は味噌倉に往って、味噌桶の数々を検《あらた》めてみると、いかにも子供が倒《さか》さに埋められて死んであったから掘り出して、家の人達に、こんな事をするから祟られるのだ、早く鄭重に御葬式をしろと言って、その通りにさせた。

その夜亡霊が来て息子に泣いて厚く礼を言い、なんとかして御恩返しをしたい。それで相変わらず毎夜出るから俺を退治して殿様のお褒めに預かって立身出世をしろ。俺は川原に出るからと言う。息子は宿屋に帰ってから、俺は化物を退治するから見たい者は来てもいいと言うと、それが評判になって、いつそれ幾日《いつか》にはかの化物退治があるということになって、その日は殿様も出て来るし、町人達もみな川原に寄り集まって見ていた。するとそこに生頭《いきこうべ》七積み死頭《しにこうべ》七積みがあった。それを息子は、俺はこの化物をこの通りに蹴飛ばしてやると言って、一本歯の高下駄を履いていてぐわいらと蹴飛ばすと、その生頭死頭どもががらがらと崩れて川原いっぱいに転がり廻ってからからと笑いに笑い、笑い抜いて、べらりと消えて無くなった。もうその夜から化物が出なくなった。息子は殿様にうんと褒められて多くの御褒美を貰った。

第六九番、七〇番、七一番とも古屋敷万十郎殿の話。三月四日聴話の分。

七二番　二反《にた》ノ白只取り

或る所に嫁姑が一緒に縫物をしていながら、どこ某《それ》の紺屋の色がよいの悪いのと話した。すると嫁はあれは紺屋というものでは無います染屋というものだますと言うと、姑は負けないで、否々《いやいや》お前はまだ若いから何も知らなかべが、あれは昔から紺屋というものだと言う。いや紺屋ではない染屋だ、いや染屋ではない紺屋だと言うて果てがつかず、それでは一番あすこに行って訊く方がいいとなって、そうすることにした。

姑にして考えると嫁に負けたくはないので、嫁に隠れて先に紺屋に往き、今日俺方の嫁とかくかくの論をしたが、お前の所はどうしても紺屋というものだぜなもすと駄目を押してうんと御馳走をしなおその上に白一反置いてきた。またその後から嫁も同じ考えでそこに行って、お前の所はどうしても染屋というものでがんすぺなんすと言うて、やっぱり御馳走をした上に白一反置いてきた。そして嫁姑どっちもいい気になっていた。

それから二人でその家に行って、二人で紺屋でがんすぺ、いや染屋でがんすぺと問い詰めると、その家の主人は否々《いやいや》紺屋でも染屋でもない、富士の巻狩というものだと言った。嫁姑は驚いて、それはどういう訳かと訊くと、二反《にた》ノ白ただ取りというものさと言った。嫁と姑はただ白二反取られた。

七三番　馬鹿息子

或る処に馬鹿な子供があった。ぶらぶら家を出て往くと、或る長者どんでは一人娘が死んだとて皆で泣いていた。馬鹿息子はそれを見てあれあれあんな大人《おとな》どもが泣いていると言って大笑いをしたので、そこに居た人にうんと叱られて家に泣いて帰った。家に居た母親《おふくろ》はまた泣いて来たか、何して泣いて来てやと言うと、長者どんの姉様が今死んで皆して泣くからそれが可笑《おか》しくて笑うと、うんと叱られたと言った。母親はなんたらお前はほんとうに馬鹿だべな。そんな時には笑うもんじゃない。なんたら痛み入った事が出来たべなもすと言うもんだと教えた。

その次に家を出た時には、村の婚礼のある家に往った。そこで先達て母親から教わったことをここで言わないと言う処がないと思って、この家ではアあんたらいたみッた事が出来たべなもすと言って悔言《くやみ》を述べた。するとまたそこに居た人にうんと叱られて頭をごきんと叩かれて泣きながら家に還った。母親は心配して、また泣いて来たか今日は何して泣いて来てやと言うと、御祝儀の処の事を話したから、母親も呆《あき》れて、なんたらほんとうにお前は馬鹿だべな、そんな所に行ったら、なんたらおめでたいことでがんすぺえ。お日和《ひより》もよくて何より結構でございますと言うもんだと教えた。

その次に出た時には、天気がいいから山に往くと、赤牛黒牛が角突き合いをしていた。息子はそこに行って、いやいやこれは何ともはあおめでたいことでがんす。お日和もよくて何より御結構でございますと言うと、牛どもは怒って角をもって息子を突き飛ばしてしまった。息子は泣いて家に帰った。それを見て母親はまた、今日は何して泣いて来てやと言うと、その事を話したので、何たらお前はほんとうに馬鹿だべな、そんな時には木の上さ上って、そらつけやれつけと大きな声で呼ぶもんだと教えた。これは面白いと思って息子はまたの日を待っていた。

その次に出た時には火事場に行き合わせた。息子はここだと思って、木の上に登って、そらつけやれつけと大きな声で叫んだので、人々は驚いて、これはどこの馬鹿がきだと言って頭をはたいて泣かせてよこした。母親はまたそれを見て、なんたらこったべ、今日もお前は泣いて来たのか、今日はどんな事をしてやと言うと、その火事場の事を話したので、それはお前が叱られるのがあたりまえだ。そんな時には、やあことだ、さあことだと言って水を張掛《はっか》けるもんだと教えた。こんどこんどと息子は思っていた。

その次に出た時には、村の祭礼《おまつり》に出会《でくわ》した。向こうから美しい御神輿《おみこし》が来た。息子はここだと思って、やあことだ、さあことだと言って美しい飾り物などにうんと水を張掛《はっか》けた。そして多勢の人々にひどく叱られて、また泣きながら家に帰った。母親はその訳を聴いて、もうお前のような馬鹿息子はこれからどこにも出さないと言った。

古屋敷万十郎殿話。

七四番　大岡裁判実子調

或る処で嫁姑一緒に子供を生んで同じ器に入れて洗い上げてからどれがどれだか分からなくなった。その生まれた子は男児と女児であったが、嫁姑どっちも自分の生んだのは男の子の方だと言い張ってとても埒が明かないので大岡様に裁判《さばき》を持ち込んだ。

大岡様もこの裁判には困ってどうしてよいか分からぬので気まぎらかしに川狩に出た。すると子供らが三人川原に遊んでいたから、何をして遊んでいるだろうと思って近寄って見ると、少しコボッキ（少し大きな）子供が大岡様になりあとの二人はさばかれ人になって裁判ごっこをして遊んでいた。二人の子供は一から十まで数を算《かぞ》えてゆくうちにツの字のつかない数はたった十ばかりである。それはなぜな訳だべと言う。すると大岡様になった子供は五ツにツの字が二つ重なっているからその分を十に繰りやるとみなの数にツがつくと言って難無くその訳をつけた。

その次には、二人の子供は嫁姑になって、一緒にお産の真似をし、子供を生んでから大急ぎで同じ器物に入れて洗い上げてみると、それは男の子と女の子である。嫁姑ともに男の子の方が自分の生んだのだと言い張って、とうとう大岡様にその裁判を頼み入った。そこで大岡様の言うには、よしよしお前達は互いに乳を搾《しぼ》ってここに出せと言った。二人の子供らは互いに乳を搾る真似をして、それを同じ椀に盛って代わり代わりに出すと、大岡様になった子供はそれを秤にかけて量を見て、姑殿の乳の量は重いし嫁殿の乳の量は軽い。男の子を生んだ母親の乳は重いもんだによってこの男の子は姑殿の生んだ子にきまっていると言う。

本当の大岡様は藪蔭からその事を見聞して驚いていると、子供達はそれっきりそこを立ち去って往くから、はてあの子供らはどこへ往くのだろうと思って、その後を慕うて行くと、遠い山奥へ行く。大岡様もそこに行くと山奥に一軒の大家があってその家の中に子供らが三人入って往ったから、大岡様もその家に入ってみたが、今入ったばかりの子供らはもはや影も形もなかった。不思議に思ってその家の中を見廻すと、そんな大家の真ん中に柱がたった一本しか立っていない。一本柱の家にも驚いたが呼んでみても誰もいないので大岡様も家に戻って来た。

それから嫁姑の訴えのある家に往って、子供らのやった通りの裁判をして親子の立て分けを明らかにした。その後で柱一本の家から思いついて大岡様は傘というものを発明した。前の三人の子供らは神様であった。

七五番　部屋の始まり

或る処に屁ぴり娘があった。年頃になって嫁子に往く時親達は繰り言にその屁ぴり癖のことを言い聞かせた。嫁子に行ったら屁ッたれ癖を気をつけるもんだじぇといわれたことが耳にこびり着いていたものだから、娘も嫁子に行った当座はがまんをしていたが、だんだんとがまんがしきれなくなって真っ青な顔色になった。姑は嫁子の様子が変なので、嫁子々この頃お前の顔色が悪いがどこか体でも悪くはないか、もし悪かったらはア早くお医者様にでも診てもらうべえと言うと、嫁子はおらどこも悪くはないますとばかり言った。何しろそれにしては顔色が悪い。ほんとうにどこも悪くはないかと重ねて訊くと、嫁子も包み切れなくなって、ほだらおら言うが実はおれは屁が出たくてこてれませんと言った。皆は笑って、なんたらこッたべ、そんなことなら早くせばよいにと言うと、嫁子はそれがあたりまえの事ならおらも何もこうして苦をしていないが、私の屁といえばそれは大したものだから、それでこうして青くなってがまんしておりますと言った。何が何でも余のことではないから早くしたらよかべと言うと、そんだら御免蒙《こうむ》りますから、舅《とと》は土間《にわ》の臼さ行って取り縋っていてけべし、姑《かか》は炉縁に取り着いていけけてがえと言った。舅は履物を作っていたのを止めて土間に下りて行って臼に取り縋り、姑は煮炊きするのを止めて炉縁に取り付いていた。すると嫁子は着物の裾を捲り上げて、ぼがんと音をさせると、その勢いで舅は廏桁に吹き上げられて腰を挫《くじ》き、姑は板戸二枚も突き抜けて吹ッ飛ばされた。それを見ていた息子はこれでは何が何でも家には置かれぬと言って、お前の持って来た物はみな取りまとめろ、俺あ送って往くから荷物を持って歩《あ》べと言って、嫁子を連れて里に送り届けようと家を出た。

　長根越えをして行くと、山坂の麓の村に大きな梨の木があって、それに木綿売りが三人通りかかって石礫《つぶて》や木片を投げ上げて梨の実を取ろうとしていたが、それが思うように取れなかった。嫁子はそれを見て、なんたらエッチエナ（腑甲斐の無い）人達だべ、おれだら屁でもそれくらいのものは取ってみせると言うと、三人の旅商人はひどく怒って、この女子《おなご》は人を馬鹿にしたことを言う。そんだらお前は屁でとってみろと言った。嫁子はお前達が取れと言うなら屁でもなんでも取ってみせるが、ほだら俺に何をけますと言うと、よしきたもしお前がそれで梨をとったら俺らのこの商売品を馬ごと三駄やるべと言った。嫁子は喜んでそんだらと言って、着物の裾を巻くり上げていきなり梨の木を根こそぎ吹き倒してしまった。そして約束通り馬三疋《びき》と荷物三駄取った。

　息子はそれを見て、嫁子を里に還すのが急に惜しくなってそこから家に連れ帰った。そして家の奥まった所に部屋を造って、嫁子を時々そこに入れて、あたりほとりに差し障《さわ》りの無いようにさせた。それから今の部屋が始まり、嫁子を取ればまず一番先にそこに入れるものだということになった。

七六番　コン吉馬鹿

貧乏な家に足りない子供があってその名はコン吉と言った。諸処に奉公に行ったがどこでも呆《あき》れられてすぐ家に還って来る。仕方がないから家に居た。だんだん大きくなって分別も出るようになって、或る日父に言うには、俺はいかに意見をされたとて愚かな生まれつきで仕方がないから、これから何とか広場《ひろつぱ》（都会）の方へでも行って、修業でもして来たら一人前になるかもしれぬから暇《いとま》をくれろと言った。親父もいかにもと思って、それでは暇をやるからお前の思うようにするがよい。ここに俺が永年手間取りをして貯めておいた金が五両あるから、これでも持って往けと言って、金を五両くれた。コン吉はそれを持って家を出た。

それからコン吉はどこという当てもなく歩いていくと、或る町端《はず》れで四五人の子供らが一匹の瘦狐の首《くびた》に縄を結《ゆ》わい着けて川に沈めては引っ張りあげ、また沈めては引っ張り上げて、ひどく折檻をしていた。それを見てコン吉はもじょうやな（可哀想に）思って、これこれお前達はどうしてそんな瘦狐を折檻すると言うと、子供らは俺家《おらや》は豆腐屋だが、この畜生は毎夜来て凍豆腐《しみどうふ》を盗み食いしてならないから今殺すべと思っていたと言う。そうするとまた別の子供は、これの親だか兄姉だか知れない狐が俺家の鶏を捕って逃げたの、また俺家の山畠の豆を食ったのと、数々の悪い事を言い並べて、いよいよその狐を撲《ぶ》ち殺そうとした。コン吉は懐中金《ふところがね》の五両の中から三両を出して、これこれこの金をお前達にやるからどうかその狐を俺に譲ってくれろ。そしたらこれからはきっとお前達の所に来て悪戯《いたずら》をしないようによくよく言い聴かせてやるからと言うと、子供らは三両の金を見て、急にその金を欲しくなって、じょうさなく（易く）その狐をコン吉に売ってくれた。コン吉はその狐を曳《ひ》いて子供らと別れてそこを立ち去って行った。そして広い野原に往きかけた時、狐と首から縄を解いて、これこれ狐、これからは気に気をつけてあまり悪い事をするなよ。そしてあんな腕白どもに見付けられないような立ち廻りをして永生きをしろ。そんだら俺はこれでお前と別れるぜと言って草叢《くさむら》の中に放してやると、狐は幾度も幾度もコン吉の方を振り返って別れ惜しそうな素振りをして山に入って行った。

　コン吉はその足で江戸に行って小間物店に奉公した。ところが主人にひどく贔屓になって、お前は今迄手習いをしたことがあるかと訊かれたから無いと言えば、そんだらさせてやると言って、夜になれば手習いや算盤の稽古をさせてくれる。そうして永年その家に奉公しているうちに生まれ変わったような立派な別人となった。或る日コン吉は庭に出て故郷の空を眺めているうちに急に国に還ってみたくて堪《たま》らなくなって、主人に暇をくれてけろと言うと、主人は今お前に去られては店でも困るから何とかこの一年も助けてくれぬかと言う。ほんに永年世話になっている家のことだから立って厭《いや》とも言われなくて、そんだら居ますと言って一年奉公してまた暇《いとま》乞いをすると、主人も仕方がないから暇をやると言って、それ迄働いてくれた給金や故郷への土産物を倉から出して来てくれた。それを馬三駄につけていよいよ故郷に還ることになった。

　岩谷堂（1）まで還る一日前に、以前狐を放した野原まで来ると、後からコン吉さんコン吉さんと呼ぶ声がするので、誰かと思って振り返って見ると、十七八の美しい娘が笑いかけて立っていた。

私はお前が東国《あずま》に往く時助けられた狐だが、私の両親が御礼を申したいからぜひ私の家に来て一夜泊まって下さいと言った。ぜひとも私と一緒に歩《あ》いでくなんせと言うから、コン吉も否み難く狐の娘のあとについて行った。その路々で狐の娘は、お前が私の家に往くと私の父親は先年の御礼に金をやるというから、その時否々《いやいや》金はいらぬからこの娘をくれろと言いなさい。きっとそう言いなさいと言われて行くうちに、山日《ひ》向《なた》のその親狐の棲家に着いた。親狐どもはこれはこれはコン吉殿よく御座ったと言って、上座に直らせられて厚いもてなしをされて、それからいよいよ金を升に山盛りに取り出して、これはコン吉殿先年この娘が助けられたほんの御礼のしるしだから納めて頂きたいと言う。コン吉は途中で娘から教わった通りに、私は金は多く馬の荷物の中に持っているからいらぬが、この娘なら所望すると言うと、親狐は困って、そればかりは困ると言ったが、再三のコン吉の所望で、そんだら仕方がない先年お前様に助けられなかったらこの娘の命は無いものだ。それを思うとお前様にやるのが当然《あたりまえ》だと言うてとうとう娘をくれることにした。それから祝い事をして、馬五疋《ひき》に娘の荷物をつけて送られることになった。

首尾よく岩谷堂の町に着いてみると、コン吉の両親はひどく零落していた。そこで大きな空家を借りてそこに引っ越して、四辺《あたり》近所の人達を招《よ》んで大変な御振る舞いをした。父母は気遣っているからコン吉は持って来た荷物の中から新しい綺麗な着物を出して着せて客人の前に出して、狐の娘は父親から貰ってきた宝物の小さな瓢箪から尽きぬ酒をついで皆に飲ませたがいくらついでもその瓢箪の酒は尽きなかった。客人どもは皆ひどく喜んで家に帰った。

その後この娘の瓢箪から出る酒で酒屋を始めようと、酒屋道具を買い整えて吉日を撰んで店開きをした。娘の名をば花咲と言うことにして女振りもよし酒もよいからたちまち評判が高くなった。毎日来る多くの客人の中に夜昼来る三人の若者があった。その中でも荒物屋の庄吉というは日夜居続けて花咲の顔ばかり見ていた。ところがその三人の女房どもが自分らの夫どもの様子を見に行こうと相談して、コン吉屋に行った。庄吉の女房ばかりは、私は頰冠《ほおかぶ》りをして往くからそれを取れなどとは言うてけるなと友達どもに言って行った。三人の女房どもが行くと花咲は手取りをして座敷に上げて酒宴をして歌ったり踊ったりした。隣座敷に居た三人の若者は、隣座敷の客人は若い女の声であるが誰々だべと言って隙見すると、それは自分らの女房どもであるから、何だお前達かと言って、座敷を同じにしてそれから乱飛乱《らんぴらん》がいの酒宴となった。花咲は利巧な女だから三人の女房達にも愛嬌を振り蒔いて少しもそらさないで、夜も更《ふ》けていよいよ家に還るという時になったれば、手土産物を持たせて帰らせた。女房どもはあの女は顔も綺麗だが気立てもよい女だと言うて褒めた。庄吉の方は相変わらずに酒屋通いをしているのでとうとう親から勘当を被《かぶ》せられたが、どこにも行き処が無いからコン吉屋の番頭になっていた。

或る日花咲はコン吉に言うことには、コン吉さんコン吉さん近いうちに江戸の吉原から私を買いに人が来るから五年で五百両ならば相談に乗ってけてがんせと言っておいた。するとほんとうに吉原から花咲を買いに来た。そして何もかにもこちらで言う通りの約束で花咲を買って往った。その後コン吉は庄吉を相手に商売をしていたが、花咲が居る時のように客来も無くなり淋しい日ばかり送っていた。庄吉は庄吉でとても花咲が恋しくてならず、親方どうか俺に暇を下さい。私は花咲を見に江戸の吉原に往きたいからと言うと、コン吉も俺も逢いたいからと言って、二人は店を畳んで江戸をさして往った。
コン吉と庄吉が江戸の吉原に入る時、花咲が立派な遊女となって十二人の禿《かむろ》を引き連れて、或る大名に買われて花見に往くところに出会った。けれども場合が場合ゆえどっちも言葉を交さないが、その夜花見から帰って花咲は急に大病となった。女郎屋の亭主は驚いてコン吉の所に、花咲大病の飛脚を立てたが、飛脚が途中でコン吉らに会って引き還して来て女郎屋の門口に入った時、今花咲が呼吸を引き取ったと言って騒いでいたところであった。コン吉らは泣きながら、花咲の屍骸は国に持って帰ると言うと、亭主や朋輩どもから二百両余りの悔み金を貰って、花咲の屍骸を駄荷楫して家に持ち帰った。家に還ると花咲は生き返って、コン吉さんコン吉さん私はこれまで魂を尽くしてお前につとめたからこれで私はほんとうに死ぬ。これから私を稲荷として氏神にして下さいと言って、今度はほんとうに命を落とした。

註記
(1) 岩谷堂、岩手県江刺郡にある町。

七七番　狼と犬

年取った狼と犬とが大層仲よく毎日のように往来していた。だが或る日犬が飼主の家に寝そべっていた時、家の人達が、俺家《おらが》の犬も年を取って何の役にも立たなくなったから捨てるか殺して皮を剝ぐかしなければならないと語るのを倫聴した。そして犬は驚いてすぐさま狼もらいの所に走《は》せて行って、なぞにすべえ俺家《おらが》の人達はこんなことを言っていた。何とかお前によい分別がないか、あらば量見を貸してくれろと言った。狼はそれを聞いて笑って、俺山に居てもそんな話くらいには魂消《たまげ》たことはない。あわててはいけない。俺によい考えがあるから朋輩甲斐に教えてやるべと言った。犬はそれで安心したけれどもどんな事だか分からぬから、なぞな事だと訊くと、狼は、お前の家の人達は山畠さ来る時いつも子供を嬰児籠《えじこ》に入れて畠の傍《わき》に置いていてかせいでいるから、明日俺がその子供を奪《と》ってやる。そしたらお前は恐ろしく吠えて俺を追っかけて来《こ》う。そしたら俺はその子供を草の中さ置いて逃げる。そしてお前は手柄をしていつまでも家の人達から飼《あつか》れていろと言った。犬はそれはよい考えだ。ありがたいと言った。

翌日犬の家の人達はいつものように、山畠に行って働くに、子供を嬰児籠《えじこ》に入れて畠の傍に置くと、山から狼が出て来て子供を奪《と》って行った。家の人達は驚いて騒いだが追《ぼっ》つかない。その時老犬は狼を追っかけて行って、子供を無事に取り戻して来た。家の人達はこれほど役に立つ犬とは思わなかった。この子の生命《いのち》の助親だと言って以前とは打って変わって犬を大事にした。

それから二三日もようと（経つと）狼が犬の処に来たから、犬は先日の礼を示った。狼は大きな顔をしてお前もこの頃は仕合せになったようだから、俺に礼に大きな鶏をけろと言う。あれは家の鶏だからいけないと言うと、狼は怒ってぼだら明日山に来う。俺にも考えがあるからと言った。これは俺を取って食うのだなと犬は思ったけれども、仕方がないからぼだら行くからと言って別れた。

その話を物蔭でその家の飼猫が聴いていた。はてはて同じ家に飼われている犬殿の災難だが、どうかして助けてやりたいものだと思って犬の処に行った。そして太息《ためいき》を吐《つ》いている犬に、お前はひどく顔色が悪いが何か心配ごとでもあるのか、今ここに来たのは山の悪狼ではないか、何かお前に難題でも吹っかけはしないかと言うと、犬も自分の心配事をみな打ち明けた。それでは俺がお前に助太刀をするから明日一緒に山に歩《あ》べと言って猫は慰めた。

その日になると、狼はもらいども（友達ども）の鬼を呼ばって来て、一緒に犬を食うべしと山の窪みの所で話をしていた。犬と猫とはこっちから上って来たが、その窪みから少し出てちょいちょいと動いている鬼の耳は猫は鼠だと思って、犬殿々々俺はあの鼠を捕って食って腹ごしらいをしてから戦《いくさ》をすべえと言って、いきなりその耳に飛びついて、あんぐりと嚙み切った。耳を食い取られて鬼はひどく魂消《たまげ》て、狼どん、これはとてもかなわぬと言って雲を霞と逃げ去った。

古屋敷庄治君談話。西洋流の譚とばかり考えて聴いて下さらぬようにお願い致します。

七八番　鳥呑爺

或る処に樵夫《きこり》爺様があって毎日山に行って木を伐《き》っていた。或る日、木を伐っていると傍《そば》の木の枝に赤い鳥《とりこ》が飛んで来て、

あやちゅうちゅう
錦のおん宝おん宝
助かった助かった

と鳴いた。爺様はその鳥に気取《けど》られて木を伐るのをば忘れた。鳥がまたそう鳴くので、ああ面白い面白い、あまり面白いから俺の舌の上に来て鳴いて聞かせろと言うと、小鳥は素直に爺様の言う通りに舌の上に飛んで来て止まって、

あやちゅうちゅう
錦のおん宝おん宝
あら助かった助かった

と鳴いた。爺様はああ面白いと思って、えへッと笑うべと思うと、ぺろりとその鳥を生呑みにしてしまった。鳥が腹の中に入っても別段苦にもならぬので、さあこうしてはいられないと思って、だんぎりだんぎりと木を伐っていた。すると向こうの方で、誰《だん》だ人の山で木を伐る者はと呼ばった。爺様ははいはい私はなみなみの屁ッぴり爺でござると言うと、向こうでは、そんだらここに来て屁をひってみろと言った。爺様はそこに行くと大きな家があって立派な翁様が座っていた。爺伐った木ばくれるから、屁ッぴり爺なら屁をひってみせろと言った。はいはいと言うと、奥座敷に通されて、ここでひってみろと言った。爺様はうんとりきむと、

あやちゅうちゅう
錦のおん宝で
あら助かった助かった
ぴッぴッ

と鳴った。その館《やかた》の翁様はひどく面白がって、もう一遍もう一遍と所望されて三度して聞かせる

と、翁様はほんとに面白い屁であったが何も礼物がないからこの葛籠《つづら》をお前にやる。そこで重い葛籠《つづら》がよいか軽い葛籠がよいかと言った。爺様は俺は年を取って弱いからそんだら軽い葛籠を貰い申すべと言って軽い葛籠の方を貰って来た。爺様はそれを背負って来ると途中で鳶《とび》がうんと天を飛んできて、

俺ア葛籠《かご》から
錦《きん》こ小袖が見える
ひいろろろ
ひいろろろ

と鳴いた。家に還ると婆様は爺様があまり遅いと言うてひどく案じていた。そして爺様々々どうして今日はいつもより遅かったと言うから、爺様は今日の山での出来事を言って聞かせて、二人で葛籠の蓋を開けてみた。すると中には鳶の言う通りにほんとうに多くの錦《きん》こ小袖や銭金《ぜにがね》などが大層入ってあった。そこで爺様婆様はひどく喜んでいた。

そこに隣家の婆様が来て、あや汝達《そんだち》ゃどこからそんな美しい着物《のの》を出して見たり着たりしていると申すと言うから、爺様婆様は今日山であった事を話して聞かせた。すると隣家の婆様はそんだら俺も明日爺様のとこを山さやるべと言って家に還った。翌日隣家の爺は山に行って木をだんぎりだんぎりと伐っていても一向赤い小鳥《とりこ》が来て鳴かなかった。呆《あき》れて今来るか今来るかと思っていても一向来なかった。そのうちにお昼頃になった。すると向こうの山から、誰《だん》だ人の山の木を伐る者はと呼ばれた。ここだと思って爺は、はいはい待っておりましたなみなみの屁ッぴり爺

とは私のことでござりますと言った。すると向こうからそんだら早く来て屁をひって聞かせろと言った。爺は行ってみると前のように大きな家があって立派な翁様が坐っていた。はいと言うて行くと、その翁様は早く屁をひってみろと言ったので、爺は四這いになっていてうんといきはると、べたりとぼん切《ぎり》糞を一本押出《おんだ》した。これは穢い爺だ。これは偽物《にせもの》だと言って翁は顔を顰《ひそ》めた。それでも仕方がないからお前は重い葛籠を欲しいか軽い葛籠を欲しいかと言うと、爺は俺は年を取っていても力が強いから重い葛籠を欲しいと言った。ほんだらそれを持って行けと言ってそこにあった大きな重い葛籠をくれた。爺は重い葛籠を貰って背負って来ると、途中で鳶どもが多く天を飛んでいて、

爺ンじ葛籠《かご》から
蛇蜈蚣《へびむかで》が見えるでば
ひろろろ
ひろろろ

と鳴いた。けれどもそんな事は一向気にもかけないで急いで家に還ると、婆は雪隠《せっちん》の屋根に上って、爺ア今来るから爺ア今来るかと呼んで爺の帰りを待っていた。そこに爺は帰って来たから、あれア爺ア大きな葛籠《つづら》を貰って背負って来たと言うて、爺婆大急ぎで家の中に入って葛籠の蓋を開けてみると、中から恐ろしい蛇蜈蚣や牛《べこ》の糞かたり、ひどく汚い物ばかりがのろのろと出《で》はって来た。

七九番　蜘蛛息子

或る処に貧乏な父娘があった。おふくろは娘が十一になる時に死に、その後は父娘二人暮らしで、父は毎日畠に出て百姓をかせぎ、娘は山に行って柴採りをしていた。その中に娘が十三にもなったれば或る春端《はるぱ》に青物採りに山に行っていると、美しい若者が出て来て、お前は毎日そうして青物を採っているがそれを何にすると言うた。娘はこれは町に持って行って売って米を買って来ますと言うと、若者はそれでは一日にいくらほどくらい採ると訊いた。娘は一日採れば百五十文にはなると言うと、そんだら俺はそれを百五十文で買うから毎日ここに来うと若者は言った。それから毎日々々その山に往くと、若者も来てそのたびに百五十文ずつ娘に銭を与えた。

そんなことが十日ばかり続いた日に、若者が娘に言うことには、これこれ娘、お前は私の子供を懐妊したから大事にして生んでおくれ。実は俺は人間ではない蜘蛛であると打ち明けて、そのまま大蜘蛛になってがさがさと草を分けて山の深みに入って行った。娘は驚いて家に帰ると、父は娘に今日も青物が売れたかと言う。父々《とととと》今日迄ほんとうの人間かと思っていた山の若者が実は古蜘蛛であって、こうこうの事を言ったと言うと、父は仕方ない仕方ない。その物が大事に生めと言うなら大事にして生むがよい。決して心配するなと言って慰めた。娘も気が緩《ゆる》み月日を送っているうちにだんだんと腹も大きくなって、生み月が来て生み落としたのは腰から上は人間の体であるが、腰から下はそのまま蜘蛛の姿であった。けれども父娘はこれも約束事だとあきらめて大事に育てていると、その子供も丈夫に育って十四五にもなったが、脚は蜘蛛であるゆえ、祖父《じい》様《さま》祖父様俺はこんな体に生れて人にも見られたくもないし、また外に出て働く事も出来ないから、床板に穴を開けておくれ。俺はそこに入っていて手仕事でもしたいからと言った。祖父も可愛想に思って言うがままに床板に穴をあけてやると、毎日そこに入って上半身だけ出していながら上手に木津繰り物を細工して、それを隣近所の子供にやる。子供らはひどく喜ぶので、その親達も子供らがこんなに喜ぶものをただ貰っている訳にもなるまいとて、米や銭を持って行って与えた。なおまた蜘蛛息子はそんな木津細工ばかりか、神仏の御姿までも作って世間に広めてやった。

蜘蛛息子はそのうちに二十ばかりにもなった。或る時長者どんの娘が病気になって、いくら療治をしても少しも効験《ききめ》がなかった。蜘蛛息子はそれを聞いて、それは一向訳なく直るものだと言うと、世間ではあの化物息子は何を言うかと否消《ひげ》した。ほんだら誰でもよいから長者どんに行ってそう言ってくれ。向こうの山の麓に行ってみると岩の間から綺麗な湧水が湧いているから、その水を汲んで来て飲んだりつけたりすると直ぐに癒る。嘘だと思わばそうしてみろと言った。長者どんでもまさかの時の事だから、人を遣って山を探させてみると、いかにも蜘蛛息子の言った通り、岩間から綺麗な清水が湧いている。それを汲んで来て娘に飲ませたりつけたりすると、娘の病気が白紙をはぐようにけそけそと快くなった。それから蜘蛛息子のことが大層な評判となった。またよく当たるので毎日々々玄関に人が絶えなかった。その家はその子のお蔭で長者になった。

八〇番　坊様の餅食い

或る処に爺婆があって睦《むつ》まじく暮らしていたと申す。或る時どこからか座頭ノ坊が来て泊めてくれろと言ったけれども、俺家《おらが》は貧乏だからほかのよい家に行って宿取ってけてがんせと言うと、座頭ノ坊はそんな事なら何でもないから泊めろと言って、自分の荷物から恐ろしく大き鍋を出しそれから米を出して、これで蒸《ふか》し鍋をかけてくれと言う。婆様は蒸《ふか》し鍋を仕掛けると蒸《ふ》けたから、爺婆として餅搗《つ》きをした。ところがこの婆様は客人が盲人だと思って、苧《お》籠《むけ》で手を洗う真似をしたりしてごまかしている。そのうちに餅も搗《つ》けて、それから小豆《あずき》餅をして食う時になると、坊様は椀に山盛り八杯食った。それから寝床に入ったが、随分うまい餅だったので、あの餅を残してこの家を立つのがいかにも残念である。そこで夜中に起き上がって籠に水切餅をうんと詰めて、それでも詰め切らないからこんどは琵琶箱の中にまで入れて知らぬ振りをしていた。翌朝になると坊様は朝飯も食わないで立つと言うから、時に坊様は国はどこで何という人だと訊くと、なに俺か、俺は山盛八杯(1)という所だという。小字はと訊くと、琵琶箱一杯、私の名は餅を詰壺という者だと言ってさっさと出て行った。

古屋敷庄治君談話。

註　記

(1) ここを二つ盛り八杯とも語る。二つ盛りとは地方の習慣で一椀に水切餅は二個盛るにきまっているものだからである。

八一番　坊様と夫婦者

　或る処に夫婦かまどがあった。或る時座頭ノ坊様が来て宿を乞うた。その日は稲の苅り上げで、苅切《かつき》り餅を搗《つ》いていたが、夫《とと》は坊様がもぞや（可哀想）だから泊めてやれと言うが、妻《がが》は餅を食わせたくないので何のかんのと愚痴ついた。けれどもいよいよ膳時になって妻は、坊様に鳥類を食《あが》るかと訊くと、俺は鳥類は食わぬと言うた。すると妻はそれではことだ。この餅はとり餅だから坊様には上げられないと言って坊様の膳から折角盛った餅を鍋にあけて、昼間の残飯に湯をかけて食わせた。なんたらその餅を食わせろじゃと夫が言うと、なんたらこと言う。鳥餅を食わない人に雀餅をあげられますかと言って夫を睨み返した。

　坊様は甘くない湯漬飯を食わせられて寝たが、どうもあの餅を食わないのがいかにも残念で仕方がない。それを思うと眠るにも眠られないので、夜中に窃《そ》っと起き出して流し前を探した。するとよい塩梅に餅瓶《もちがめ》があったからしこたま食ってからその瓶《かめ》の底をぶん抜いた。とにかく鶴の椀に八杯も食って、それからもっと探るとまだあるからそれは種々な物に八包みにして自分の荷物の中に匿《かく》して、それからそのまま夜立ちをした。

　翌朝夫婦は起きてみると、坊様は居ないから夫は、それみろ、お前が昨夜あんまり粗末にするから、ごせ焼いて今朝朝飯を食わないで早立ちをしたぜ。あんなことはせぬもんじゃと言うと、妻はほんだらあの坊様の名前ばかりも訊いておくべと言って、追いかけると、向こうは座頭の歩きだからすぐにかっついた。そして坊様々々お前様はなんたら早立ちだべ。お前様はどこの何という人だと訊くと、座頭ノ坊の言うことには、何俺か俺は八杯八包み瓶《かめ》の下の抜壺《ぬけつぼ》という坊様だと……

妻はその名を覚えて来て、さあ朝飯を食うべと言って昨夜《ゆうべ》の餅を見ると、餅は一切れも無くなっているあげくに瓶の底が抜けていた。

八二番　伊勢詣りと油売

或る時三人連れで伊勢詣りに行った。途中で、もし金を三十両拾ったら、三人で十両ずつ分けべすなと一人が言うと、一人は否《いや》一番先に見付けた者が多く取るべと言い、また別の一人は否々《いやいや》三人で同様に分けべと言う。否々《いやいや》鹿打ちでも初矢を着けた者が頭を取るものだということがあるから、やはり初手に見付けた者が多く取るべと言う。そんなことで三人がとうとう喧嘩になって言い争いをしながら行くと、そこに油売りが来かかって、その話を聞き、油売る道具を路傍に下ろして仲裁に入って、否々《いやいや》旅中の人達、それはこうせえあせえ、まずまずその金をここに出してとあっちこっち三人の取っ組み合う間を搔いくぐって裁棒を入れる拍子に、油壺が引っ繰り返って、はっぱり（皆）油がまかってしまって、ただ損をしたのが油売りばかりであった。

八三番　馬鹿の始まり

或る処に性悪な馬があった。野原で草を食い飽きて眠っているうちに、仲間の馬どもが相談して、今のうちにこ奴に悪戯《いたずら》をせえじぇと言って、さっぱり鬣《たてがみ》を切って無くしておいた。目を覚まして仲間の方に往くと、なんだお前を今迄馬とばかり思っていたのに鬣が無いではないか、それでは鹿だと言ってはぎった（除け者にした）。

そこで馬は仕方がないから山を越えて向こう山の鹿の仲間に往くと、何だお前は角がないじゃないか、それでは俺の仲間ではないと言われて、仕方がなく或る山の山ノ神様の樹木の下に行って泣いていると、山ノ神様は可哀想に思って鬣や角を生やしてくれた。けれども結局馬でもなしそうとて鹿でもないから獣仲間からあれは馬鹿だといわれていた。これは馬鹿の始まりである。

古屋敷庄治君談話。

八四番　馬になった男

伊勢参宮に三人連れで行った男どもは旅を重ねて行って行って、或る日の夕方見も知らない町に着き町端《はず》れの安宿屋に宿を取った。その夜何かの草餅の御馳走になった。そして寝て翌朝目を覚まして見ると自分ら三人は三疋《びき》の馬になっていた。そこで三人は互いにこの身の変わり方を嘆いて物を言おうとすると、どの口からもどの口からもただヒヒンという馬の嘶《いなな》き声ばかり出ても う人間の言葉ではなかった。そこに宿屋の主人が馬喰《ばくろ》を連れて来て三人の口に口輪や手綱を着け て、近頃には無い丈夫そうな馬どもだと言って馬喰に売ってやった。馬喰は近所の普請場に引い て行って、請負の親方に砂利つけ馬にまた売った。その日は一日砂利つけをさせられて、夜にな って二疋は同じ家の廏に一疋は別の家の廏に繋がれてその家の飼馬とされていた。

それからは毎日普請場に引き出されて一日一杯砂利づけや石づけをさせられ、雑水や莢草など を食わせられるが馬になったことなればそんな物も食って生きねばならぬと思って食った。そん な一日の日の長さ辛さ早く夜になって廏に行きたいと思って三疋は互いに顔を見合わせて物を言 おうと思えば、やっぱりヒヒンという声だけしか出なかった。夜になれば一疋は別の家の外廏 に繋がれていたが、そこが露路になっていてその露路を浄瑠璃があると言って多くの人達がぞろ ぞろと通った。ひどくいい語り物で上手な座頭の坊様だと噂をして通る人もあった。それを聞い て馬は俺も聴きたい。俺も以前にはよく聴いたっけがと思うと、何とも聴きたくなって、木戸木 をくぐり抜けてその人達のあとからついて行った。どこだと思ってついて行くとやっとその家が 見付かったから、馬は軒柱《のきばしら》に凭《もた》れていながら聴いていた。内では駒語《こまがた》りの浄瑠璃を語っていた。

ところがその文句の中に、那須野ヶ原の奥の沼のほとりの朝日の真当たりに生えている縞の薄《すすき》 を見付けて食《は》めば元の人間になるという文句があった。馬はよいことを聞いたと思って、それか らそこを立って那須野ヶ原を尋ねて行ってみると、いかにも沼のほとりに薄が生えていた。その 中からやっとの事で縞の薄を見付けて食って嚙んで飲めば一口ぎりに体が変わって元の人間の姿となった。これは俺ばかりが人間に返ったとてあとの二人の朋輩があのままでいては何の役にも立たない。早くこの草を朋輩どもにも食わせたいと思って、両方の肩に持たれるだけの縞薄を搔き集めて持って一生懸命に急いで二人の朋輩の所に来て食わせた。二疋はそれを食って同じように元の人間になった。

　三疋の馬が元の人間になってそこから逃げ出したが、途中で考えるとあの安宿屋のこと、あの草餅を俺ら以外の旅人にも食わせて、なんぼう人間を馬にして売るか分からないから、あの餅を盗んでしまおうと相談して、その夜元の宿屋に忍び込んで棚に残ってある草餅を盗んだ。そして近所のべざい物屋（飲食店）に行って、その餅を別の菓子に入れて搗《つ》き交ぜて別の恰好の菓子に作ってもらって重箱に入れてその店に預け、店の人達にはこの菓子をこしらえた手はよく洗ってけるべし、また少しも食ってはならぬと堅く言いおいてその町を立った。

　それから三人は首尾よく伊勢詣りをして帰路に、そのべざい物屋に寄って預けておいた菓子の重箱を受け取り、それを持って以前の安宿屋に行った。そしてこの菓子は京の都からの土産物だと言って出すと、宿屋の者どもは喜んで家内中寄ってその菓子を食った。ところがその翌朝になってみると、みんな馬になっていたので、三人は各々に以前の吾が身の事を言ったりこの屋の悪事を言ったりしたあげくに、大きな棒切木でもってその馬どもの尻を撲《ぶ》って追ってやった。そしてその家の財産や金などはみな持って来た。その馬どもに野馬になって、三打ちにされたところには毛が生えないでいた。

八五番　鰌《どじょう》の報恩

或る処に父母があって娘を一人持っていたが母は病気で死んでしまった。その後父娘居たけれども何かに不自由であったから、世話する人があって父は後妻を貰った。間もなく女の子が生まれた。後妻は自分の子がだんだん大きくなるにつけて継娘が嫌になって事毎に折檻をするが、娘はどんなに折檻されても少しもそれにさからわなかった。とても利巧な娘であったので四辺《あたり》近所ではなんたら可哀想な娘だと噂をしていた。

娘は或る日田の草採りに行くと子供が四五人して鰌《どじょう》すくいをしていた。小溝《こぜき》の中の鰌はあっちに逃げこっちに匿《かく》れして苦しがっているのを見て、娘は自分が日頃継母に折檻されるのを思い出し、自分の身に引き較べてみてもぞくてならず、あえなこ（兄）達あえなこ達、そんなに鰌をいじめるともぞやだから助けてやってくれないか、私には銭がないからこの新しい前掛けをお前達にやるからと言うと、子供らはウン姉コがその前掛けをくれるならこの鰌は今日は助けてやるべえと言って、折角捕らえた鰌をそこに置き、娘から新しい前掛けを取って喜んで向こうの方へ行った。そのあとで娘は、鰌々なにしてまたお前はあんな子供らに捕らえられたえと言いながら、子供らに陸《おか》にはって投げられて苦しがって跳《は》ね廻っている鰌を静かにおさえて、自分の着物の前に入れて持て来て、鰌々ここに居ろやえ。ここにさえ居ればあんな子供らに捕らえられる心配もないからとよくよく言い含めて自分の家の仕い川戸《かど》に放しておいた。そして毎日流し前のこぼれ飯などを持って行って、鰌々待っていたかと言って飯粒をこぼしてやると、鰌の方でもよく馴れて、娘の影が水にさすと水の上に浮かび出て飯粒を口で受けてうまそうに食った。継母はまたその娘が毎日々々川戸に行っているのを見て、なんたら見苦しい真似をする。何を川に持って行って投げると叱った。鰌も娘から精限り手がっちょ（手当て）をされるものだから日増しに体が大きくなって行った。

そのうちに継母は方々の話を聞くに、或る山奥に花見小屋があって、その前に深淵《ふち》がありその淵のほとりに人が往けば誰でも主に取って喰われてしまうという話だ。そこに継娘を遣るのが一番だと思ったから、或る日継娘を呼んで、娘々、今度奥山に花見小屋が出来て、そこに往くと何でも美しい物があってみな見に往くじから、お前も往って見て来う。びっちりかっちり（始終）使ってばかりいて一向かげん（楽）をさせないからゆっくり遊んで来う。そして向こうに行き着いたらその家の前に清水《すずみず》があって、その傍《かたわら》に大木があるじから、よくその根元を廻って見物して、よく覚えて来て聞かせろやいと言って銭を持たして家を出した。

娘は山へ入って行くと木立の中に一人の狩人《またぎ》が居て、娘々ちょっとそこに立って待っていてけろ。あれあの木の枝に猿が居るが、お前が行けば俺は危くて鉄砲を打たれないから、ちょっとこの木の蔭に立っていろと言う。狩人の指した木の枝を見ると、いかにも猿が一疋《ぴき》狩人の方に向いて助けてくれと言うように手摺りこっぱいをしている。娘はそれを見て、オンチャ（叔父さん）オンチャあの猿がもぜから打たないでけてがんせ。あの猿を打てばなんぼに売れますと言うと、俺はな獣を打ってそれを売って米味噌を買わねば暮らしが立たない者だ。あの猿を打って町に持って行けば三百に売れる。その金があれば夫婦に子供と三日ほどは助かると言った。オンチャそれでは私が母から貰って来た三百があるから、これをやるからあの猿は打たないでけてがんせと娘は言うと、狩人はうんそんだらよこせと言って娘から三百取った。これで今日は別の猟をして明日こそあの猿を打ってくれべえ。そうすると両得だと思ったから狩人はそのまま別の山に山立ちに行った。

娘はそのあとで、木の上の猿を手招きすると、するすると木から降りて来て両手を合わせて娘を拝むから、娘は今日は私がお前を助けたがいつまでもここらに居ると、またあの狩人が来て打つかもしれないから、どこか別の山に行って棲居《すまい》をしろ。私は今日この山奥の深淵《ふち》に行ってみろと云われて行くのだが、私はその淵の主に取って食われることだと思う。すると二度ともうお前にも会われないが体を大事にして暮らせやえ。それでは私は行くからと言うと、猿は黙って聴きながらまた手を合わせて拝んだ。そして娘の往くのをいつまでも見送っていた。

娘はとうとう継母から言いつけられた奥山に往み着いた。いかにも一軒の家があってその家の前に大きな深淵が渦を巻いていた。娘はそこに行って縁を借りて憩《やす》んでからと思って、もしもしと言って訪れると、その家の人達は、見れば美しい娘であるがお前はどこから来たと言った。娘は継母《はは》に言われたことを物語って、私はこの身このままで淵を見物することが出来るかと訊くと、その家の人達は困って、さても不憫な話だ、この前の淵の水に影を映すものならお前の生命《いのち》はないと言う。それでも何か珍らしい花こでも採って継母《がが》さの土産に持って帰りたいからと言うと、この家にはお前の継母から先に通知があって何でもかんでもよく知っている。それだから俺等《おら》はお前をもぞやと思うと言う。娘は泣いて、そだども何か珍らしい物をみやげに持って帰らないとまた継母《がが》に叱られるから、たとえ足を踏み外して淵に落ちても仕方がないから私は行ってみます。

あれあれあの古木の根元にあんな赤い花こが咲いている。あの花を採って帰りたいと言うと、その家の人達はそれは面倒だでばと言う。けれども娘はいいものと言って、淵のほとりに近寄って見ると、花はあれども採られない。採るべ採るべと思ってその木の根元を廻ると娘の姿が水に映る。だがその時にどこからともなく鰌が集まって来て水肌が見えなくなるまで水面を塞いで、中の主に娘の姿の映るのを見せぬようにする。また向こう岸の木の枝には一疋の猿が上っていて木の枝をあおっているのを睨めているので、淵の主は娘の姿には気がつかぬ。そのうちに娘はやっと淵の岸に咲いている赤い花を採って来た。淵の水を塞いでくれたのは娘が助けて自分の家の川戸に持って来て養っておいた鰌で、尾の方に子供に傷《いた》められた痕があったし、木の枝の上で枝をあおっていた猿は行きに助けてやったあの猿であった。

娘は継母に土産の花こを採って無事に還って来たのでひどく驚いて、山の中で何か不思議なことがなかったかと言うと、娘は別段何事もなかったと言った。そこで継母は今度は毒害をしようと思って、父親が居ない時、毒饅頭をこしらえて持たして、娘々今日は青物採りに山さ行って来うやえと言った。娘はその饅頭を持って山に行って青物を採っていたが、昼頃になって腹が空いたから饅頭でも食べようと思って、沢辺に下りて水でも合わせて食べようと思って下りて行くと、綺麗な流れがある。そこに坐って饅頭を食べると、どうしたことかひどく眠りたくなってそのまままとっくりと眠ってしまった。夕風がそよそよ吹いて来る刻限に娘はやっと目を覚まして、さあ起きようと思うて頭を上げてみると体が動かされなかった。すると辺りの草の葉がかさかさと揺れ動くから見ると、今迄自分が眠っていた前後左右《あとさき》にぴかぴかと光り輝く黄金が一杯ざくざくと散らばっていた。あれアと思うと自然と体も動いて来たから、蕨《わらび》を入れるのに持って行った俵にその黄金を拾って入れて家に持ち還った方がいいと思って、あたりの黄金を俵に入れて背負って家に持って還った。

継母は娘が無事に帰って来たのを見てまた驚きもし呆《あき》れもした。そしてこんなに遅くまで山で何をして来てや。どんな青物を採って来てえと言って俵を引ったくって中を開けてみると、黄金が一杯入って光り輝いているので二度びっくりして、娘々まだこんな物が山にあっけかと言った。娘はまだまだあっけますと言うと、継母はどんな風にこれを拾ったと言うから、娘は饅頭を食うべと思って出すと急に眠くなって眠り、起きるとこんな物があたりにじっぱり（多く）あったと言った。それを聞いて継母はそんだら明日俺も山に行って拾って来べと言って、その夜毒饅頭をこしらえておいて、明くる日それを持って娘に教えられた山に行った。そして沢水を尋ねて谷間に下りて行って、毒饅頭を水に浸して食うと、なるほど娘から聞いた通りに何ともかんとも急に眠たくなったから、これはよいと思って喜んで、そのままそこに横になって眠った。ところが継母は眠りきりに眠ってしまって二度と目が覚めなかった。

八六番　小僧の馬売り

或る山寺の和尚様は牝馬を一疋《ぴき》飼っておいて毎夜その馬に通って行った。すると小僧が悪戯《いたずら》をして焼け火箸を牝馬の尻に当てがって用に立たなくした。そこで和尚様は、小僧々々お前は悪い奴だ。しかし今ではあの馬は役に立たなくなったから、今度の市には曳《ひ》いて行って売って来うやいと言い付けた。

小僧は、はいはいと言ってその牝馬を曳いて町に行って売ったが、その金で団子を買って食ったり餅を買って食ったりして、みんな使い果たして帰った。和尚様は小僧々々馬がなんぼに売れた。どら早く金を出せと言うと、小僧は首を縮めて、なんの和尚様し俺はア今日ほど赤恥をかいた事がながんす。あの牝馬の奴町の入口の桝形まで行くと、急に踏ん跨《ば》って和尚坊子産み落としたもんだから、通る人往く人みな大笑いで俺《おら》、おしょしい(恥かしい)から馬をぶん投げて戻って来ましたと言った。

三月七日聴話。

八七番　尼足

或る和尚様は二階に尼をかこっておいて楽しんでいた。それを小僧が知っているからどうも面白くなく思っていた。或る日今日は天気がよいからと言って処一杯に干物《ほしもの》の筵《むしろ》を出して広げておいたが、和尚様は急に檀家に行かねばならなくなって、これ小僧々々雨脚《あまあし》でも見えたなら干物筵を入れておけやえと言い付けて出かけて行った。

小僧ははいはいと返辞をしていたが、和尚様が出かけるとすぐに干物を畳んで納屋にしまって遊んでいた。そこに和尚様が帰って来て、小僧々々と呼んで、こんな天気のよいのに何して干物を干さないで納屋さ入れてエと言うと、はい二階で白い尼足が見えたからそれで入れておきましたと言った。

古屋敷万十郎殿の話。

八八番　鴻ノ巣女房

或る山中の孤屋に一人男が住んでいた。いくら稼いでも稼いでも食うにも困るような有り様で、夜になればさてこれからの行く先をどうしようと考えていた。或る夜大風があって方々の畠の粟稗がみな吹きこぼれて、あっちこっちで助けてけろ助けてけろと言う叫び声がする。男はいつも行きつけの檀那の所へ行って手伝いをして家に還って寝ていたが、夜半にどこかでか細い声で助けてけろ、助けてけろという叫び声がしている。はてどこだろうなと思いながら夜を明かした。翌朝早く起きて山に柴刈りに行ったが、まだどこかで昨夜《ゆうべ》の助けてけろ助けてけろという声がしているから、声のする方にだんだん尋ねて行くと、昨夜の大風で古木の大木が倒れてその空洞に住んでいた鴻の鳥が倒れた木の間に体がはさまってどうすることも出来ずにきいきいと鳴いているのがちょうど助けてけろ助けてけろと聴こえるのであった。男はだんだん近くに立ち寄って行ったが声の小訳が分らぬ。だんだん寄って行って見ると鴻の鳥が苦しがって鳴いているものだから、おめとって（苦心して）その木を伐《き》り倒して助け出した。あああお前を助けべと思って俺もおめとった。もう俺は仕事に出ねばならぬ刻限になったからこれで俺は行くと言う。鴻の鳥は助け出されはしたが、飛び上がってばさばさと地に落ち、飛び上がってはすぐにばさばさと地に落ちして罪をつくる。男は鳥を抱き上げて羽翅《はね》を撫で廻していたわってやるが、鳥は労《つか》れてよく飛べぬ。鴻の鳥、俺ははかだちをしなければならぬからお前は体が整ったらどこさでも好きな所に飛んで行けやえ。それでは俺は行くと言って男は立ち去った。鳥は涙を流して男の後影を見送っていた。

　雨降りの日があって、男は仕事に出られないから家に居たが、昼頃になって雨は晴れたから山に柴刈りに行った。すると年頃二十三四の女がやっぱりその山で柴採りをしていた。男は見たことのない美しい女であるから不思議に思って様子を見ていると、女は笑いかけてお前に行き会いたかったと声をかける。お前は誰だと言っても女はただ笑ってばかりいてどこの者だとも言わないが、一生懸命精かけて柴を採る。男も採ってもう夕方になったから俺は沢山だから家に還ると言うと、女もそんだら私も行くと言ってあとからついて男の家に来た。男は俺は貧乏者だから、お前のような人に来られては困ると言っても、私は自分の家という家もないからどうかこの家に置いてけてがんせと言って動かないで、ふところから紙捻《こよ》りを出し、その中から米粒二粒出して、鍋を貸してがんせと言って、鍋を借りてその米粒を入れて煮ると二粒の米が鍋一杯になった。そして二人で夕飯をすまして寝た。それからは日に三度女は紙捻《こよ》りから米二粒ずつ出して鍋に入れて煮るが、それを二人で食べてもなお余っている。そして女はどうか私をお前の女房にしてくれと言うが、男は否々《いやいや》俺はこの通りの貧乏人だから今にお前は嫌になるにきまっている。今のうちにどこでもいいから行ったらよかろうと言う。けれども女は昼間は男とともに山に行って柴刈りをしたりまた家に残っていて機《はた》を織ったりしている。男もそうなっては仕方がないから、女の持っているあの紙捻りの中の米粒が尽きないうちに何とか働きをつけたいと思って毎日山に行って木を伐っていた。

だんだん日が経つと女は家にばかり居て毎日々々機を織っているようになり、そのうちに二人の間に女の子が生まれた。それから三年も経って女はやっと機を織り下ろして夫にこれを町に持って行って売ってけてがんせと言った。男はなんだらこんな毛だらけのもさもさした織物なんぼの値があるべえや。それも売れればよいがと思うと、女はこれは私の精を込めて織ったものだけれども三百両であったら売って来てもよいと言う。とにかく男はそれを持って町に往き、或る大《おお》店《だな》の旦那様の処に行って、この織物を買ってくれないかと頼むと、大旦那はそれはなんぼうだと訊くから、男は三百両なら売ると言った。それでは家の宝物にしたいからお前の言い値で買い取っておこうと言って、三百両で買い取ってくれた。男は驚いて大金を持って家に還った。その織物のお蔭でひどく裕福な暮らしをするようになった。

或る夜その女が男に言うには、娘ももう食物をやっておけば大丈夫だから私に暇をくれろと言う。夫は驚いてどうしてお前は今頃そんなことを言うのかと訊くと、これ迄私も随分稼いだけれども私の精魂も尽きたから元の性《しょう》に還りたい。実は私はいつぞやお前に助けられた鴻の鳥である。なぞにかして御恩返しをしたいと思って私の代わりに一人娘を残して行く。そしてあの機を織る時、私の体の毛はみな抜いて織ったので、今では私はこのようになったと言うて、赤裸《あかはだか》になった体を見せ、僅かに残っている風切羽で山の方へばさばさと飛んで行った。

八九番　塩吹臼

或る処に兄弟があった。兄はハンか臭かったが（小馬鹿で生意気であったが）、弟は仲々の利巧者であった。兄はどうかして早く弟の奴を婿にでもやって安心したいと思ったが、弟の方は何とかして一本立ちになって暮らしたい。人の家に聟になどは行きたくないと思っていた。そのうちに近所から女房を貰ったので人の家の傍《わき》を借りて住まっていたが、冬になってからは思うような仕事もなく困っていた。年越しの晩になって兄貴の所に米一升借りに行くと、何たら事だ、人間が一年一杯の年取りに食う米がないなんて。それでお前はよくも女房ばかりは持っておれたな。そんな事はほかに行って言ってくれと断わった。弟は一言もなく兄貴の家を出て山越えをして行くと、一人の白鬚を伸ばした老翁が枯柴を集めていて、お前はどこさ行けやと言った。弟は、今夜は年取りの晩だども御歳神様にも上げる米が無いので、実は当てもないがこうして歩いていると言うと、それは困ったことだ、それではこれをお前にやるから持って行くがいい。老翁はそう言って小さな麦饅頭をくれた。なお老翁はつけ加えて言うには、この饅頭を持ってあそこの森の神様の御堂の後ろに行くと穴があって、そこに小人《こびと》が居て、お前の饅頭をくれろと言うから、金でもない何の物でもなくただ石挽臼と交換《とりか》えらばやっていいと言え。小人達は饅頭をひどく欲しがるからと言った。弟は礼を言って、老翁と別れて教えられた森の中の御堂の後に行ってみると、なるほど穴があったから中に入って往くと、多勢の小人《こびと》どもががやがや騒いでいた。何をしているかと思って気をつけてみると、一本の萱に取りついて転び落ちたり倒れたりしているので、弟は可笑《おか》しくて、どれ俺が持って行ってやるべと言って、すぐに目的《めあて》の場所までつまんでやった。小人どもはひどく喜んで、何たらお前は大きいの、力が強いのと言って見上げる拍子に、その手に持っている麦饅頭を見付けてあれアお前はいい物を持っている。珍らしい物を持っている。それをぜひ俺らにくれろと言って黄金を弟の前に並べて出した。弟は老翁から聴いていたものだから、否々《いやいや》そんな金などは俺は嫌《や》んだ。石の挽臼ならとりかえっこをしてもよいと言うと小人どもはそれは困ったなア。石の挽臼は実にも二つとない宝物なんだが、仕方がないよいよい交換《とりか》えようと言って、小さい石の挽臼を弟に渡した。弟は麦饅頭を小人どもにやって、石の小挽臼を貰って穴から出て来た。すると穴の出口で、人殺し人殺しと蚊のような叫び声がするからよく見ると、小人の一人が弟の足駄の歯の間にはさまっているのでていねいに取って穴に戻してやった。そして先の峠に来ると先刻の老翁がまだ居て、どれどれ挽臼を貰って来たか、それは右に廻せば思う物が出ほだい（出次第）に出るし、左に廻すと出が止まるものだと教えた。弟はそう教えられて喜んで家に還った。

　家に還ると女房はひどく待ちくたびれていて、年越しの晩だというにどこを押し歩いておれや。兄の所に行って何か貰って来たかと言った。弟はまずまずいいから早くここに莚《むしろ》でも敷きもせえと言って、女房に莚を敷かせて、その上に石の小挽臼を置いて、米出ろ米出ろと言うと米がぞくぞくと一斗も二斗も出た。それから今度は鮭のよが出ろと言うと、塩鮭《しおびき》が二本も三本もひょこひょこと出た。それから入用な物をみんな挽き出して、その晩は何ともかんともめでたいお年取りをして寝た。明けると元朝になったから、俺はこんなににわか長者になったからこんな人の片屋などに居ても面白くないから、新しく家を建てようと思って、挽臼を廻して立派な家を出し五三の土蔵を出し、それから長屋だの廏だの馬を七疋《ひき》も挽き出し、あとはソレ餅出ろ、酒出ろと言って、酒を出して、あたり近所親類縁者をずっぱり（多く）招《よ》び寄せて祝い事を初めた。招《よ》ばれて来た村の人達はひどく驚いてぞろぞろお祝い事に来た。兄も驚いて来ていたがどうも不思議で堪《たま》らないので、はてこれはどうしたことだべと思って、あっちこっちさめくそくを張っていた（注意をしていた）。ところが弟は村の人達におみやげに菓子でもやろうと思って、蔭室に行って菓子出ろ菓子出ろと言って挽臼を廻しているのを兄貴は隙見をした。ははア今分かった。あの挽臼の仕業だと感づいた。そして祝い事も済んで村の人達は皆還ったから、弟夫婦も寝てぐっすり眠ってしまった。

　その後で兄は窃《そ》っと蔭室に忍んで行って、その挽臼を盗んで逃げ出した。その伝手《つて》に餅だの菓子だのまでかてて盗み出して持って走《は》せた。そして海辺まで来るとそこによい塩梅に船が繋いであったから、それを解いて乗って沖に出た。この挽臼でどこかへ往って恐ろしい長者になろうと思った。兄貴はうんと船を漕いで腹が空《へ》ったから甘い餅だの菓子だのを食べたが、あまり甘い物ばかり食べたので塩をほしくなった。けれども船の中には塩気が無かったので、ここらで一つこの挽臼を試してみようと思って、さあさあ塩出ろ塩出ろ塩出ろと言って廻すと、さあ塩が出るが出るがどしどし出初めた。もうよい加減だと思ったが止めることを知らぬものだから兄も弱っているうちに、挽臼はぐるぐると廻り廻り塩を挽き出して船一杯になってとうとう船を沈めてしまった。兄も船ともろとも海に沈んでしまったが、その挽臼が誰も左廻しにして止める者が無いものだから今でも海底でぐるぐると廻って塩を挽き出しているので、海の水はああ鹹《しおから》いのだ。

この譚の出所を念を押して訊くと、婆様は俺が十一二の時、村の田尻の長三郎爺様から聞いたと言った。この爺様は今は居らぬ人だが、若い時分には山田港に入ったロシヤの船などに出入したりして、世間の広い人であった。

九〇番　一文字屋藤七

一文字屋藤七という人があった。藤七には藤吉という兄があったが、藤七は以前はひどい怠け者でどこに奉公に行ってもすぐに呆《あき》れられて家に帰って来た。兄は藤七に行々《ゆくゆく》の事を話して、今のうちに方法をつけなくてはならぬ。なんとか気をつけたがよいと言われても、どうしても藤七は稼ぎたくない。そこで兄は我慢して自分の家に食わせておいた。

或る時藤七は、兄貴々々俺に七間四方の家を建ててくれないか。そうしたら俺は兄貴の厄介にはならないと言った。兄はそんだら町の真ん中でもなし片ほとりでもなしよい塩梅の処に空屋敷があるから、あれを買ってあすこに七間四方の家を建ててやるべと言って、そこにそんな家を建ててやった。藤七は兄貴々々俺は何にもいらぬが鍋二つに椀一人前、それに米三升ほどくれろと言う。兄は弟の言う通りにその品物をやると、藤七はその広いがらんとした家に寝ていて、米のあるうちは焚いて食っていたが、あらかた貰った米もなくなったので、これは何とか工夫をしなくてはならないと考えた。藤七はそんな事を考えながら何気なしに袂《たもと》のあたりを探ってみると、袂にたった一つ一文銭が入ってあった。おうそうだこの一文を元手《もとで》にして何とか方法を立てなければならないと思っていると、その家の前を、藁売る藁売るといって通る者がある。藤七はもしもしその藁一束いくらだと訊くと、一束一文だと言うから、大とも小ともたった一文ある銭を出してその藁一束買い取った。

藤七はその藁で差し縄を綯《な》って、それを店屋に持って行って三文に売った。そしてゴンド（藁屑）も投げ捨てるのは惜しいと思ってとっておいて旅人の雪草鞋《つまご》に入れるのに二文に売った。それから表を通るゆ草売りを呼んでゆ草を三文買って灯心を引いてそれを売りに出たが、すぐに買う人があって三文に売った。それらかゆ草殻では煙草の葉を結《ゆ》わくのに二文に売った。それが縁になって煙草屋に出入りをして煙草の茎を取るのを見ていたが、それをやってみたくて堪《たま》りかねて煙草屋の旦那に頼んだ。そんだらやらせてみると言うから、煙草の茎取りをやると、藤七はそこに居た誰よりも上手である。煙草屋の旦那は、藤七々お前の束ねた葉は駒に乗りやすくて極《ご》く上等だから、どうか俺の店に来てくれろと言うのでその店に頼まれた。

煙草屋の旦那はだんだん藤七を贔屓にして、藤七に一駒切らせてみろと言うて、仕事をさせてみると誠に立派な手際である。或る時そこに人が来て、藤七の切った煙草を買ってのんでみると、すうと吹きのけて上がる煙は綺麗な梅の花になって散らけてゆく。その人は驚いて、これは奇態な上等な煙草である。これは何という煙草だと訊く。藤七はそれは茎の放しようにも切りようにもあるかもしれぬと言ってただ笑っていたが、それから藤七の刻んだ煙草が売れること売れること。藤七はだんだんと小金を貯めるような身分になった。

それから藤七は旦那に煙草屋になりたいからどうか面倒を頼むと言うと、旦那もひどく喜んで、何かと世話をしてくれて、先の七間四面の家で大きな煙草屋を開いた。店はひどく繁昌した。看板には一文字屋と書いて掛けて、その町第一の大家となった。

九一番　馬放し

或る寺にハダ（雌馬）が二疋《ひき》あったが、夏山になればいつも馬放しに小僧を山にやった。その後で和尚様は門前のおそよを呼んで来てお茶話をした。小僧はそれをちゃんと知っているものだから、山に行く振りをして和尚様の居間の窓下に佇んでいて、時々室《へや》の中を隙見していた。

その日も門前のおそよが来ていて、和尚様はおそよの乳房を探りながら、おそよおそよこれは何だと言うと、それは二つ森ンすと言う。それから臍《へそ》を探ってこれは何だと言うと、それは臍《へそ》平《だいら》でがんすと言う。それからだんだんとその下の方に手をやって、これは何だと言うと、おそよはそれは毛ぶか林だと言った。

小僧はよいことを聞いたと思って、それから馬を集めて木に繋いでおいて、夕方までぐっすりと昼寝をしてから、日暮時になってからやっと目を覚まして馬を引いて遣った。和尚様は小僧が還りがあまり遅いので、待ちくたびれていて、小僧小僧どうして今日はこんなに遅かったと言うと、小僧はなんの和尚様し、今日は馬どもに逃げられてしまってと言う。和尚様は本当のことにして、そうかどこまで逃げて行ったてやと言うと、小僧は勇むも勇むもあの山の向こうの二つ森から臍平に行って、それから毛ぶか林に行って草を食っていたのを、やっとのことでおさえて来ましてやと言った。

附　記

この前に和尚と小僧噺の例の梨の実を食って（和尚が毒梨だから食うなというのを）わざと茶椀を壊して泣いていたというのがあったが、あまりに普通の物であったから略した。

それから次の話も、やっぱり同様のものがいくらもあるので入れまいかと考えたけれども、detail がちょっと変わっているから採用してみた。

九二番　餅焼き

これも和尚と小僧の話。和尚様はとても根性が穢《きたな》くて、何でもうまい物は小僧に食わせたくなかった。何か用をこしらえて小僧を外に出しておいて和尚様は自分ばかりで食った。或る時檀家から餅を貰ったがやっぱり小僧には食わせたくないので、これ小僧小僧、門前の或る家の嬶《かか》は面白い話を覚えているじから行って聴いて来て、俺にも話して聴かせろと言いつけた。小僧は可笑《おか》しなことを言う和尚様だと思ったが、師匠の言い付けだから、はいと言って外へ出たがどうも不思議でならぬので、すぐに帰ってそっと内に入って和尚様の様子を見ていた。そんなことは知らぬから和尚様はいい塩梅だと思って、戸棚から餅を出して炉火に並べて焼き初めた。小僧はそれを見て、ははは読めたあの事だと思って、よい加減に焼けたと思う時、不意に和尚様しただ今帰りましたと言って、がらりと戸を開けた。和尚様はおう小僧早かったと言ってあわてて餅に灰をかけて知らぬ振りをして、小僧お前はどんな話を聞いて来てやと言うた。小僧は和尚様し今恐ろしい喧嘩がありまして、その喧嘩が止んだら行って聴くべえと思って、しばらく立って見ていましたが仲々止める風もないから、私は仲裁に入りました。すると和尚様し隣家の父《とと》は大きな杭柄を担《かつ》ぎ上げて、こんな塩梅に地に突き立ててと言って、火箸で餅を突き差し、こうしてと言ってまた別の餅を突き上げて、炉の餅をみんな突き上げて出した。和尚様も仕方がないから小僧小僧そんなに餅に火箸を刺すなと言って、小僧にも餅を食わせた。

九三番　三人旅の歌詠み

或る時、和尚と山伏と百姓と三人連れで伊勢参宮に参った。毎日毎日旅路を重ねて行くうちに夏の日のとても暑い日になった。山伏は今日はあまり暑いが、どうだ三人で歌を詠んで、詠み負けた者が荷かかいになりっことすべえじゃないかと和尚の顔をちらりと横目で見ながら言うと、和尚も合点して、ようござるべ、そうしますべと同意した。つまり無智な百姓に二人の荷物を負わせる下心であったのだ。そこでまず和尚様から先にと言うので、和尚はまずこう詠んだ。

この日本にはばかるほどのこの頭、天地を笠にかぶれども耳はかくれず

次には山伏で、和尚に負けずに大きなことを詠むべえと思って、

この日本にはばかるほどの梅の木に、天地にひびく鶯の声

と言って、二人で顔を見合わせて笑いながら、さあさあ今度はお百姓お前の番だと言うた。そこで百姓はそんだら俺も詠むべえと言って、

この日本をまるって飲むならば、坊主山伏糞にひりらん

と言って勝った。

九四番　爺と黄金壺

或る処に爺婆があって子供もなくて難儀ばかりしていた。爺の仕事は山に往って柴苅ることで、毎日毎日山に通うていたが、或る日山に往く道で向かい山の川端で、危い危いと叫ぶ物がある。はて何だべなと思って聴いていたが、その声はその翌朝もしている。はて何だべと思って廻り路をして川岸に行って見ても何もない。多分空耳だと思ってそこを立ち去ろうとすると、また危い危いと叫ぶから、爺様は立ち上がってよく聴くと、川岸の崩れ落ちた崖に今にも川に落ちそうな大きな瓶があって、それがそう叫んでいた。

爺様はそれを見て、多分あの瓶の中に何か入っていて、ああ叫んでいることだべと思ったが、こちらから往くには川の水が深いので、困ったことだと思って見ていたけれども、いよいよその瓶が危い危いと叫ぶので、川を越えて行って、その瓶を抱き起して首尾よくこちらの岸まで持っ

て来た。そして一体何が入っていて叫んでいたべと思って、蓋を取ってみると中には大判小判が一杯光り輝いていた。爺様は魂消《たまげ》たが負縄《はしり》でその瓶を背負って家に持って来た。そして婆那《ばばな》婆那これからハアあんまりおめ（苦労）とらなくとも凌《しの》げるによいから喜べと言って、長者となった。

九五番　金持ち爺婆

或る処に爺婆があって稼いで稼いで小金を貯めていた。それを知った近所の盗人が、どうかしてその金を盗みたいと、夜になると毎夜忍んで行くが、爺婆は夜まで稼いでなかなか寝ないので、じれていた。また爺婆は毎夜盗人が来て様子を窺《うかが》っているのを悟っているのでわざと遅くまで起きていた。さあさあ婆那《ばばな》寝申すべな。ほんにさ爺那《じいな》爺那仕事はハア止めて寝申すべえと言って、爺婆はひどく仲良く寝た。いい塩梅だと思って盗人が家の中に忍び込もうとすると、爺はエヘンエヘンと咳《せき》をした。

或る大風の吹く夜、雨戸ががたびしと音するのにまぎれて盗人は家の中に忍び込んだ。すると婆様は、爺那爺那何だか風の音ばかりではないような音がしたが油断し申さなやと言うと、爺は婆那婆那心配し申さなと言っていた。そのうちに盗人は爺婆の寝ている蔭に忍び寄って様子を探っていると、爺は、爺アあよさ婆ア乗されと言うと、今度は婆は、婆アあよさ爺ア乗されと言った。盗人はそれを聴いて何のことだかさっぱり分からなくて、その夜もついに金を盗みかねて帰った。

その翌日盗人は爺婆の所に行って、お前達は金をどこさ置くか、盗まれ申さなやと言うと、爺様は何も心配はない申す、婆那のふところさ入れて俺がそのまた婆那を抱いて寝ているから安心だと言った。その実爺婆は寝る時になれば摺臼の中に金を入れておいたので、盗人もついに気がつかなかった。

九六番　蛙壺

或る処に爺婆があって峠の上に甘酒茶屋を立てて小金を貯めていた。どこにもしまっておく所がないので瓶に入れて床下に入れておいた。爺婆は日日《ひにち》毎日口癖のように、金々俺《おら》はこうしておくからもし盗人が来たらビッキ（蛙）と姿を見せろよと言い聴かせておいた。

盗人が有る夜忍び込んで爺婆の様子を窺《うかご》うていると、念《ねん》のう入れて匿《かく》したふうでどこにも金の有る所が見当がつかない。さてどこだろう、今夜床下に潜り込んでいて、よく爺婆の話を聴くべと思って床下に忍び込んでいると、爺婆は、これこれ爺那婆那今日もこれこのくらい稼いだ。さあさあ金々、他人が見たら蛙になれよと言って、床下の瓶壺にからりと入れた。盗人はこれはよいことを聴いたと思って、そろッと外に這い出して、その翌日田圃に出て一生懸命に蛙を捕って一杯壺に入れた。そしてその夜爺婆の所に忍んで行って、床下の金壺を取り換えて金壺をば持って来た。

その夜も爺婆は、爺那婆那、今日もこれこれくらい稼いだ。金に爺婆見たら金と見えろ、他人が見たらビッキとなれと言って、壺の蓋を取ると中から蛙がびくたらしゃくたらと沢山出て来て、そこら中を跳《は》ね歩いた。

九七番　生まれ付きの運

或る処に男があって誰もオカタ（妻）をくれる者も無いからいつまでも独りでいた。別段稼ぎたくもないが、そうかといってただ居る訳にも行かないから山畠に行ったところが、畠の畦《あぜ》のウツギ株に瓶が頭を出しているので、おめとって掘り起こして蓋を開けてみると、中に黄金が一杯入ってあった。ははあここに金があるなア、これア俺が腹が空《へ》ったから家に還って昼飯でも食ってから持って行くべえと思って家に還る途中で、隣家の父のもとに寄って、ざいざい俺は今畠の畦のウツギ株の根元に黄金が一杯入った瓶を見付けて置いて来たが、これから昼飯でも食って寝て起きてから行って持って来るつもりだでばと言って聞かせた。すると隣家の父《とと》は、ああそうか、それは昼飯を食ってからゆっくり寝て起きて、力をつけて往って持って来た方がいいと言った。

隣家の父は男が昼飯を食って昼寝をしている暇に急いで男の畠に行って、話のウツギ株の根を見ると、いかにも大きな瓶があった。蓋を取り除《よ》けてみると中には見るも恐ろしい蛇がうようようごめいていた。父はごせを焼いてきゃつ俺をたばかりやがった。今に目を覚まさせてけべえと言って、瓶にそっと蓋をしてたないて来てまだぐっすり昼寝をしている男の家に行って、そろりと戸を開けて、それアお前の見付けた黄金の瓶アと言って、内にばえらと投げ込んでやってすぐに家に引ッ返した。

するとなんの蛇だべ、がらがらンと黄金になって、家中を飛び廻って黄金の舞いを舞った。隣家の父は今頃は男は蛇に噛み殺されたろうと思って行ってみると、その有り様なので二度魂消《たまげ》をした。やっぱりその男に生みついた宝であった。

附記

あまり多くある話ではあるがここにも一つ入れておいた。

九八番　馬鹿聟嘶《むこ》

或る時馬鹿聟《むこ》が舅《しゅうと》どんに呼ばれて行って泊まったが枕を初めてして寝たので、傍《わき》のオカタに、ざいざいこれは何というものだと訊くと、妻は自分の名を訊かれたと思って、なんたらこと俺はい、い、おこまもしと言った。聟ははアこれはオコマというものだなと思った。何しろ初めてして寝るのだから、ひどく工合が悪くて滑ってならぬから、褌《ふんどし》を解いて頭にしっかり結わい着けて寝た。とっくり眠って翌朝に飯時《めしどき》になってから、聟どん聟どん飯時だから起きろやいと言われて、驚いて跳《は》ね起きたが、覚えがないことだから頭から枕を取ることは忘れて、昨夜のままで膳に向かった。家の人達は転げ回って大笑いをした。聟はオシャウシクなって家に逃げ還った。舅どんではまたあんな馬鹿聟に大事な娘をやっておかれないといって、娘をばそのまま還さなかった。

聟はそのことをひどく悲しがって朋輩どもに話すと、朋輩どもはそうかよいよい、それでは俺らがとりすべをすべえと言ってくれた。或る雪の降る日にその朋輩どもはオコマの家の前の林に鹿追いに行った。そしてわざと遅くまで林の中に居て夕方、遅くなったからどうぞ泊めてけてがんせと言ってオコマの家に行った。その家では心持ちよく皆を泊めてくれた。その人達はたまげた手取りをされて泊められて、朝ま起きる時になって、その男どもは皆揃って褌で頭に枕を結わい着けて起きて来て膳に向かった。旦那様は驚いて、なんだお前達のその真似はと言うと、皆揃って、はいはいこれは俺方の作法で、客に行った時にはこうするのが一番の礼儀でござります。このように心置きなくよく泊めてもらったというしるしに起きがけにこうしますと言った。旦那様は、ははアなるほど、それでは俺家《おらが》の聟も馬鹿ではなくてそれをやったのだと思って、また娘を還してやった。

九九番　猿になった長者どん

或る処にひどく貧乏な爺婆があった。大晦日の晩に、俺は食わずとも御歳神様にばかりは米の御飯を献げたいものだ。爺那爺那上の長者どんに行って米を一杯借りて来もせや、あいあい俺行って借りて来るからと言って、爺様は上の長者に行って、御歳神様に上げたいから米一合貸してけ申せやと言うと、上の長者どんでは、それくらい御歳神様に上げたかったら常平生から心掛けて辛抱をして貯めておくもんだ。あれあの廐の前に馬の糞があるからあれでも持って行って上げろじゃと言った。爺様は仕方がないから今度は下の長者どんに行って、その事を言うと、一年一度の年取りに米一合の工面も出来かねるなんて何の役に立てや。俺家《おらが》の牛小舎の前さ行ってみろ、牛《べこ》の糞があるべから、それでも持って行って神棚さ上げろじゃと言った。爺様は仕方がないからすごすごと家に還った。

婆様は家に待っていて爺那爺那米を借りて来たますかと言うと、爺様はどこさ行っても分からなかった。仕方がないから菜葉漬《なっぱづけ》のお湯でも御歳神様さ上げ申すべえ。そう言って爺婆二人で漬物桶の氷を割って、菜葉漬をはり越して持って来て上げた。御歳神様もし御歳神様もし、仕方がないからこの菜葉漬で何とかがまんをして給もれや、あとたいあとたいと言って拝んだ。そうしてから爺婆は二人でひどく御機嫌で、さあさあ婆様、俺もはア今夜は漬菜湯でも飲んで夜を明かす申すべえと言って、漬菜湯を爺婆として御酒だの米の飯だの鮭のよだのって、やったり取ったりしてしこたま飲んでお腹がくちくなった。爺様はさあさあ婆様俺はすっかり御神酒《おみき》に酔ってしまったから、こんなに面白いから御神楽《おかぐら》を踊り申すべえ。婆様は囃《はや》し申せやと言って、

はア、上の長者もしいいへんだ
下の長者もしいいへんだ
中ア福徳えびす三郎

と歌ってどたり踊った。婆様はそこらを叩いてうんと拍子をとった。そんなことをしているうちに夜が明けた。

明ければ元朝だから、皆早起きをして神詣りに出た。上の長者どんも下の長者どんも朝日が差しても戸を開けぬから、村の人達は不思議に思って、はてな此家《こっち》ではどうしたべえと思って寄っ

て見ると、何だか家の中でキャッキャッと大騒ぎをしているものがあるから戸を開けてみると、家の中が煤《すす》ぼこりがぼしぼしと飛んでいる。どうしたことだと思うと家の人達は皆猿になって桁梁に上ってやいほうやいほうと騒いでいた。そして村の人達に見られるとその猿どもがぞろぞろと桁梁から下りて裏の山に逃げて行った。上の長者どんに行ってみてもやっぱりその通りであった。

村の人達は中の家に寄ってみると、まだ昨夜の続きの爺婆のお祝いで、はアめでたいなめでたいなと唄って一生懸命に二人で踊っていた。村の人達は爺様な婆様なと呼んでみても一向気がつかなかった。そうしているうちに上の長者の宝も下の長者の宝もことごとく中の家に舞い込んで、いつの間にか貧乏爺様の家は村一番の長者となっていた。

上の長者も下の長者も神様に馬の糞や牛の糞を上げろと言った罰で猿になった。その時からして猿というものが出来た。それで猿は決して神仏に供えた物は食わないものだということだ。

一〇〇番　瘤取り爺

額に大きな瘤のある爺様が山に柴刈りに行って、その柴を売った代で酒を飲んで大木の下に泊まっていると、とろとろとまどろんだ。するとその大木の上で何かひそひそと話し声がする。はて不思議だと思っていると、木からそろそろ下りて来た者がある。見るとそれは天狗どもでその木の下で御神楽《おかぐら》を初めた。爺様は初めのうちは怖ろしいから黙って見ていたが、あまりその拍子

が面白いのでつい調子に乗って思わず知らず、天狗どもの車座の真ん中に、

俺もかててよか天狗
よか天狗、よか天狗

と歌って踊り出して行った。天狗ども初めは呆《あき》れていたが、いかにも爺様の踊り工合が面白いのでひどく興に入り、うんとうんと囃《はや》し立てる。爺様はますます有頂天になって踊っているうちに夜が明けた。爺様はこれは不思議だ。俺は山に来たのだったから早く家に帰らねばならぬと思いついて、さあさあ天狗様だち、そんだらそんだらと言ってそこを立ち去ろうとすると、天狗どもは爺様爺様お前の舞いは誠に面白い舞いだ。ぜひ今夜も来て舞ってくれと言う。爺様ははいはいと言っても、天狗どもはどうも人間という者は虚言《ぼが》を吹いてならぬものだから、何か大事な物を質に置いて行けと言って、爺様の体のうちをじろじろ見廻しながら、ああああその額の瘤《こぶ》がいい。それを置いて行けと言って、爺様の額からぷちりと大瘤をもぎ取ってしまった。爺様は今迄邪魔になったり人に笑われたりした瘤を取られて、頭が急に軽くなって面白くて喜んで家に還った。

爺様の隣家《となり》にもやっぱり額に大瘤があって大変苦にしている爺があったので、隣りに飛んで行って昨夜《ゆうべ》の話をした。するとその爺はそれだら今夜行くべえということになった。昨夜の爺様から聴いて来たから、山のその大木を尋ねてやっと見付けて、その下に行って泊まっていると、ほんに爺様が言った通りに大木の上から天狗どもが下りて来て御神楽を初めた。ところがその天狗の奴らの形相があまりに怖ろしくて爺はとても出て舞うがまんが無くて、木の下でぶるぶる顫《ふる》え

ていると、さあさあ昨夜の爺様ここに出て舞いを舞えと天狗は言う。爺は出て舞おうと思ったけれども足腰が立たなかった。けれども天狗どもに強《し》いられて、やっと車座の中に出て、

　俺もかかて四天狗
　四天狗、四天狗

と言うとそれが泣き声になったので、天狗はひどく不興がって、ははアこれはお前の大事な瘤を俺が取ったせいだろう、そんだらほらこれを持って往けと言って、昨夜の爺様の瘤まで額にぶッ着けた。そして天狗どもはどさどさと木の上に登って行った。

　じく無し爺（臆病爺）はこうしてよけいな人の瘤まで額にくっ着けた。

一〇一番　炭ノ倉長者

　或る処に貧乏な炭焼爺様があった。時々町に炭を背負って行って売って暮らしていた。或る日いつものように町に往くと、或る家の店先で子供がなんだかぴかぴか光る物をモチヤスビ（玩具）にして遊んでいた。それをその家の旦那様が見て、これこれそれは世に大切な黄金という宝物なんだから、そんなに持って遊ぶものではないと言った。それを聴いて爺様はハハアそんな物が金なら俺が炭焼く竈《かまど》のあたりが一面にそれだと言うと、そこに立ってその話を聴いていた一人の女房が不審そうな顔をして爺様のあとについて山に往った。見るといかにも炭竈《すみがま》のあたりが一面に金の塊でぴかぴか光っていた。そこでその女房が爺様の小屋に棲み込み、その女の智恵で炭

焼爺様は後には炭ノ倉長者と呼ばれる長者となった。

長者夫婦には子供がなかったので、山ノ神様に願掛けをして一人の娘をもうけた。花のように美しい娘で蝶よ花よと大切に育てているうちに十六にもなったから婿探しをしたが似合いの者もなかった。三年の間探したけれども思うような者もなかったので、長者は止む無く摂待を催して人寄せをした。それでもこれぞと思う者もなかったので長者は力を落としていると一番終わりの日に長者の家の門前を通った旅の若侍があった。長者はそれを見てあの若侍こそ娘に似合いの者だと言って、多くの家来に言いつけて若侍の後を追いかけさせて、山中で追いつき連れ還って娘の婿にした。その婿は或る年都に上ったが、友達に誘われて遊女屋に行ったけれども故郷の女房に済まないと思って、その場のがれにもしも俺の女房より美しい女があったら遊ぼうと言うと、遊女屋の番頭は怒って、くるわ中第一の美女である紫繁という女を出して見せた。それでも婿は俺の女房の方が美しいと言ったので、その一番番頭とともに互いに生命《いのち》を賭けて言い争った。

遊女屋の一番番頭ははるばる炭ノ倉長者の家の門前に来て門番に金をやって邸《やしき》の中に通してもらって、奥の座敷を垣間見すると、奥の座敷に中年の美しい女房が赤銅の火鉢に金銀の煙管《きせる》で煙草をのんでいた。一番番頭はそれを見て絵姿を写しとって持ち還った。その女はいかにも美しい女ではあるが、わが妻ではなく姑殿であると若侍は言ったけれども、その言い分は通らないでついに討ち果たされることになった。

その事を遥かに聞いた長者の娘は、良人《おっと》の生命を救おうと都へ駆けのぼった。そうして今日良人が討たれるという日にやっと都のはずれの掛茶屋まで駆けつけて、そこで草履を一足片足買い求めてそれを持って、つい近くのはたし場に行った。そうしてその草履を竹矢来の中に投げ込んでから、この果たし合いには間違いがある。その侍のほんとうの女房はこの私だと名乗り上げた。見るといかにも遊女紫繁よりも一層美麗な容色であったので事がケエッチャ（反対）になり、若侍は生命を助かった上に勝負にも勝って、美しい女房の手を引いてめでたく家に還った。

一〇二番　雷神の女郎買

或る遊女屋に美しい女があって大層な客来であった。雷神達が相談して一日その家に行って酒飲みをしようじゃないかと行ってみた。だが銭がないから皆の太鼓を質において行くべしということになって、質屋に行くと、番頭が真裸体《まつぱだか》に虎の皮の褌《ふんどし》ばかりした赤男どもが玄関に立っているので、びっくりしてしまった。雷神どもは、いやいや何もそんなに魂消《たまげ》ることはない。この太鼓を四五日質に取ってけろと言った。番頭は恐ろしいものだから相手どもの言う通りに三両ばかりの金をやった。これは八ツ太鼓と言って素人《しろうと》が叩いては少しも鳴らぬものだなどと、赤男どもは言って笑った。とにかくこんなことを言いながらその連中は女郎屋に繰り込んだ。

その赤男の御客どもはいろいろなむずかしい注文ばかりして飲み食いして、幾日も幾日も居流れた。女どもは呆《あき》れて作《こし》らえ唄を歌った。

お客さんだちゃ
どこからござった

帰る道筋や
見えぬのか……

するとと雷神達は、それに調子合わせて、よいとさっさ、天から、天からと言って方々の窓口から天に踊り上がってしまった。女郎屋では大変な損をした。

一〇三番　笛吹藤平

或る処に笛吹藤平という男があった。あまり笛に熱中したので身上も何もかにも吹き飛ばしてしまった。寄辺なくなっても笛ばかりは吹いていた。その持笛はまた日本に三本しか無い名笛であった。笛一管を持って諸国を廻ったがしまいには唐天竺までも渡った。どこに行っても笛吹き名人なのにには褒められた。

そんなことをして何年となく旅空にいたが、ふと国に居る親達のことを想い出して、はてはて親達はどうして暮らしているかと思うと堪《たま》らなくなって、久し振りで故郷に還って来た。家に来てみるとその荒れぐあいが何とも言われなくひどくなっているが、とにかく家の中に入ってみると誰もいない。近所に行って訊くと、お前の親達は先年死んでしまったが、母親が亡くなる時にはこうこう、父親の亡くなる時にはこうこうであったとその死ぬ時の話をして聞かされた。藤平は今さら情無くなって父母の墓に行ってみると、誰一人石塔も建ててくれる人もなくたった一つの壊れた手桶があるばかりである。そこで藤平は一日拝んでから家に帰って、あとは毎日父母の事ばかり思っている。

或る日ひょっくり藤平の家にどこからか美しい女が訪ねて来て、こちらは藤平の御宅ではないかと言った。藤平はそうだと言うと、私は父親からお前の所に行って女房になれと言いつけられて来たから、家に入れてくれとその女が言う。藤平は不思議に思って、お前は誰だか知らないけれども、俺は見る通りの貧乏者でとてもお前を家に置いて食わせることも出来ないから外に往ってくれと言った。女はお前様に断られたら私は恥ずかしくて国にも還ることがかなわぬと言うから、藤平も困ってとにもかくにも家に入って憩《やす》めと言うと、女は家に上がって今迄掃《は》き掃除もしたことのない家中を綺麗に掃除して、それからその翌日になると、私はただ居られぬからこれで糸を買って来て下さいと言うて、懐中《ふところ》の小袋から銭を出して、これで糸を買って余ったら米なども買って来るとよいと言った。

藤平は女の言う通りに町に往って糸を買って来ると、女はそれから夜昼となく機《はた》を織っていた。そのうちに織り下ろしたので、これを町に持って行って売って来てくれと言う。藤平はいくらに売ったらよいと言うと、女は三百両に売ったらよいが、これを国許《もと》の方では三十三観音の曼陀羅というと言う。そこで藤平はその織物を町に持って行って、さあさあ三十三観音の曼陀羅売る売ると言ってふれ廻《い》ると、町の人達は不思議に思ってそれを見せろと言った。見て皆驚いてこれは真に稀有の物だ。いくらに売ると言うから、三百両なら売ると言うと、或る大家ですぐに買った。そしてこれは稀代の宝物だが、お前はどこの何という人だと言うから、俺は笛吹藤平という者でこの織物は俺の女房が織ったものだと言った。その事が町中に大した評判になって、毎日毎日その三十三観音の曼陀羅の見物人がぞろぞろと出向いて、その家では大層商売繁昌した。
その事が殿様にさえ聞こえた。殿様はそんな立派な物を織る女を笛吹きくらいの男の女房にしておくのは惜しいことだ。それは早速俺の御殿に連れて来て面会をしたいが、藤平から取り上げるには何か難題はないかと、家来の者どもに諮《たず》ねると、重立った家来は、それはじょうさもないことだ。灰縄千把差し出せと仰せ出て、その代わりに女房を取り上げるとよいと言った。殿様はいかにもと思って、早速藤平に御殿に出ろと言いつけた。藤平は何事かと心配して御殿に上ると、殿様はその方の女房は曼陀羅を織ったというな。それもよいが明日までに灰縄千把上納しろと言いつけた。はいと言って殿様の前は引き下がったが、さてどうしたらよかろうと藤平は心配して還ると、家に女房は待ち兼ねていて、今日の殿様の御用は何であったと言う。こうこういうことであったと話すと、女房はそれはじょうさもないことである。いいから縄千把買って来申せと言って夫に買い集めさせて、それを箱に入れて塩を振りかけて火を点《つ》けるとそのまま灰縄になったから、その翌日御殿に持たしてやった。

するとまた四五日経つと殿様から藤平に御殿に出ろと言う布令が来る。また何事であろう心配だなと思って行くと、今度は打たん太鼓に鳴る太鼓を上納しろと言う。また心配顔で家に還ると、家に待ち兼ねていた女房は、今日の御用は何であったと言う。今日はかくかくのことを仰せつけられて来たがなぞにすべいと言うと、女房は何それしきの事、ほんとうに訳もないことだと言って、いいからお前は町に行って古鼓を買って来べし、そしてから朝飯前に山に行って赤蜂の巣をとって来てがんせと言って、そうさせて、その古鼓の中に赤蜂の巣を入れてすっかり貼紙をして殿様の御殿に持たしてやった。そして殿様申しこれは朝日の押し開きに外に出して掛けると打たずとも鳴りますと言うて献上した。殿様初め家来どもまで藤平はどんな物を持って来たか、中にいかなる仕掛けがあるものかと協議し合って開けてみると、いきなり中から赤蜂がもれもれと飛び出して、殿様も家来も皆刺したので、皆はほうほうの態《てい》で方々に逃げ隠れてやっと助かった。

それからまた四五日もようと（経つと）藤平に来うとの殿様からの布令であるから、藤平は悔んで、女房女房前の二度までお前の御蔭で首尾よく行ったが、今度という今度こそは最早免れない事だろう。殿様は何もないお前を俺から取り下げるべと思っての難題だから仕方がない、今度こそは夫婦の別れになるのかもしれない。さあさ女房俺はそれでは行って来ると言って、観念して御殿に出向くと、殿様は藤平藤平よく参った。前の二つはお前も首尾よく相果たしたが、お前の事だから出来るだろうから今度は天の雷神九の頭をここに連れて来い。さあもしそれがかなわぬことならその代わりにお前の女房を連れて来いと言った。藤平はそれには全く驚いたが、仕方がないからはいはいと返辞をして御殿を引き下がった。家ではいつものように女房は待ち兼ねていて、今日の難題はと訊くから、藤平は今日はかくかくのことであったと言うと、女房はそれは私も急には出来ぬから、また御殿に行ってこれから七日の日延《の》べを願って来て下さい。そうしたなら私は何とか工夫をすると言うから、藤平はまた御殿に行って七日の間の日延べを申し出ると、殿様もそれでもよいと承知をしたから大急ぎで家に還った。

家では女房は案じていて、日延べのことを殿様は承知されたかと訊くから、藤平はその事は承知されたと言うと、女房はそれまでそれまで四五日あるから私は天に行って来ると言って、仕度《したく》をして軒下の雨打ち石の上に立ち天を仰いで紫の扇であおぐと、天からしずしずと紫の雲が下りて来たので、それに乗ってずっと天に登って行った。藤平はそれを見てただ呆《あき》れていた。するとそれから四五日経ってから女房は雷神を九の頭引き連れて黒雲を棚引かせて藤平の家に乗り込んで来た。雷神どもは各々に太鼓を抱いて、水袋九つに火袋九つ火打石を持ったりしてずらりと並んで、さあ殿様の御殿さ往くべと言うから、藤平はツパサミトリ（褄先取り）をして一番先になって、殿様の御殿に行って、はいただ今雷神九の頭を引き連れて来ましたと申し上げた。殿様は本当のことにしなかったが、表門の方ではほんにどんがびッちどんがびッという音がするので、これは真実のことだと思って、こっちに通せと言った。そして大広間に通してそこで雷神どもと逢うことにした。何しろひどく珍らしい話だから、殿様は一段高い台の上に坐って左右には家来をずらりと並べて、それこの真ん中で雷神ども遊べと言うと、雷神どもはそんだらと言って、火袋水袋火打石、それから七つ太鼓に八つ太鼓を打ち鳴らして飛び廻った。そこで殿様はたちまちに高台の上から吹き飛ばされて籔からの中に打《ぶ》っ着けられる。家来どもは家来どもでみんな吹き飛んで死ぬ者もあれば大怪我をする者もあり、御殿には火がついてがらがらと焼け出した。殿様は虫の息で、藤平藤平俺が悪かった。どうか命ばかりは助けてくれと泣いた。そこに桑原左近という人が来て、藤平藤平どうか雷神達を静めてくれ、その代わりにお前にこの郷《さと》をやるというて頼んだ。藤平はそれではと言うて女房に相談すると、そんだらこの郷を貰って、その上これまでのような無理難題を言うものがあったら、いつでもこの雷神達を連れて来てこらしめる事を承知ならと言うと、桑原はどうでもよいから早く雷神を静めてくれ、この国は七日七夜の雷鳴でもう人間どもが皆半死半生であるからと言って、何でもかんでも藤平の言う通りにした。そこで女房は雷神どもを集めて白雲に乗せて天に返してやった。藤平夫婦は大層な長者となった。雷様のかとど（応援者）だから世間では誰も何とも言う人がなく何でもかんでも気まま気随であった。

大正十二年三月四日聴話の分。

＊本書は、佐々木喜善『奥州座敷童子の話』（玄文社、一九二〇年二月）、『老媼夜譚』（郷土研究社、一九二七年九月）を収録した『佐々木喜善全集（Ⅰ）』（遠野市立博物館、一九八六年六月）を底本とし、旧仮名遣いを現代仮名遣いに改めたものです。難漢字は適宜ルビを振ったり、平仮名に改めたりしました。

佐々木喜善

（ささき・きぜん）

1886年、岩手県土淵村（現・遠野市土淵）生まれ。民俗学者、伝承採話者。上京して哲学館、早稲田大学に学び、文学を志す。柳田国男に語った遠野の伝説が『遠野物語』となった。その後、病をえて帰郷し、民俗の研究に尽くした。1933年逝去。主な著書に『奥州のザシキワラシの話』『江刺郡昔話』『紫波郡昔話』『東奥異聞』『老媼夜譚』『聴耳草紙』『農民俚譚』などがあり、いずれも『佐々木喜善全集（Ⅰ）』（遠野市立博物館。全4巻）に収録されている。

ザシキワラシと婆《ばば》さま夜語り

遠野のむかし話

二〇二〇年 四 月三〇日 初版発行
二〇二一年 一 月三〇日 2刷発行

著　者――佐々木喜善
発行者――小野寺優
発行所――株式会社河出書房新社
〒一五一-〇〇五一
東京都渋谷区千駄ヶ谷二-三二-二
電　話――〇三-三四〇四-一二〇一［営業］
〇三-三四〇四-八六一一［編集］
http://www.kawade.co.jp/

組　版――有限会社マーリンクレイン
印　刷――株式会社亨有堂印刷所
製　本――大口製本印刷株式会社

ISBN978-4-309-02881-1
Printed in Japan